함께 간는
세상 !

홍영표

담대한 진보

새로운 100년을 여는 생각

담대한 진보

홍영표 지음

21세기북스

1년 전으로 시계를 되돌려본다. 2020년 4월 15일, 선거는 끝났다.

그날 밤 개표 방송을 지켜보다 늦게 귀가했다. 선거운동으로 몸은 지치고 목소리는 잠겨 나오지 않았다. 두 다리는 젖은 솜뭉치를 매단 양 한없이 무거웠다. 그날도, 다음 날에도 새벽까지 잠이 오지 않았다. 물론 선거는 이겼다. 더불어민주당은 180석을 얻어 원내 제1당이 되었다. 압승이었다. 그러나 나는 기뻐할 수 없었다. 두려웠다. 나와 더불어민주당에 보낸 국민의 지지가 무엇을 의미하는지 너무도 잘 알고 있기 때문이었다. 내 귀에는 이런 국민의 준엄한 명령이 들려왔다.

'코로나19라는 초유의 위기가 닥쳤다. 앞으로 더 험난한 파도가 닥칠 것이다. 그러니 싸우지 말고 대타협의 정치로 위기를 극복해달라.'

그 준엄한 명령을 나는, 그리고 더불어민주당은 지난 1년 동안 얼마나 완수했는가? 오직 국민을 위해 일하겠다는 그날의 초심을 잃지는 않았는가? 스스로에게 묻고 또 묻는다.

2020년 새해를 하루 앞둔 2019년 12월 31일, 중국 관영방송 CCTV가 코로나19 발병 소식을 최초로 전했다. 그것이 전 세계적 재난으로 확대될 줄은 아무도 몰랐다. 지난해 1월 20일 국내에 첫 환자가 나왔을 때도 마찬가지였다. 대구에서 신천지교회를 통해 급속히 확산될 때에야, 어쩌면 가늠하기 힘든 위기가 닥칠 수도 있음을 우리는 깨달았다.

미증유의 위기. 지금까지 전 세계에서 1억 2,500만 명가량이 감염되고 275만 명 이상의 사망자가 나왔다. 지금 이 순간에도 코로나19는 여전히 확산되고 있는 중이다. 나라마다 문을 닫아걸었다. 수많은 기업이 도산 위기에 몰리고, 실업자가 넘쳐났다. 두려움과 공포가 세계를 휩쓸고 있다. 이 위기가 언제 끝날지, 어떤 충격파를 가져올지 예측 불가능하다는 것이 더 큰 두려움이다. 선진국을 비롯해 많은 국가가 마이너스 성장을 할 것이란 우울한 전망은 지난해에 이미 현실이 되었다. 올해 백신 접종이 시작되면서 최악의 위기에서 벗어날 것이란 기대감이 커지고 있으나 아직 우리 앞엔 안개가 자욱하다.

펜데믹(세계적 대유행) 속에서 대한민국은 유독 빛났다. 전 세계가 우리의 침착한 대응과 방역 시스템을 극찬했다. 120개국이 넘는 나라가 우리에게 도움을 청했다. 심지어 미국까지도…. 우리 국민은 이번에도 위대했다. 20년 전 IMF 외환위기 때 나라를 살리겠다며 자발적으로 금을 모았던 국민은 코로나19 위기도 극복하고 있다. 1년 넘게 밤낮을 가리지 않고 현장을 지키는 의료진들, 없는 살림에도 위기 극복을 위해 성금을 내는 사람들, 불편하지만 묵묵히 사회적 거리 두기에 동참해주는 시민들…. 서로를 향한 연대와 응원으로 대한민국은 하나 되어 위기를 이겨내고 있다. 위대한 국가, 위대한 국민이다.

대한민국은 수출로 먹고사는 나라다. 전 세계가 멈춰 서는 위기는 곧 우리의 위기로 전이될 수밖에 없다. 다행히 우리는 전 세계적으로 '경제 방역'에서도 가장 앞선 나라였다. 2020년 비록 마이너스 성장(-1.0퍼센트)을 했지만, 주요국 가운데 최상위권의 성적을 거뒀다. 올해는 3.6퍼센트의 경제성장률을 올릴 것이란 긍정적 평가(국제통화기금 전망)도 얻고 있다. 방역 전쟁에서 다른 나라들보다 앞선 성과에서 비롯한 결과다.

그러나 위기는 아직 끝나지 않았다. 이 위기의 결말이 어떨지 우리는 여전히 모르고 있다. 매일 오르락내리락하는 코로나 확진자 숫자도 아직 안심하기엔 이르다는 것을 알려주는 비상등이다. 경제의 온기도 미미하다. 아직도 수많은 중소기업이 도산의 위험에 시달리고 있다. 자영업자의 눈물은 마르지 않고 있다. 실업의 공포도 여전하다. 그래서 위기는 현재 진행형이다. 더 큰 위기가 오지 않도록 방비해야 하고, 위기 이후의 대비에도 게을리하지 말아야 한다. 그래야 더 큰 도약을 이룰 수 있다.

코로나는 역설이다. 전 세계 모든 나라와 모든 이를 힘들게 만들었지만, 무엇이 잘못되고 무엇을 고쳐야 하는지도 알려주었다. 대한민국 또한 마찬가지다. 지난 1년 감염과 방역의 위기 속에서 우리는 경제와 사회 전반에 걸쳐 드러난 시스템의 미비점을 서둘러 정비할 기회를 얻었다. 점증하는 실업의 위기 속에서 사회 안전망을 촘촘하게 다시 짜야 할 필요성도 체감했다. 산업의 체질을 바꾸는 격변의 바람도 불었다. IT와 디지털을 기반으로 한 언택트(비대면) 산업의 엄청난 발전 속도는 제조업에 편중된 경제 체질을 재편하는 기회가 됐다.

기후변화에 대응할 필요성도 어느 때보다 피부에 와 닿았다. 지난 수 세기 석탄과 석유에 의존했던 화석연료 시대의 종언을 대비해야 한다는 목소리가 전 세계에서 동시다발적으로 터져 나왔다. 탈원전과 탈석탄이 글로벌 트렌드가 된 것이다.

지난 2020년은 누가 방역전쟁에서 승리하느냐의 경쟁이었다면, 2021년 이후는 누가 더 빨리 일상으로 되돌아가느냐의 속도전이다.

또한, 누가 경제·사회 등 국가 전반의 시스템을 먼저 정비하고, 디지털과 기후변화 등 새로운 변화의 흐름을 주도하느냐의 경쟁이다. 포스트 코로나 시대의 세계 질서 재편이 바로 이 지점에서 시작될 것이다.

우리도 코로나19 이후를 본격적으로 준비해야 한다. 작금의 위기를 대전환의 기회로 삼아야 한다. 갈등이 극심해 해결하기 어려워 방치했던 구조적 문제, 합의를 보기가 어려워 지금껏 다음 세대로 미뤄왔던 문제, 과감한 개혁이 필요한데도 정치적 이해득실에 밀려 서랍 속에 넣어 두었던 문제들을 꺼내야 한다. 그 속에서 위기를 해결하기 위한 토론과 협의를 통해 사회적 합의점을 찾아야 한다. 대증요법 식 처방전은 효과가 없다. 시간이 걸리더라도 이 기회에 우리의 문제점을 직시하고 해법을 마련해야 한다.

불평등과 양극화, 노동시장의 단절, 지속 가능하지 않은 연금 체계, 화석연료와 원전에 치우친 에너지 체계, 저출산과 고령화, 지방의 소멸…. 우리 앞에 셀 수 없이 많은 문제가 놓여 있다. 지난 70여 년간 차곡차곡 쌓여왔지만 제대로 된 해결책을 찾지 못했던 난제들이다.

무엇보다 정치의 문제가 크다. 이 모든 문제가 해결되지 않은 데에는 정치의 실패가 있다고 해도 과언이 아니다. 진영 논리에 빠져 서로를 그 안에 가두고, 상대를 비난하고 헐뜯는 데에 급급했던 게 우리 정치의 현실이다.

대립과 분열의 정치도 더는 안 된다. 지난해 4월 선거에서 드러난 국민의 뜻은 명확했다. 싸우고 다투고 헐뜯는 정치는 이제 그만하라는 것이다. 대화와 협상의 정치를 만들어야 한다. 상생과 협치(協治)의 길로 가야 한다. 우리 민주당 또한 오만하지 않고 더욱 겸손해야 한다. 야당도 마찬가지여야 한다. 그렇지 않으면 정치는 공멸을 초래할 뿐 위기 극복은 힘들어질 것이다.

2019년은 대한민국 임시정부 수립 100주년이었다. 한 세기 동안 우리는 나라를 외세에 빼앗겼고, 해방을 이루었으나 곧 동족상잔의 비극을 겪었다. 폐허 속에서 다시 일어서는 산업화의 기적을 이루어 냈고, 세계에서 가장 짧은 기간에 민주화도 성취했다. 2020년, 대한민국은 새로운 100년을 향해 출발했고, 1년이란 시간이 흘렀다. 출발선에 선 순간 코로나19라는 전대미문의 위기를 맞았지만, 어쩌면 더 큰 도약을 이루어내기 위한 진통일 수 있다. 이 위기 속에서 희망의 미래를 만들어야 한다. 그것이 새로운 100년을 준비하는 우리 세대의 역할이다. 정치의 사명이다.

이 책을 구상한 것은 원래 2019년 원내대표직을 마친 직후였다. 2009년 국회에 입성해 여의도 정치에 몸담았던 지난 10년에 대한 반성과 소회, 그리고 대한민국을 위한 내일을 얘기하고 싶었다. 생각은 차고 넘치는데 몸이 따라주질 않았다. 정치개혁과 사법개혁을 위한 협상 때문에 시간을 내기 힘들었다.

그러나 더는 미루면 안 되겠다는 생각이 들었다. 코로나19 속에 치러진 총선 국면, 그리고 그 이후 1년여 동안 '나는 왜 정치를 하는가', '국민을 위한 정치는 무엇인가'에 대한 고민이 더 깊어졌기 때문이다. 졸고(拙稿)를 세상에 내보내기를 주저한 것도 사실이다. '홍영표는 이런 생각을 하고 있구나' 하는 너그러운 마음으로 읽어주시라.

국가미래비전에 더해 패스트트랙을 책의 부록 1로 포함했다. 그 자체로 한국 정치사에 유례없는 일이었고, 또 많은 사람이 그 과정을 물어오기에 이참에 사명감을 가지고 정리했다. 더불어 인간 홍영표의 인생 여정도 부록 2로 간략히 소개했다.

이 책이 나오기까지 많은 분의 도움이 있었다. 김용기 일자리위원회 부위원장, 배규식 전 한국노동연구원 원장, 여상태 전 청년재단

사무총장, 조성렬 오사카 총영사를 비롯한 여러 연구자 및 전문가들과의 토론이 책의 토대가 되었다. 패스트트랙을 복기하고 정리하는 데 김관영, 이철희 전 의원, 김종민, 신동근, 장철민, 오기형 의원이 큰 도움을 주었다. 부록 1, 2를 정리하는 데 도움을 준 강희진 작가, 책의 얼개를 잡고 제작해준 이도윤 전 보좌관, 책을 기획한 북이십일 임병주 부사장에게도 감사의 말을 전한다.

2021년 4월
인천 부평에서
홍영표

'담대한 진보'라 적힌 두툼한 원고의 첫 장을 펴자마자 언제나 단단하고 치밀했던 홍영표 의원과의 기억이 주마등처럼 스쳐 지납니다.

우리 인연은 노무현 정부 시기 제가 총리였던 2004년으로 거슬러 올라갑니다. 당시 대한민국에서 가장 어려운 갈등과 숙제는 죄다 총리실 몫이었습니다. 행정수도와 공공기관 이전, 경주 방폐장 선정, 천성산과 사패산 갈등, 저출산·고령화 대책과 한·미 FTA까지 지금 생각해도 무엇 하나 녹록한 것이 없었습니다.

시민사회비서관으로 총리실에 합류한 홍 의원은 탁월한 조정 능력에 저돌적인 추진력으로 큰 신임을 얻었습니다. 보존과 개발이 팽팽하게 맞섰던 천성산·사패산 터널 문제, 20년째 답을 못 찾던 방폐장 선정 문제를 다양한 이해관계자가 참여하는 공론화 방식으로 풀어냈습니다.

노무현 정부의 국정 철학이었던 지방균형발전과 사회적 대타협은 홍영표의 정치적 미션이 되었습니다. 2004년 10월 위헌 판정으로 물거품이 될 뻔했던 행정수도 이전을 행정 중심 복합도시라는 우회로로 살려냈고, 정부 최초의 '노정 기본협약'을 통해 176개 공공기관 이전이라는 난제 중의 난제를 풀었습니다.

2005년 10월 제가 대독했던 대통령 시정연설에 '국민 대통합 연석회의'라는 제안이 있었습니다. 국정운영 기조를 바꿔 극단적 대결로 꽉 막혔던 정국을 타개하자는 구상이었는데, 그 제안자가 바로 홍영표였습니다. 사회적 대화 모델은 여야 모두 공감했던 저출산·고령화 문제에 적용되었고, 노동계·경제계·시민단체·종교계와 정부 부처가 머리를 맞대는 '저출산·고령화 대책 연석회의' 출범과 '저출산·고령화 문제 해결을 위한 사회협약'이라는 결실을 낳았습니다.

2009년 국회로 들어간 이후 홍 의원은 언제나 제가 의지하는 정치적 동지였습니다. 문재인 대통령을 만들기 위한 두 번의 대선에서 그는 대체 불가능한 존재였습니다. 그리고 2018년 원내대표를 맡으면서 유능한 전략가의 면모도 선보였습니다. 129석의 소수 여당을 이끌며 4개의 야당을 상대해 곡예에 가까운 정치적 기동(maneuver)으로 선거법·공수처법을 패스트트랙에 올렸고, 유례없는 정치적 승리를 안겼습니다.

《담대한 진보》는 유연한 원칙주의자이자 타고난 협상가, 그리고 치밀한 전략가인 홍영표의 생각과 삶을 오롯이 담고 있습니다. 《담대한 진보》 출간을 진심으로 축하하며, 책도 사람도 국민의 큰 사랑을 받기를 바랍니다.

이해찬(전 더불어민주당 당대표)

《담대한 진보》책 제목을 보면서 늘 갖고 있던 질문이 떠오릅니다.
진보의 가치, 보수의 가치는 무엇일까? 우리에게 과연 제대로 된 진
보와 보수는 있는 것일까? '미래'는 이들 가치 속에 어떻게 체화되어
야 할까? 오랫동안, 그리고 지금도 품고 있는 질문입니다.

질문의 시작은 2005년으로 거슬러 올라갑니다. 한 세대 앞을 내다
보며 국가 비전과 정책 방향, 실천 전략을 만드는 '비전 2030 작업'을
할 때입니다. 先 성장 後 복지에서 동반 성장으로의 패러다임 전환.
복지국가. 구조 개혁과 선제적 투자. 사회적 자본의 확충. 새로운 이
야기들을 담았지만 보고서는 바로 정쟁(政爭)에 희생됩니다. 세금 폭
탄. 프레임 씌우기. 진영과 이념 논쟁. 실망스러우면서 궁금했습니다.
저렇게까지 싸우는 '이념'의 실체는 과연 무엇인지.

국회의원이 쓴 책에 추천사를 쓰는 것은 처음입니다. 《담대한 진
보》에 제 생각을 얹는 이유는 두 가지입니다. 하나는 오랫동안 제가
가졌던 질문에 대한 답을 얻을 단초가 있다고 생각하기 때문입니다.
다른 하나는 '인간 홍영표'에 대한 신뢰 때문입니다. 경제부총리로
재임하면서 여당의 원내대표였던 저자와 예산안·법안의 처리, 수많
은 정책 조율을 함께했습니다. 그러면서 서로 간에 가치와 신념, 의
리와 우정을 나눴습니다. 34년 공직 생활, 수많은 정치인을 만났지만
속내를 터놓고 이야기할 수 있는 몇 안 되는 국회의원 중 한 명이었

습니다.

　정치인 홍영표가 갖고 있는 단단함 속의 따뜻함과 진정성도 좋지만, 저는 두 가지 점에 특히 주목합니다. 하나는 유연성입니다. 다른 의견을 존중하며 대화와 타협, 나아가 협치에까지 이르려는 의지입니다. 다수당이 갖기 쉬운 경직성이 아니라 겸손을 강조합니다. 다른 하나는 실천 의지입니다. 자신이 지닌 가치와 철학에 정책이란 옷을 입혀 현실정치 속에서 실천하려는 열정입니다.

　《담대한 진보》를 추천하며 두 가지 바람을 가져봅니다. 첫째는 제대로 된 보수 정치인에 의해《담대한 보수》라는 책이 나왔으면 합니다. 이 책과 같은 의도를, 전혀 다른 시각에서 다뤄 서로 대칭을 이루면 좋겠습니다. 둘째는 저자의 철학이 현실정치에 옮겨져 진보에서부터 '자기 진영의 금기'를 깨는 용기가 나왔으면 좋겠습니다. 정치인 홍영표가 한국 사회를 경장(更張)시키는 데 선두에 서기를 기대하면서 말입니다.

김동연(전 부총리 겸 기획재정부 장관)

역사의 긴 궤적에서 보면 항상 보수는 방어적이고 진보는 공세적이었다. 기득권 이익을 보호하려는 보수 세력과 이를 극복하려는 진보 세력 간의 긴장된 상호작용이 역사 발전의 원동력이 되어왔다 해도 과언이 아니다. 그러나 요즘은 공수가 뒤바뀐 느낌이다. 보수 진영이 공세적이고 진보 진영이 수세적으로 보인다. 이는 진보 진영의 담론과 실천에 문제가 있는 것 아닌가 하는 인상을 준다.

홍영표 의원은 이 책에서 진보의 이러한 현실을 날카롭게 간파하고 새로운 대안을 설득력 있게 제시하고 있다. 성장과 불평등, 기술 진보와 일자리, 저출산·고령화 사회, 지방의 소멸 등 우리 사회가 당면한 문제점들을 차분하게 분석하고 노동 대개혁, 적극적 복지, 혁신성장, 한국형 청년보장, 그린 뉴딜, 지방의 부활 등 '담대한 진보'의 창의적 대안들을 생동감 있게 설파하고 있다. 특히 '더 담대한 진보'의 새로운 지평을 위해 협치와 합의의 새로운 정치를 강조하는 대목에 와서 홍 의원의 경륜 있는 진보실용주의 면모를 읽게 된다.

특히 눈에 띄는 것은 한국의 외교정책에 대한 홍 의원의 결기 있는 자세다. 강대국 틈바구니에서 한국이 살아남기 위해서는 "국제 정세에 흔들리지 않고 스스로 목표를 정하고, 국가이익의 우선순위에 따라 외교적 대응"을 하는 "자기 주도 외교"가 필요하다고 강조한다. 강대국 힘의 논리에 휘둘리지 말고 미국, 중국에 할 소리는 하고 한반도 문제의 당사자이자 동북아의 당당한 주체로 전쟁의 공포를 극복하고 평화의 문을 열어나가야 한다는 이야기다. 사실 홍 의원 주장대로 우리는 강대국 정치의 종속변수가 아니라 우리 운명을 스스로 바꾸어 나가는 독립변수가 되어야 한다는 것은 아무리 강조해도 지나침이 없다.

그 밖에 부록에서 홍 의원의 의정 경험에 대한 개인적 술회도 한국 정치를 이해하는 데 크게 도움이 된다. 진보 담론과 실천, 그리고 한국 민주주의의 미래에 관심이 있는 모든 분에게 강력히 일독을 권한다.

문정인(연세대학교 명예특임교수)

과거를 회상해보면, 홍영표 의원과 저는 10여 년을 대우자동차에서 근무했던 동료였습니다. 홍 의원은 당시 노동운동의 핵심 멤버였고, 저는 경영자 입장에서 노조와 협상과 타협을 하는 당사자였습니다. 그리고 퇴직한 이후 20여 년이 지난 지금은 한 사람은 한국의 대표 진보 정치인이 되었고, 한 사람은 기업가로서 서로 다른 길을 걷고 있습니다.

30여 년의 우정을 가진 홍 의원과 저는 가끔 만나 과거 우리가 젊었을 때 했던 고민과 갈등, 그리고 현재와 미래의 대한민국에 대해 토론을 벌이기도 합니다. 그때마다 저는 홍 의원께 이제는 우리나라의 미래를 위해 이데올로기로 나뉜 두 진영의 갈등을 종식하고 진정한 통합의 정치를 이루어야 하고, 국익을 중심으로 실용주의적이며 헌신적인 정치가 자리 잡아야 한다고 말하곤 합니다.

또한, 지금처럼 코로나19 바이러스 위기가 장기화되는 시기에 우리나라가 나아갈 길에 관해서도 이야기를 나눴습니다. 저는 우리 국민 모두 슬기로운 대통합을 통해 코로나19 피해를 최소화하고 위기를 기회로 바꾸는 전화위복을 꾀한다면 우리나라의 미래를 바꿀 수 있는 중요한 전환점이 될 것이라는 의견을 드리며 이 과정에서 홍 의원이 중요한 역할을 해주길 바란다는 당부 말씀을 드렸습니다.

제가 아는 홍 의원은 이상과 현실의 차이를 어떻게 좁힐 수 있을지

끊임없이 고민하는 정치인입니다. 그와 30여 년간 인연을 맺어오며 그가 정치인으로서 했던 고민의 진정성을 저는 잘 알고 있습니다.

홍 의원의 정치적 고민을 담은 이 책에 많은 독자분이 공감하기를 기대합니다. 그래야만 그의 고민과 번민이 의미 있는 것이 되리라고 생각합니다. 그의 번민이 진정 이 나라의 미래를 위해 도움이 될 수 있기를 진심으로 기원하며 이 글을 마칩니다.

서정진(셀트리온 명예회장)

목차

chapter 2
더 담대한 진보
협의와 합의를 위한 우리의 발걸음

부록 1
패스트트랙 보고서
정치적 상상력에서 시작된 새로운 민주주의

Chapter 1

담대한 진보
진보의, 진보에 의한, 진보를 위한 진보

중국의 도전과 미국의 응전. 21세기 패권전쟁은 이미 시작되었다. 1차 무역전쟁으로 이미 전초전도 치렀다. 패권전쟁은 과거처럼 군사력의 대결만이 아니다. 경제, 안보, 산업 등 모든 영역에서 패권을 다툰다. 4차 산업혁명 시대의 경제패권 경쟁도 치열하다. 새로운 패권전쟁은 대한민국과 한반도의 미래에도 영향을 끼칠 것이다. 대전환의 시대, 이것이 우리가 발 디디고 있는 현실이다. 급변하는 국제정세 속에서 코로나19라는 중대 변수가 등장했다. 지금껏 한 번도 없었던 미증유의 위기다. 코로나19 이전과 이후의 세계는 분명 다를 것이다. 위기를 어떻게 헤쳐 나가느냐에 따라 국가의 미래가 뒤바뀔 수도 있다. 코로나19 이후, 세계는 그리고 대한민국은 어디로 향할 것인가?

대전환의 시대

2차 세계대전 이후 전 세계는 냉전의 시대로 접어들었다.

미국과 소련은 막강한 군사력을 무기 삼아 세계 질서를 재편했다. 거대한 힘의 충돌이 일어날 때마다 대리 전쟁이 일어났다. 첫 대리 전쟁의 무대는 1950년 한반도였다. 냉전의 시대는 45년간 지속되었다. 1991년 소비에트연방이 해체될 때까지….

소련 해체 이후 유일한 강대국의 자리는 미국의 몫이었다. 진정한 팍스 아메리카나(Pax Americana)의 시대가 열린 것이다. 그러나 영원할 것 같았던 초강대국 미국 앞에 신흥 강자 중국이 도전장을 내밀었다. 2001년 세계무역기구(WTO)에 가입한 중국은 무서운 기세로 힘을 키웠다. 2008년 글로벌 금융위기가 끝난 뒤 중국은 미국의 강력한 도전자로 부상해 있었다.

중국의 도전과 미국의 응전. 21세기 패권전쟁은 이미 시작되었다.

3년 전 1차 무역전쟁으로 이미 전초전도 치렀다. 패권전쟁은 과거처럼 군사력의 대결만이 아니다. 경제, 안보, 산업 등 모든 영역에서 패권을 다툰다. 4차 산업혁명 시대의 경제패권 경쟁도 치열하다. 새로운 패권전쟁은 대한민국과 한반도의 미래에도 영향을 끼칠 것이다. 대전환의 시대, 이것이 우리가 발 디디고 있는 현실이다.

급변하는 국제 정세 속에서 코로나19라는 중대 변수가 등장했다. 지금껏 한 번도 없었던 미증유의 위기다. 코로나19 이전과 이후의 세계는 분명 다를 것이다. 위기를 어떻게 헤쳐 나가느냐에 따라 국가의 미래가 뒤바뀔 수도 있다.

코로나19 이후, 세계는 그리고 대한민국은 어디로 향할 것인가?

나는 2018년 7월부터 국회 국방위원회에 소속되어 있다. 국방위원회의 소관기관은 국방부와 각 군, 방사청, 병무청 등이고, 주로 장병과 무기 등 국방에 관한 사안이 다뤄진다. 그러나 내가 경험한 국방위는 그 이상이었다. 우리는 반세기 넘게 이어온 남북 간 군사적 대치 상황을 한미동맹으로 대응해왔다. 이런 특수성으로 우리의 국방정책은 좁게는 대북정책, 넓게는 안보정책과 밀접하게 연동되어왔다.

내가 국방위에 머무는 동안 남북 관계는 미사일과 말폭탄이 오가는 일촉즉발의 상황에서 남·북·미 정상이 판문점에서 손을 맞잡는 데탕트 상황까지 그야말로 롤러코스터를 탔다.

국방위원으로서 보낸 시간은 내게 있어 한반도 주변의 힘의 각축과 지정학적 변화를 냉철하고 면밀하게 살펴보는 소중한 기회였다. 여러모로 부족한 가운데 그 숙고의 결과물을 정리해 나누고자 한다.

21세기
패권전쟁

새로운 냉전의 시작

2020년 1월 찰스 리버 미국 하버드대 생물학과 교수가 검찰에 체포됐다. 미국의 첨단 기술을 중국에 몰래 넘겨주려 했다는 혐의였다. 검찰은 리버 교수가 중국의 해외 우수인재 영입프로그램인 '천인계획(千人計劃)'에 참여했다는 사실도 밝혀냈다. '천인계획'은 중국 정부가 해외의 고급 인재를 유치, 첨단 과학기술을 육성하기 위해 2008년에 시작한 프로그램이다. 중국 정부는 미국 등 해외 과학자들에게 높은 연봉과 주택을 제공한다.

최근 미국 내에서 '천인계획'과 관련해 검찰에 기소·체포되는 사례가 점점 늘어나는 추세다. '천인계획'을 둘러싼 미·중 갈등은 빙산의 일각일 뿐이다. 미국과 중국은 경제, 군사, 외교, 안보, 과학, 산업 등 모든 분야에서 치열하게 맞붙고 있다. 영국 〈이코노미스트〉 지는 이 상황을 '새로운 냉전'이라고 명명했다. '새로운 냉전'은 중국의 급부상으로 시작되었다. 1979년 미국과 중국이 수교를 맺을 때만 해도 이런 상황은 예측하기 어려웠다. 중국이 시장 개방 이후 고속 성장을 거듭했지만 미국의 위상에는 한참 못 미쳤다. 전문가들도 중국이 미국을 단기간에 따라잡기는 어려울 것이라고 내다봤다.

하지만 중국은 2001년 WTO 가입을 계기로 무섭게 성장하기 시작했다. 2000년 중국의 국내총생산(GDP)은 1조 2,113억 달러로 미국(10조 2,523억 달러)의 8분의 1 수준에 불과했다. 그러나 WTO 가입 후 10년 뒤인 2011년 중국의 GDP는 미국의 절반 수준으로 급성장했다. 2018년 기준 중국의 GDP는 13조 6,081억 달러로 미국(20조 6,081억 달러)에 이어 세계 2위다. '도광양회(韜光養晦).' 1978년 덩샤오핑 이후 중국이 견지해온 대외 전략이다. 몸을 드러내지 않고 때를 기다린다는 뜻이다. 힘을 비축할 때까지 미국에 도전하지 말라는 의미이기도 하다. 그러나 2008년 글로벌 금융위기 이후 자신감을 얻은 중국은 과감한 전환에 나섰다. 특히 시진핑 주석은 2012년 공산당 총서기에 선출된 직후 '중국몽(中國夢)'을 공식 선언했다. 위대한 중화민족을 부흥시키겠다는 꿈이다. '도광양회' 대신 '중국몽'이 국가 비전으로 채택된 순간이다.

경제성장을 토대로 중국은 전 분야에서 고속 질주를 시작했다. 영국의 싱크탱크 국제전략문제연구소(IISS)에 따르면 2018년 중국의 국방비는 1,810억 달러(214조 원)로서 6,850억 달러(810조 원)인 미국 국방비와 격차를 빠르게 좁히고 있다. 우주과학, 바이오, 양자통신 등 과학기술 분야에도 막대한 투자를 진행 중이다. 2019년 1월에는 미국도 가보지 못한 달 뒷면을 탐사하는 저력을 과시했다.

급부상하는 중국을 미국이 그냥 놔둘 리 없다. 오바마 대통령은 '아시아로의 회귀(Pivot to Asia)'를 통해 중국 견제에 본격적으로 나섰다. 바통을 이어받은 트럼프 대통령은 더욱 강도 높은 대(對)중국 압박에 나섰다. 그 기조는 바이든 대통령 취임 이후에도 이어지고 있다. 인류 역사상 패권 세력과 신흥 세력 간에는 항상 전쟁이 발발했다. '투키디데스의 함정'이다. 그레이엄 앨리슨 미국 하버드대 교수는 "지난 500년 동안 패권국과 신흥국의 충돌이 16번 있었는데, 이 중 12번이 전쟁으로 끝났다"고 분석했다. 앨리슨 교수는 "17번째 투키디데스의 함정은 미국과 중국 사이에서 발생할 것"이라고 내다보았다. 새로운 냉전은 이미 시작되었다.

아메리카 퍼스트 vs 중국몽

미·중 사이의 새로운 냉전은 '꿈의 충돌'이다. 트럼프 대통령의 '아메리카 퍼스트(America first)'와 시진핑 주석의 '중국몽'은 서로 대척 관계다. 패권을 지키려는 나라와 옛 영광을 되찾으려는 나라 사이에 갈등이 없을 수 없다.

첫 번째 충돌은 무역 분야에서 나타났다. 2018년 7월 트럼프 대통령은 340억 달러 상당의 중국산 제품에 25퍼센트의 관세를 부과했다. 중국과의 무역에서 적자가 크다는 게 표면적 이유였다. 중국은 곧바로 미국산 제품에 똑같은 관세를 부과하는 방식으로 반격을 가했다. 이렇게 시작된 1차 무역전쟁은 2019년 12월이 되어서야 끝났다. 그러나 종전이 아니라 휴전이라는 것을 전 세계가 알고 있다.

산업 패권을 놓고서도 두 강대국은 충돌했다. 중국은 2015년 '제조 2025' 전략을 본격 추진했다. 2025년까지 '제조 강국'으로 올라서겠다는 구상이다. 의료기기, 바이오, 로봇, 통신장비, 화학, 항공우주 등 첨단 기술 분야에서 빠르게 경쟁력을 높인 뒤 궁극적으로 미국을 제치겠다는 전략이다. 이에 대해 미국은 중국 최대 통신기업 화웨이 등 중국 기업에 대한 제재를 강화하고 나섰다. 특히 화웨이에 대해서 미국 정부와 기업은 물론 전 세계 기업을 상대로 압박을 가했다.

군사·안보 분야에서의 충돌 위험도 갈수록 높아지는 추세다. 시진핑 주석은 2013년 '일대일로(一帶一路)' 구상을 공식적으로 발표했다. 일대일로는 중앙아시아-러시아-유럽을 잇는 내륙 실크로드, 동아시아-중동-아프리카를 잇는 해양 실크로드를 구축하겠다는 구상이다. 두 가지 실크로드의 구심점을 중국이 맡겠다는 것이다.

'일대일로'가 나오자 미국은 곧바로 2015년 남중국해에서 인도·태평양 전략에 기초한 '항행의 자유 작전'을 전개했다. 중국의 해양 진출을 봉쇄하려는 전략이다. 트럼프 대통령은 미군의 태평양사령부를 인도·태평양사령부로 확대해 중국 견제를 공공연하게 내비쳤다. 올해까지 미 해군과 공군 전력의 60퍼센트를 아시아·태평양 지역에 배치한다는 계획도 진행 중이다. 이 상반되는 두 전략으로 양국은 2018년 충돌 직전까지 갔다. 그해 미국과 중국 군함은 남중국해에서 일촉즉발의 상황을 연출했다. 2020년 4월 11일에도 미국 군함이 대만해협에서 중국 쪽으로 월경하면서 중국을 도발했다.

두 강대국의 '꿈의 충돌'이 어떤 결말로 이어질지 아직은 예측 불가다. 가장 이상적인 시나리오는 '팍스 콘체르토(Pax Concerto)'다. 미국과 중국이 서로의 힘을 인정하고 국제 이슈와 주요 현안에서 공조 관계를 맺는 것이다.

그러나 현실적으로 당분간 패권전쟁은 계속될 것이라는 게 대체적 전망이다. 중국은 건국 100주년이 되는 2049년까지 사회주의 현대화를 완성하고, 2050년 세계 최강대국으로 우뚝 선다는 목표를 밝혔다. 미국도 중국에 어깨를 내어줄 생각이 전혀 없다.

트럼프에 이어 바이든 행정부의 대중 정책 기조도 수사만 바뀌었을 뿐 대동소이할 것으로 전망된다. 지난 3월 25일 바이든 대통령의 취임 후 첫 기자회견은 대중 정책의 기조가 달라지지 않았음을 보여주었다.

바이든 대통령은 기자회견에서 중국을 정조준해 강도 높은 발언을 쏟아냈다. 그는 "중국은 세계를 이끄는 국가, 세계에서 가장 부유하고 강한 국가가 되려 하지만, 내가 있는 한 그런 일은 일어나지 않을 것"이라고 했다. 또 미·중 간의 경쟁을 "민주주의와 독재 간의 전투"라고 했다. 미·중 간의 패권전쟁은 트럼프 시대보다 더 강도 높게 진행될 것임을 보여주는 예고편이다.

문제는 미국과 서방(the West)의 강경한 접근이 의도한 결과를 낳을 가능성이 크지 않다는 데 있다. 최근 중국은 전인대를 열어 홍콩의 선거법 개악안을 만장일치로 통과시켰다. 이는 직전에 열린 G7 정상들의 요구를 일축하면서, 중국의 핵심 이익을 양보하지 않겠다는 의지를 과시한 것이다.

올해 3월 20일 자 영국 〈이코노미스트〉 지에 실린 '중국을 어떻게 다루나'라는 제목의 기사는 미국 등 서방의 대중국 정책의 구조적 어려움이 잘 요약되어 있다. 중국의 부상 이후, 자유 진영은 중국과의 전쟁을 피하면서도 번영과 자유를 지켜낼 것인지를 고심해왔다. 트럼프 정부 이후 떠오른 해법이 바로 대중국 봉쇄였다. 문제는 중국을 봉쇄하는 데 비용이 매우 많이 들지만 성공할 가능성은 지극히 낮다는 점이다.

이를 단적으로 보여주는 것이 중국의 정치적 폭압이 명백해진 이후에도, 홍콩과 중국 본토의 경제적 활력은 오히려 더 높아졌다는 점이다. 10조 달러에 달하는 해외투자를 끌어들인 아시아의 금융 허브로서 홍콩의 위상은 조금도 꺾이지 않고 있다.

아울러 중국 봉쇄에 따른 물가 폭등과 금융위기를 서방이 얼마나 감수할 수 있을 것인지도 의문이다. 또 중국의 최대 교역국이 64개국인 데 반해 미국은 38개국에 불과하다는 점을 감안했을 때 미국과 서방이 역으로 고립되는 상황으로 치닫지 않으리라는 보장도 없다. 〈이코노미스트〉 지의 분석대로 중국은 과거에 서방이 상대했던 소련이 아니다. 중국 경제는 세계 GDP의 18퍼센트를 차지하고 있고, 세계무역에서 차지하는 비중은 과거 소련의 3배(1959년 기준)에 달한다. 요컨대, 봉쇄로 굴복시키기에는 중국은 이미 너무 크고, 다양하며, 혁신적이다.

미·중 수교를 이끌어낸 헨리 키신저는 2019년 중국 베이징에서 개최된 포럼에서 이렇게 말했다. "(미국과 중국 사이의) 갈등이 관리되지 않는다면 결과는 1차 대전 때의 유럽보다 훨씬 끔찍할 것이다. 서로의 정치적 목적이 무엇인지 명확히 이해하려는 노력과 이를 극복하는 합의가 중요하다."

키신저의 조언대로 이해와 합의가 이뤄질 수 있을까? 패권전쟁의 전초전인 1차 무역전쟁이 이제 막 끝났다. 두 강대국은 파국을 피하기 위해 잠시 휴전을 선택했다. 하지만 코로나19 이후 미국과 중국은 어딘가에서 또 맞붙을 것이다.

한반도, 100년의 리스크

구한말, 조선 조정은 《조선책략》이라는 책을 놓고 열띤 논쟁을 벌였다. 청나라 참사관인 황준헌이 지은 이 책은 러시아의 야욕에 맞설 수 있는 조선의 외교 전략을 다뤘다. 청나라의 관점에서 만든 전략이다. 이 책은 조선의 외교 전략으로 '친중연미(親中聯美)'를 제시했다. 중국과 우호를 더욱 강화하고 미국을 우방으로 끌어들이라는 얘기다. 《조선책략》은 구한말 한반도가 처한 지정학적 위기를 보여준다. 대륙 진출과 해양 진출을 꾀하는 두 강대국 사이에서 한반도는 먹잇감으로 전락했다.

21세기 미·중 패권전쟁은 똑같은 상황을 연출하고 있다. 미국과 중국의 줄 세우기 경쟁은 치열하다. 이언 브레머(Ian Bremmer) 유라시아그룹 회장은 2011년 세계경제포럼에서 "세계 질서를 주도하는 세력이 없는 G제로 시대가 시작되었다"고 말했다. 미·중 패권 다툼 속에서 불확실성이 커지는 상황을 맞을 것이란 얘기다. G제로 시대는 결국 각국이 각자도생의 선택을 해야 하는 상황을 만들고 있다. 각국의 이익에 따라 필요한 선택을 해야 하는 상황이다. 미국과 중국의 줄 세우기 경쟁에 대한 대응도 제각각이다. 이탈리아는 중국의 '일대일로'에 동참하기로 결정했다. 일본은 미국의 적극적인 견제 속에서도 2018년 중국의 '일대일로'에 참여하겠다는 뜻을 밝혔다.

우리 또한 시험대에 올랐다. 특히 한반도의 지정학적 위치에서 비롯한 선택의 문제는 복잡하다. 2017년 11월 트럼프 대통령은 문재인 대통령에게 미국의 인도·태평양 전략에 동참을 요청했다. 우리는 이에 입장 표명을 유보하는 방식으로 대응했다. 미국과 중국의 패권전쟁이 끝날 때까지 이런 상황은 앞으로도 더욱더 많아질 것이다.

G제로의 시대, 21세기판 '조선책략'은 무엇이어야 하는가?

외교 전략
새판 짜기

평택의 역설

미국의 최대 해외 군사기지는 어디에 있을까? 답은 대한민국 경기도 평택이다. 2017년 용산 미군기지를 대체할 '캠프 험프리스'가 완공되었다. 여의도의 5배 크기인 이 기지에 미8군 등 주한미군 1만 3,000명이 주둔해 있다. 미군 가족과 군무원을 포함하면 4만 3,000명이 이곳에 거주한다. 평택 미군기지에서 얼마 떨어지지 않은 평택항은 중국과의 물류 전진기지다. 2019년에만 약 20만 TEU(1TEU=20피트 길이 컨테이너 1개)의 화물이 이곳을 거쳐 중국으로 향했다. 평택항을 통해 들어오는 중국 관광객은 연간 수십만 명에 달한다. 평택은 외교 무대에서 대한민국의 위치를 상징적으로 보여준다. 경제·군사적으로 미국, 중국과 얽히고설킨 대한민국의 축소판이 평택이다.

미국은 혈맹이다. 1945년 해방 이후 미국은 우리의 든든한 우방이

자 군사적 보호자 역할을 해왔다. 경제·산업 측면에서도 우방 이상이다. 과거 미국 기업의 기술 이전을 통해 우리는 지금의 주력 산업을 키울 수 있었다. 2008년 글로벌 금융위기 때 미국은 통화 스와프를 통해 '달러 우산'을 제공했다.

중국은 어떤가? 1,000년 넘게 우리와 어깨를 맞댄 나라가 중국이다. 경제적으로는 미국 이상이다. 중국은 우리의 최대 수출국이자 최대 수입국이다. 2020년 우리의 대중국 수출액은 1,326억 달러였다. 미국 수출액(742억 달러)의 1.8배이고, 전체 수출의 25.8퍼센트를 차지하는 최대 교역국이다. 중국은 또한 우리나라의 최대 관광 수요국이다. 2019년 외국인 관광객 중 34퍼센트가 중국인 관광객이었다.

한국의 대중·대미 수출 규모

(단위: 억 달러, 비중: %)

	2018년	2019년
중국 수출	1,621억 달러	1,362억 달러(25.1%)
미국 수출	727억 달러	734억 달러(13.5%)

* 자료: 관세청. 2020~2021. 2019년, 2020년 연간 수출입 현황

대한민국은 이렇듯 초강대국 사이에 '낀 나라'다. 오랜 외교·안보 동맹인 미국, 최대 교역국인 중국과의 관계 속에서 우리는 경제성장을 일궈왔다. 한편으로는 한미동맹을 목청껏 외치고, 다른 한편으로는 중국 시장을 활용한 경제 발전을 이룬 것이 지금까지의 생존 방식이다. 게다가 북한 문제에서도 미국과 중국의 영향력은 절대적이다. 두 강대국의 눈치를 봐가면서 조심스럽게 대북정책을 펼 수밖에 없는 구조다. 그렇게 살아온 세월이 70년이다. 미국과 중국, 두 강대

국과의 상호 관계 속에서 우리는 외교·안보 그리고 경제를 꾸려왔다.

그런데 균형을 잡기가 점점 더 어려워지고 있다. 양자택일을 강요받는 상황이 점점 더 많아지고 있다. 한쪽으로 치우치는 순간 우리는 엄청난 압박을 받는다. 정치적 압박과 함께 경제적인 충격파도 가해진다. 특히 2010년 이후 격화되고 있는 미·중 패권전쟁은 우리에게 더 힘든 선택을 강요하고 있다. 2016년 사드(THAAD) 배치 과정에서 선택의 어려움과 대가를 생생하게 겪었다.

사드에서 호르무즈까지

2016년 정초부터 한반도 정세는 '시계제로(視界zero)'였다. 1월 6일 북한이 4차 핵실험을 강행하면서 위기감은 고조되기 시작했다. 남북 대화는 끊긴 지 오래였고, 미국과 중국의 조정 노력도 전혀 진행되지 않았다. 그리고 1주일 뒤, 박근혜 대통령은 신년 대국민 담화에서 "안보와 국익에 따라 사드 배치를 검토하겠다"고 발표했다. 한반도 내·외부를 격랑으로 몰아넣은 사드 논란의 시작이었다.

사드는 '고(高)고도 탄도미사일 요격 체계'를 뜻한다. 북한이 남한을 향해 미사일을 발사할 경우 공중에서 요격하는 방어 시스템이다. 박 대통령의 대국민 담화 이후 7개월 뒤인 7월 8일, 한미 당국은 사드 배치를 공식 발표했다. 7월 13일에는 경북 성주가 배치 부지로 확정 발표되었고, 이듬해 4월부터 순차적으로 배치되기 시작했다. 사드 배치는 엄청난 혼란과 파장을 불러일으켰다. 북한의 군사적 위협에 대응하기 위한 최소한의 방어 조치라는 찬성 의견과 더 큰 충돌과 위기를 초래할 것이라는 의견이 엇갈렸다. 사드 배치에 대한 찬성과 반대로 국민도 둘로 갈렸다.

더 큰 문제는 국제 정세의 급변을 불러왔다는 점이다. 사실 사드 배치는 20년 전부터 나왔던 문제다. 1998년 북한의 대륙간탄도미사일 개발에 대응할 'NMD', 즉 국가미사일방어체계를 구축해야 한다는 보고서가 미국 의회에 제출됐다. 한동안 서랍 속에 있었던 이 보고서가 다시 주목받은 건 2014년이다. 그해 6월 미 국방부는 "한국 정부가 사드 관련 정보를 요청했다"는 사실을 공개했다. 중국은 매우 민감하게 대응했다. 한국에 배치되는 사드는 결국 중국을 겨냥한 미국의 군사적 압박이라는 게 중국의 입장이었다. 실제로 사드의 사거리는 200킬로미터일 뿐이지만 레이더 감지 거리는 2,000킬로미터다.

2014~2017년 사드 배치 일지

2014	06. 05	미 국방부 "한국 정부, 사드 관련 정보 요청"
2015	04. 17	미 태평양 사령관, 상원 청문회서 "한반도 사드 배치 논의 중"
	05.21	국방부 "미국이 요청하면 사드 배치 협의"
2016	01.06	북한, 4차 핵실험
	02.07	한미, 북한 장거리 미사일 발사 직후 사드 배치 공식 협의 결정 발표
	03. 04	사드 배치 논의 위한 한미공동실무단 약정 체결 및 공식 출범
	03. 31	시진핑 중국 국가주석, 미·중 정상회담서 "사드 한국 배치 단호히 반대"
	07. 08	한미, 사드 배치 결정 공식 발표
	07. 13	국방부, 사드 배치 부지 공식 발표
	09. 30	국방부 '성주골프장 사드 배치' 발표
2017	02. 28	국방부, 롯데와 사드 부지 교환계약 체결
	03. 06	미군, C-17 수송기로 오산기지에 사드 발사대 2기 공수
	04. 26	주한미군, 성주골프장에 사드 장비 반입

서부 내륙을 제외한 중국 전역이 사드 감시망에 포함된다는 것이 중국의 주장이다.

다시 2016년 상황이다. 그해 초 사드 배치 논의가 시작되자 중국 외교부는 "한반도 사드 배치를 결연히 반대한다"는 공식 성명을 냈다. 3월에는 시진핑 주석이 미·중 정상회담에서 "사드 배치에 단호하게 반대한다"는 입장을 밝혔다. 사드 배치를 공식 발표한 7월 8일에는 당시 김장수 주중 대사가 중국 정부로부터 초치(招致)되어 강한 항의를 받았다. 그런데도 사드는 배치되었다. 미국은 강행했고, 중국은 보복을 가했다. 그로 인한 피해는 고스란히 우리의 몫이었다.

후폭풍은 생각보다 컸다. 중국 정부의 암묵적인 '한한령(限韓令)'으로 중국 내 우리 기업들이 피해를 봤다. 중국에서 잘나가고 있던 한류 드라마도 퇴출당했다. 명동과 남대문에 넘쳐나던 중국 관광객이 급감했다. 2016년 800만여 명이던 중국 관광객은 2017년 400만여 명으로 절반가량 줄었다. 그 이후로 조금씩 나아지고 있으나 여전히 중국의 '한한령'은 계속되고 있다. 현대경제연구원은 사드 이후 1년 동안 우리 경제 피해액이 8조 5,000억 원에 달한다는 보고서를 냈다.

사드 배치 논란은 우리 외교의 한계를 보여주는 사건이다. 중국의 성장을 견제하려는 미국, 그런 미국에 맞서는 중국 사이에서 '영원한 중립'은 없다. 미국이냐 중국이냐, 둘 중 하나를 선택하기를 강요받는다. 박근혜 정부의 사드 배치 결정이 틀렸다고 할 수도, 맞았다고 할 수도 없다. 중국의 경제 보복이 뻔히 예상되는데도 사드를 배치한 것은 미국의 '안보 우산'을 택한 어쩔 수 없는 선택이었을 것이다.

양자택일의 문제는 반복된다. 2020년 6월 중국은 삼성전자, SK하이닉스 등 우리 기업들을 불러 미국의 대중국 압박에 가담하지 말 것을 요구했다. 미국이 추진하는 중국 통신장비 업체인 화웨이 제재에 동참해서는 안 된다는 경고였다. 미국은 2020년 7월 우리 정부에 이란 제재를 위해 호르무즈 해협 공동 방위에 동참할 것을 요구했다. 이란과의 경제교역 규모가 상당한 우리나라로선 골치 아픈 선택지였다. 앞으로도 이와 같은 미·중 두 강대국의 줄 세우기는 계속될 것이다. 외교·안보, 군사, 경제 등 모든 분야에서 우리는 선택을 강요받을 것이다. 우리는 어떤 선택을 해야 하는가?

자기 주도 외교로의 전환

미·중 강대국의 틈바구니에 있는 우리의 선택지는 많지 않다. 어느 한편에 서기에는 우리의 안보·경제 상황이 복합적이고 중층적이다. 사드 배치 논란에서 체감했듯이 한쪽을 편들 때 다른 쪽으로부터는 엄청난 보복이 뒤따른다. 사실 한국의 외교정책은 해방 이후 미국의 등에 올라타는 '편승 외교'였다. 중국이 부상한 이후로는 '등거리 외교'를 표방했지만 치우침 없는 외교는 현실적으로 불가능하다. '둘 다 우리 편'이라는 접근법도 현실성이 떨어진다. 급변하고 있는 국제 정세 속에서 편승 외교, 등거리 외교로는 한계가 있다.

그렇다면 우리는 어떤 외교를 해야 할까?

'자기 주도 외교'가 해법이다. 자기 주도 외교는 국제 정세에 흔들리지 않고 스스로 우리의 목표를 정하고, 국가이익의 우선순위에 따라 외교적 대응을 하는 전략이다. 지난해 미국의 호르무즈 해협 파병 요청에 대해 우리 정부는 독자 파병으로 대응했다. 미국은 호르무즈 해협에서의 이란의 영향력을 견제하기 위해 '국제해양안보구상(IMSC)'에 가담할 것을 요구했지만, 우리는 청해부대를 파견해 독자적으로 활동하기로 결정했다. 호르무즈 해협은 국내 원유 운반 선박이 연간 900회 이상 드나드는 곳인데, IMSC에 동참할 경우 우리 선박까지 공격받을 수 있다는 판단에서 내린 결정이다. 이 같은 방식이 자기 주도 외교 방식의 접근이다. 동맹 관계를 부정하지 않으면서 우리의 이익을 지켜내는 전략이다. 자기 주도 외교를 위한 구체적인 전략을 제대로 수립한다면 한국의 새로운 외교 패러다임이 될 수 있다. 대북 문제와 동아시아 정세에서도 이런 방식은 통할 수 있다. 동아시아는 21세기 들어 미·중 간 힘의 충돌이 빚어지는 중심지가 되고 있다. 특히 동북아시아는 미국과 일본, 중국과 러시아가 첨예하게 맞붙어 있는 지역으로 북한 문제와 연계되어 복잡한 정세를 보여주고 있다. 이전처럼 강대국들의 각축 속에서 어느 쪽 줄에 설까를 고민해서는 한반도 문제의 해법은 요원해진다.

우리는 한반도 문제의 당사자이며, 동북아시아의 당당한 주체다. 강대국들의 힘의 논리에 이리저리 휘둘리는 '종속변수'의 자세에서 벗어나야 한다. 2005년 노무현 대통령의 '동북아 균형자론'은 이런 배경에서 나왔다. 남북 분단을 포함한 동북아시아 정세를 한국의 힘만으로 주도할 수는 없다. 그러나 독립적인 주체로 강대국 사이의 힘의 균형을 이루는 조정자 역할은 충분히 해낼 수 있다는 게 노 대통령의 비전이었다. 물론 '이상주의'라는 보수 세력의 비판 속에 노 대통령의 비전은 실현되지 못했지만, 문재인 정부가 바통을 이어받아 새로운 가능성을 만들고 있다.

문재인 대통령은 지난 3년간 '한반도 운전자론'을 통해 한반도 비핵화 협상을 진전시켰다. '한반도 운전자론'은 남북문제의 주체는 우리이며, 우리의 주도적 역할을 통해 평화의 봄을 앞당기겠다는 구상이다. 그 결과로 세 차례의 남북 정상회담을 이끌어냈으며, 역사적인 북미 정상회담도 성사시켰다.

물론 그 이후 미·중 관계, 남북 관계는 소강 국면이다. 어쩌면 당연한 일이라고 본다. 2020년 11월 미국 대통령선거로 행정부가 바뀐 상황도 영향을 끼쳤다. 바이든 행정부 출범 이후 북·미 대화 채널이 다시 만들어질 것이냐가 지금 시점에서 최대 관심사다. 그 가능성을 모색해보는 시도가 올해 2월부터 시작됐다. 바이든 행정부는 지난달 북한에 비공식 채널을 통해 접촉을 시도했다. 이에 대해 북한은 일단 노(no)라는 답을 보냈고, 3월 25일 단거리 미사일을 발사했다. 누구는 '이전과 바뀐 게 없지 않냐'고 말할 수도 있을 것이다. 하지만 북·미 간에 어떤 형태로든 접촉의 시도가 다시 시작되고 있음에 주목해야 한다.

그리고 그 과정에서 우리는 더 강한 '운전자' 역할을 맡아야 한다. 외교·안보의 종속변수가 아닌 독립변수로서 당당히 우리에게 맡겨진 역할을 해내야 한다. 자기 주도 외교가 더욱 필요한 시기다.

남쪽으로, 그리고 북쪽으로

자기 주도 외교가 빛을 보려면 우리의 외교 영역을 확장해야 한다. 외교의 영역을 넓히는 것은 정치나 안보의 문제만은 아니다. 경제와 문화의 확장이다. 문재인 정부가 신남방 정책과 신북방 정책에 집중하는 이유다. 신남방·신북방 정책은 대한민국의 장기적 성장을 위해서도 매우 중요하다. 신남방 정책의 핵심 대상인 인도와 아세안은 중국에 편중된 교역의 영역을 확장할 수 있는 거점이다. 20억 인구에 GDP 규모가 5조 4,000억 달러에 달하는 거대 시장이다. 이들 지역에서 한 해 220만 명이 한국을 찾고, 우리 국민 730만 명이 이들 지역을 찾는다. 우리와의 무역 규모도 지난해 말 기준 1,102억 달러(아세안 951억 달러, 인도 151억 달러)로 중국 시장에 이어 두 번째로 큰 수출 시장이다.

정부는 아세안·인도와의 인적, 물적 교류를 확대해 평화와 번영의 공동체를 만든다는 구상을 펴고 있다. 아세안 지역과의 상호 방문객을 2017년 930만 명에서 1,500만 명으로 늘리고, 경제교역 규모도 2,000억 달러로 키울 방침이다. 인도와의 교역 규모는 2030년까지 520억 달러로 늘릴 예정이다.

신북방 정책은 러시아와 중앙아시아, 중국 동북 3성(지린성, 랴오닝성, 헤이룽장성)에 이르는 거대 시장과의 협력을 확대하는 전략이다. 조선, 항만, 가스, 철도, 북극 항로 등 9개 분야에서 이들 지역과의 경제적 협업을 강화해 새로운 시장을 확보하겠다는 구상이다. 이 가운데 러시아와의 경제 네트워크 구축이 핵심이다. 특히 러시아는 세계 2위의 천연가스 생산국이다. 양국 간 협력을 통해 가스 도입을 다변화하고 에너지 수급을 안정화하는 등 우리가 얻을 경제적 기대 효과가 클 것으로 전망된다. 2017년 문재인 대통령이 동방경제포럼에서 '동북아 에너지 그리드' 구상을 밝히면서 양국 간 협업은 점점 활발해지기 시작했다. 코로나19로 잠시 소강상태를 맞았지만, 포스트 코로나 시대 신남방·신북방 정책은 다시 속도를 낼 것이다.

신남방 정책과 신북방 정책은 경제에서 시작해 외교·안보 분야의 우군을 확대하는 과정이다. 그 과정에서 우리는 미국과 중국에 편중된 경제구조를 다변화할 수 있다. 또한, 이들 국가와의 교류를 통해 외교와 안보 영역의 지지를 확보할 수 있다. 특히 신북방 정책은 다가올 통일 시대에 대비해서도 매우 중요하다. 대북 제재가 풀려 남북한 철도가 연결되고, 그 철길이 유라시아로 향하는 대륙 철도와 맞닿는다면 진정한 동북아 경제공동체를 만드는 작업이 될 수 있을 것이다.

아직 갈 길이 멀다. 이제 막 걸음마를 떼었을 뿐이다. 20년 혹은 30년 뒤의 먼 미래를 봐야 한다. 그러기 위해서는 경제·안보를 위한 외교의 길을 남쪽으로, 북쪽으로 더욱 넓혀야 한다. 가능성은 충분하다. 코로나19의 위기에서 우리는 그 가능성을 봤다. 대한민국은 뛰어난 위기관리 능력으로 전 세계의 주목을 받았다. 진단 키트 등 의료 외교를 통해 우리의 위상도 한껏 높아졌다. 전대미문의 질병이 가져다준 예상치 못한 뜻밖의 기회다. 자기 주도 외교를 통한 외교 역량을 재설계하기에 더할 나위 없이 좋은 타이밍이다.

리셋!
한미동맹

70년 한미동맹의 위기

2021년으로 한미동맹은 68년을 맞았다. 1953년 10월 1일 한미상호 방위조약을 체결한 이후 계속되어왔다. 한미동맹을 통해 우리는 안보를 지켰으며, 이를 토대로 경제 발전을 이룩했다. 그런데 요즘 한미동맹의 위기를 말하는 사람이 많다. 실상은 그렇지 않더라도 위기라고 여기는 국민이 많은 것은 사실이다. 물론 우리가 초래한 상황은 아니다.

트럼프 정부 등장 이후 미국 측의 방위비 분담금 인상 압박이 거세지면서 한미동맹을 위기로 보는 시각이 많아졌다. 솔직히 미국의 태도는 우리로서는 무례하다 싶을 정도였다. 사실 방위비 분담금 문제는 밖으로 드러나지는 않아도 30년 전부터 마찰이 있었다. 우리가 방위비 분담금을 내기 시작한 건 1991년부터다. 그동안 10차례의 협상이 있었고 그때마다 방위비 분담금은 큰 폭으로 증가했다. 그 이면에는 '미국 측 요구를 들어주지 않을 경우 주한미군을 철수하면 어떻게 하나'라는 두려움이 깔려 있었다.

주한미군 분담금

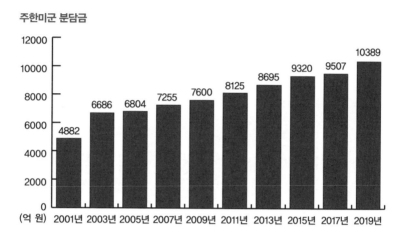

시대가 바뀌면 제도도 바뀌는 법이다. 우리의 경제 규모가 커지고 국력이 신장된 만큼 방위비 분담금을 더 부담해야 하는 것은 맞다. 하지만 동맹의 본질은 상호 신뢰와 이해다. 한쪽이 일방적으로 다른 쪽을 압박하고 통보하는 식의 협상은 위험한 발상이다.

미국 측 요구로 2019년 방위비 분담금은 처음으로 1조 원을 넘겼다. 트럼프 전 대통령은 2020년에 이 규모를 최대 50억 달러, 약 6조 원으로 높이라고 요구했다. 협상력을 높이기 위해 미국은 주한미군 내 한국인 군무원들에 대한 무급 휴직을 통보했고, 2020년 4월 1일부터 실제로 무급 휴직에 들어갔다.

결국, 방위비 분담금 협상은 1년 넘게 시간을 끈 끝에 최근 타결되었다. 3월 초 미국 워싱턴에서 열린 제11차 방위비분담특별협정(SMA) 체결 회의에서 2020년분부터 2025년까지의 분담금 액수에 한미 양측이 합의했다. 2020년도 방위비 분담금은 2019년과 같은 1조 389억 원으로 결정되었다. 올해 분담금은 2020년 대비 13.9퍼센트 늘어난 1조 1,833억 원으로 확정되었다. 내년부터 2025년까지는 전년도 한국의 국방비 증가율을 적용해 분담금을 결정하기로 했다.

분담금 합의안은 이제 곧 국회 비준 동의 절차를 거쳐야 한다. 솔직히 나는 어쩔 수 없는 상황이라고 생각하면서도 인상 폭이 과도하다는 생각을 지울 수 없다. 무엇보다 앞으로 이 같은 형태로 협상이 진행되는 것은 한미 양측에 모두 바람직하지 않다. 지난 3월 16일 국회 국방위원회에서 "국회는 고무도장이 아니다"라고 강도 높게 지적했던 것도 이 때문이다.

한미동맹은 우리의 필요도 있으나 미국도 전략적인 필요성이 있기에 성립하는 관계다. 방위비 분담금 외에도 우리는 한미동맹 차원에서 많이 기여하고 있다. 우리 군은 수입 무기의 90퍼센트를 미국에서 사들인다. 2009년부터 2018년까지 10년간 한국이 구입한 미국산 무기는 7조 4,000억 원에 달했다. 평택 미군기지 이전 비용 12조 원 가운데 우리 정부가 부담하는 금액이 약 11조 원이다.

한미동맹이 방위비 분담금을 올려 받기 위해 존재해서는 안 된다. 방위비 분담금 협상을 계기로 한미동맹의 갱신도 적극 검토해야 할 때다. 2019년 11월 스티브 비건(Stephen Biegun) 미국 국무부 부장관은 "한미동맹의 갱신(renewal)이 필요하다"고 말했다. 맞는 말이다. 우리의 강화된 국력과 국방력에 맞춰, 한미동맹의 기능과 역할을 새롭게 설계할 때가 되었다.

새로운 동맹을 위한 고민

한미동맹의 갱신은 한국과 미국 양국의 깊은 이해와 고민이 필요하다. 다만 그 과정에서 우리가 고민해야 할 것들이 몇 가지 있다. 첫째, '회색 지대'의 문제다. 회색 지대는 정규군 간 충돌이 아닌 민간 또는 지역 단위의 분쟁을 의미한다. 일종의 '저(低)강도 분쟁'이다. 2000년대 들어 우리나라 주변에서는 크고 작은 저강도 분쟁이 속출했다. 2019년 7월에는 중국 폭격기 2대가 우리 방공식별구역(KADIZ)을 침범했다. 같은 날 러시아 폭격기와 조기경보통제기가 독도 영공을 침범하기도 했다. 올해 들어서도 지난 2월 제주도 동남방 해상을 무단으로 침범했다. 저강도 분쟁은 일본과 벌어질 수도 있다. 독도 영유권을 놓고 일본은 수십 년째 자국 영토라는 주장을 반복하면서 전투기 출격 가능성을 시사하고 있다. 저강도 분쟁은 남북한 대치 상황과 맞물려 우리의 고민을 깊게 만든다. 이 같은 분쟁은 한미동맹을 통해 해결할 수 없다. 한미상호방위조약 2조는 "외부의 무력 공격에만 미국의 군사개입을 검토할 수 있다"라고 규정하고 있기 때문이다.

둘째, 전시작전통제권(전작권) 반환이다. 한미 양국은 1994년 12월 평시 작전통제권을 한국군에 반환했다. 이에 따라 평시 작전권은 한미연합사에서 우리의 합참으로 넘어왔다. 이후 한미 양국은 2013년 전작권 반환에 합의하고 2015년 12월 반환하기로 합의했다. 하지만 이명박·박근혜 정부에서 반환 시기를 다시 늦춰 '조건에 기초한 전작권 반환'을 하기로 했다.

문재인 정부는 이 합의에 기초해 가능한 한 2022년까지 전작권을 되찾아온다는 계획을 추진 중이다. 2019년 전작권 기본운용능력(IOC)은 검증받았지만, 한국군의 핵심군사능력 확보 여부, 북한의 핵·미사일 위협에 대한 우리 군의 초기 필수대응능력 등 검증 절차가 남아 있다. 한반도 및 주변 지역 안보 환경의 변화도 고려 조건이다. 전작권 환수까지 아직 넘어야 할 단계가 많다. 문재인 정부 임기 내에 마무리된다는 보장도 없다. 그러나 전작권 환수가 이루어질 경우 한미동맹에도 획기적인 변화가 있을 수밖에 없다. 그 준비를 지금부터 차근차근히 해야 한다.

아무도 흔들 수 없는 나라

광화문에 등장하는 태극기부대는 한 손에 성조기를, 다른 손에 태극기를 든다. 때때로 태극기 대신에 이스라엘 국기를 들기도 한다. "미국이 없었으면 한국은 진즉에 공산화되었다"라는 인터뷰에는 비장함이 묻어난다. 한미동맹은 분명히 우리 안보와 경제의 든든한 버팀목이었다. 지금도 마찬가지이며 앞으로도 그럴 것이다.

하지만 "한미동맹 없으면 나라가 무너진다"라는 식의 지나친 추종은 금물이다. 무조건적인 '한미동맹 추종'은 이제 바뀌어야 한다. 굳건히 한미동맹을 유지해야 하지만, 그보다 우선하는 것은 국익이다. 한미동맹을 무조건 고수하다가는 우리 외교·안보에 큰 부담을 지울 수 있다. 2016년 미국이 주도한 사드 배치는 결과적으로 중국의 엄청난 경제 보복을 초래했다. 미국은 인도·태평양 전략을 위해 남중국해에 군함 파견도 요청하고 있다. 한·일 군사정보보호협정 (GSOMIA) 문제도 마찬가지다. 우리는 일본의 수출 규제에 대응해 지소미아 종료로 맞섰다. 주권국의 이익을 침해하는 행위에 대한 정당한 대응이었다. 그런데도 미국은 일본의 수출 규제는 문제 삼지 않으면서, 우리의 지소미아 종료 카드에 대해서는 노골적인 불만을 표시했다.

한미동맹은 우리의 국익을 위해 존재하는 것이다. 국익보다 우선하는 것은 없다. 더구나 전 세계는 점점 더 각자도생으로 흘러가고, 미국은 각자도생의 길에 앞장서고 있다. 한미동맹의 틀은 유지하되, 우리의 국익을 위한 목소리를 더할 수 있어야 한다. "아무도 흔들 수 없는 나라!" 문재인 대통령의 지난해 광복절 기념사에서 밝힌 각오다. 한미동맹의 목표도 이것이어야 한다.

전쟁의 공포,
평화의 봄

태평양 너머의 전쟁 시나리오

'트럼프의 전쟁 전망(A Vision of Trump at War).'

2017년 6월 미국 외교 전문지 〈포린 어페어스(Foreign Affairs)〉에는 이런 기고가 실렸다. 오바마 정부 국무부 차관보였던 필립 고든 미국 외교협회 선임연구원의 글이었다. 당시 트럼프 행정부의 대북 강경 대응 전략에 기초한 가상의 시나리오였는데, 내용이 너무도 섬뜩했다.

"2018년 12월 북한의 장사정포 공격으로 서울시민 수만 명이 사망한다. 미군과 한국군이 북한에 반격하고 공습을 진행한다. 평양 인근에 있는 벙커에서 북한 김정은 위원장은 서울과 도쿄가 잿더미가 될 것이라고 위협한다."

그런데 이 가상의 시나리오가 실제 현실이 될 뻔했다. 워터게이트 특종 기자인 밥 우드워드(Bob Woodward)가 2020년 9월에 출간한《격노(RAGE)》에는 2017년 한반도를 둘러싼 일촉즉발의 위기 상황이 고스란히 담겨 있다. 책은 북한이 첫 번째 대륙간탄도미사일 화성14호를 발사한 2017년 7월 4일 이후 워싱턴과 백악관의 긴박했던 대응을 담고 있다.

화성14호의 최대 사거리는 6,400~9,000킬로미터로 알래스카나 하와이, 심지어 미국 서부해안까지 도달할 수 있었다. 당시 제임스 매티스(James Mattis) 국방장관은 북한이 화성14호를 발사하자 빈센트 브룩스 주한미군 사령관에게 전술 미사일을 발사할 것을 명령했다. 이 미사일은 동해상으로 300킬로미터를 날아갔다. 미사일이 날아간 거리는 북한의 미사일 발사 시험장까지의 거리였다. 좀 더 정확하게는 김정은 위원장이 미사일 발사를 지켜본 천막까지의 거리였다. 이 것은 북한과 김정은 위원장에 대한 명백한 무력시위였다. 우드워드는 책에서 "(미사일 발사의) 의미는 분명했다. 김정은은 개인의 안전을 걱정해야 한다는 것"이라고 설명했다. 그러나 북한이 그 의미를 눈치챘는지는 확인되지 않았으며, 미국의 무력시위도 외부에 알려지지 않았다고 우드워드는 덧붙였다.

책에 따르면 미국은 이후로도 북한을 향한 무언의 메시지를 수차례 보냈다. 화성14호 발사 3주 후 북한이 또 다른 대륙간탄도미사일을 발사한 직후에도 미국은 동해상에 전술 미사일을 발사했다.

결정적 장면은 2017년 9월 3일 북한이 6차 핵실험을 실시했을 때다. 핵실험 20일 뒤 미군은 북한에 대한 모의 항공 공격을 감행했다.

B-1 폭격기와 사이버전을 수행할 항공기 등 20대의 비행기를 북방한계선 너머로 날려 보냈다. 전쟁의 초입까지 갔던 셈이다.

우드워드에 따르면 미국은 북한과의 전쟁 계획을 검토했다. 북한의 정권 교체를 목표로 한 작전계획(O5027)도 면밀히 연구했다고 한다. 북한이 선제공격하면 핵무기 80개를 사용하는 대응 조치였다.

2017년 9월 북한과의 전쟁 가능성은 갈수록 고조됐다. 그 무렵, 매티스 국방장관은 여러 차례 워싱턴의 내셔널 성당에 들렀다. 그는 조용히 예배당에 앉아 북한과의 전쟁이라는 최악의 상황이 오지 않기를, 트럼프 대통령이 충동적인 결정을 내리지 않기를 기도했다. 그리고 그해 말 매티스 장관은 마지막으로 내셔널 성당에 들른 뒤 이렇게 결심했다고 책은 전한다.

"이제 일할 준비가 됐다. 더는 인간적 비극을 생각하지 않겠다."

수백만 명이 죽을 수도 있지만, 최후의 전쟁(아마겟돈)을 피하지 않겠다는 결심을 한 것이다.

다행히 전쟁은 일어나지 않았다. 평화를 위한 문재인 대통령과 우리 정부의 노력으로 북한과 대화의 길을 어렵게 열었던 덕분이다. 그러나 우리 국민이 전혀 몰랐던 일들이 태평양 너머에서 검토되고 또 검토되고 있었다는 것을 생각하면 지금도 아찔하다.

지난 70년 동안 전쟁의 가능성은 항상 우리 곁에 있었다. 공포가 겉으로 드러나지는 않았다. 태평양 너머에서는 한반도 전쟁 시나리오가 수시로 작성되었다가 중단되는 일이 반복되고 있었다. 전쟁의 초입까지 갔던 상황은 이전에도 있었다. 오바마 행정부 시절인 2006년 9월 북한이 5차 핵실험을 실시한 직후, 미국은 북한에 대한 정밀 타격을 검토했다. 1994년 북한이 핵무기 개발을 막 시작했던 때에도 미국 클린턴 정부는 영변 핵시설에 대한 선제공격을 검토했었다. 100만 명의 인명 피해가 우려된다는 보고에 논의를 중단했다는 극비 문서가 '위키리크스'를 통해 공개되기도 했다.

휴전선을 사이에 두고 180만 명이라는 어마어마한 군대가 대치하는 상황. 이것이 한반도의 현실이다. 북한이 6차 핵실험을 했던 게 불과 3년 전인 2017년 6월이다. 당장 내일 전쟁이 난다고 해도 전혀 이상하지 않을 상황에서 우리는 2018년부터 평화의 봄을 키워왔다. 보수 정권 10년 동안 상상도 못 했던 세 차례의 남북 정상회담이 열렸고, 두 차례의 북미 정상회담도 개최되었다. 물론 평화는 아직 오지 않았다. 급진전할 것으로 보였던 북미 관계는 2년 가까이 교착 상태다. 남북 사이의 교류와 협력도 '잠시 멈춤'이다. 그런데도 우리는 희망의 끈을 놓을 수 없다. 또다시 전쟁의 공포 속에서 살 수는 없기 때문이다.

봄은 아직 오지 않았지만…

미국 트럼프 행정부의 초기 대북정책은 '화염과 분노'였다. 트럼프 대통령은 연일 북한을 향해 강경 발언을 쏟아냈고 북한이 이를 맞받아치는 국면이 2017년 내내 전개되었다. 그럴 만도 했다. 북한은 2017년 한 해 동안 11개의 탄도미사일을 발사했고, 수소 핵폭탄으로 6차 핵실험도 했다. 이 가운데 미국을 긴장시킨 결정적인 시험은 '화성 14'와 '화성 15'였다. '화성 14'는 대륙간탄도미사일로 사정권이 미국 영토인 하와이, 캘리포니아까지 이른다. '화성 15'는 워싱턴까지 날아갈 수 있다. 북한은 '화성 15'의 시험 발사 직후 "국가 핵 무력 완성의 역사적 대업을 이루었다"라고 공표했다. 미국의 공포는 컸다. 그해 8월 미국 상원의원인 린지 그레이엄은 NBC와의 인터뷰에서 대북 군사행동론을 주장했다. 북한이 미국 본토를 공격하기 전에 '예방 전쟁'을 펼치자는 얘기였다.

문재인 정부가 출범한 2017년은 이처럼 일촉즉발의 위기였다. 그대로 놔두면 한반도는 전쟁 상황으로 치달을 것이란 위기의식이 팽배했다. 그 돌파구가 2018년 2월 평창 동계올림픽에 어렵게 마련되었다. 이후 과정은 우리가 아는 대로다.

2018년 4월 27일 판문점에서 1차 남북 정상회담이 열렸다. 남북의 두 정상이 군사분계선을 함께 넘었다. 역사적인 판문점선언에도 합의했다. 남북 관계의 전면적·획기적 발전, 군사적 긴장 완화와 상호 불가침 합의, 한반도의 완전한 비핵화 및 평화체제 구축 등의 내용을

남북·북미 정상회담 일지

2018년	4월 27일	1차 남북 정상회담 판문점선언 채택
	5월 26일	2차 남북 정상회담
	6월 12일	1차 북미 정상회담(싱가포르)
	9월 14일	개성 남북공동연락사무소 개소
	9월 18~20일	3차 남북 정상회담(평양) 평양공동선언, 9·19 군사합의서 채택
2019년	12월 26일	남북 철도·도로 연결 착공식
	2월 27~28일	2차 북미 정상회담(베트남)
	6월 30일	남·북·미 정상 판문점 만남 북미 정상 별도 회동

담았다. 그로부터 한 달 뒤인 5월 26일 판문점 북측 통일각에서 2차 정상회담이 열렸다. 두 차례 남북 정상의 만남은 그해 6월 싱가포르에서 사상 첫 북미 정상회담을 이끌어냈다. 싱가포르에서 만난 두 정상은 6개항의 합의문을 발표했다.

북미 정상회담으로 한반도 비핵화의 급속한 진전에 대한 기대감이 고조되었으나 좀처럼 이견은 좁혀지지 않았다. 그러는 사이 남북 관계를 통해 북미 관계의 진전을 추동하려는 노력이 이어졌다. 9월 18일부터 2박 3일 일정으로 평양에서 열린 3차 남북 정상회담 개최가 그것이다. 이 회담에서 남북 정상은 남북 철도 연결, 이산가족면회소 설치 등을 내용으로 하는 '평양선언'에 합의했다. 특히 한반도에서 사실상의 적대적 군사 행위를 중단하는 '9·19 군사합의서'를 채택했다. 그렇게 2018년은 숨 가쁘게 지나갔다. 2019년에는 더 많은 진전이 있을 것 같았다. 실제로 그해 2월 베트남에서 2차 북미 정상회담이 열렸다. 그해 6월에는 사상 처음으로 남·북·미 정상이 판문점에서 깜짝 회동을 갖기도 했다.

하지만 이후 남북·북미 관계는 진전이 없는 상태다. 70년의 길고 긴 대립과 적대의 관계가 단 3년 사이에 해결되기를 기대하기는 어려우나 아쉬운 대목이다. 2019년 6월 30일 판문점 회동을 끝으로 한반도 정세는 교착 국면에 접어들었다. 그사이 북한은 10차례의 신무기 시험 발사를 단행했다. 지금도 상황은 변함이 없다. 북한은 바이든 시대를 맞은 미국을 향해 강경한 태도를 유지하고 있다.

하지만 평화를 향한 희망이 완전히 사라진 건 아니다. 희망을 되살릴 불씨는 아직도 남아 있다. 문재인 대통령과 김정은 위원장 사이에는 여전히 신뢰가 존재한다. 트럼프 대통령도 코로나19 위기 속에서 북한에 방역 협력을 제안하기도 했다. 나는 이것이 한반도 비핵화의 진전을 이어갈 수 있는 소중한 '불씨'라고 생각한다. 남북 정상과 북미 정상 사이에 아직도 신뢰의 끈이 존재한다는 점은 무척 중요하다. 또한, 북한이 '9·19 군사합의'를 여전히 지키고 있다는 점도 중요한 대목이다. '9·19 군사합의'는 사실상의 상호 불가침을 약속하는 것이다. '9·19 군사합의' 이전 남북 사이에는 100여 차례의 크고 작은 군사적 충돌이 있었다. 하지만 '9·19 군사합의' 이후에는 단 한 번의 충돌도 없었다. 북한이 '9·19 군사합의'를 계속 준수하는 한 평화 공존을 위한 불씨는 충분히 되살릴 수 있을 것이다.

다시 주목받는 촉진자 역할

향후 남북 관계와 북미 관계는 어떻게 전개될까? 한동안 소강상태였던 한반도 정세는 올해 들어 다시 숨 가쁘게 돌아가는 분위기다. 변수도 많아졌다. 가장 큰 변수는 미국의 정권 교체다. 지난해 미국 대선에서 민주당이 승리하면서 바이든 시대의 북미 관계에 대한 관심이 높다. 바이든 대통령이 오바마 행정부의 대북정책 기조인 '전략적 인내(strategic patience)'를 계승할 것이냐의 여부다. 국제사회의 제재 등 경제적 압박을 통해 북한의 붕괴를 기다린다는 게 오바마 시대의 대북정책이었다. 이 기조를 계승할 것인지 아닌지 그 여부는 아직 확정되지 않았다. 아마도 보수 진영은 바이든 행정부가 트럼프 시대와 180도 다른 대북정책을 펴기를 바랄 것이다.

이런 상황에서 북한이 지난 3월 25일 단거리 미사일을 발사했다.

바이든 대통령은 이에 대해 3월 27일 "그들(북한)이 긴장 고조를 선택한다면 상응한 대응이 있을 것"이라고 했다.

나는 이 말에 이은 바이든 대통령의 다음 발언에 주목한다. 바이든 대통령은 "나는 또한 일정한 형태의 외교에 대해 준비가 돼 있다"며 "그러나 이는 비핵화라는 최종 결과 위에 조건하는 것이어야 한다"고 말했다.

이는 북한 비핵화가 대북정책의 최종 목표이고, 이를 위해 외교를 우선에 두고 동맹국과의 긴밀한 협의를 통한 해법을 모색하겠다는 의미다. 바이든 대통령은 취임 초에도 한반도 비핵화를 위해 동맹국 및 중국과 '완전히 조율된 대북 전략'을 추진하겠다고 입장을 밝혔다. 전임 행정부에 이어 미국의 새 행정부가 북미 대화 기조를 우선할 것이란 긍정적인 전망을 해볼 수 있는 대목이다. 물론 단정적으로 예측하기는 힘든 상황이다. 미국의 대북정책 기조는 아직 완벽히 공개되지 않았다. 말 그대로 '시계제로'의 상황이다. 바이든 행정부가 취할 스탠스에 따라 대북 관계는 악화될 수도, 진전될 수도 있다.

하지만 우리는 마냥 손 놓고 기다릴 수는 없다. 평화는 거저 주어지지 않는다. 한반도 비핵화와 평화체제 안착을 위한 노력은 결국 우리의 몫이다. 두 차례의 북미 정상회담은 한반도 문제의 당사자로서 우리가 적극적인 촉진자 역할을 했기에 가능했다. 한반도 비핵화와 평화 체제의 불씨를 되살리기 위해 우리가 더 적극적인 중재자이자 평화의 설계자가 되어야 한다. 북미 관계의 돌파구를 마련할 방법에 대한 고민도 깊어져야 한다. 그동안 우리의 대북정책은 '안보-경제 맞교환' 중심이었다. 철도·도로를 연결하고, 금강산 개별 관광을 재개해 북한의 경제적 고립을 완화하자는 전략이다. 하지만 이런 방식은 국제사회의 대북 제재라는 현실적 한계에 직면해 속도를 내기 어려웠다. 개성공단을 재개하자는 주장도 현실적으로 어려운 일이다. 그렇다면 '안보-안보 맞교환'이라는 측면에서 접근하는 것이 더 현실적이다. 북한이 가장 우선시하는 것은 체제와 안전에 대한 보장이다. 미국이 북한을 공격하지 않겠다는 보장을 해달라는 것이다. 북미 간 연락사무소를 교환 설치하는 노력부터 시작해볼 수 있을 것이다. 막판에 무산되긴 했으나 1994년에도 북미 양측은 제네바 기본 합의를 통해 연락사무소 설치에 합의했다. 이를 위해서는 우리의 역할이 중요하다. 미국 대선을 앞두고 정부 차원에서 본격적인 외교 채널을 가동해야 한다. 국회의 노력도 필요하다. 초당적인 의회 외교단을 구성해 미국 공화당과 민주당을 상대로 적극적으로 뛰어야 한다.

2018년 7월, 나는 고(故) 노회찬 의원 등 여야 원내대표들과 방미 외교에 나섰다. 한반도 데탕트에 대한 기대감이 물씬 오르던 때, 미국 의회에 한반도 평화에 대한 우리의 의지를 전달하기 위해서였다. 미국 공화당과 민주당 의원들을 만나고, 외교적 영향력이 큰 싱크탱크 관계자들도 많이 만났다. 그런데 미국 의회 지도자들이 생각보다 우리의 대북정책에 대한 인식이 부족한 것을 알고서 무척 놀랐다. 어떤 루트를 통해 접한 정보인지를 알아보니 상당수는 일본 쪽 외교 채널을 통해 들어간 정보였다. 미국 조야의 이런 편향된 인식을 초당적 의원 외교를 통해 바로잡아야 한다. 한반도 평화를 위한 일에 여야의 구분이 있을 수 없지 않은가.

코로나19
이후

미증유의 위기

1929년 대공황(Great Depression)이 시작되었다. 미국에서 시작해 전 세계로 번진 대공황은 10년이나 지속되었다. 인류 역사상 가장 큰 경제 재난이라는 말이 나올 정도로 대공황의 피해는 컸다. 당시 미국 경제는 거의 초토화 수준에 이르렀다. 주식시장이 대폭락하면서 경제의 전 영역으로 대공황의 여파가 번졌다. 물가는 폭락하고 공장은 멈춰 섰다. 기업은 줄도산했다. 가장 큰 충격파는 실업의 고통이었다. 1929년 3퍼센트였던 미국 실업률이 1933년에는 25퍼센트로 치솟았다. 실업자는 전체 노동자의 약 30퍼센트에 달했다. 1,500만 명 이상이 순식간에 직장을 잃고 실업 위기에 내몰렸다.

90년 전 대공황에 버금가는 코로나19 위기가 2020년 인류에게 닥쳤다. 코로나19는 그동안 나타났던 경제위기와 차원이 다른 국면으로 전개되고 있다. 그동안의 불황과 경제위기는 국지적 위기였다. IMF 외환위기는 우리나라를 비롯한 동아시아 신흥국에 한정되었다. 2008년 글로벌 금융위기는 과도한 금융시장의 거품이 꺼지면서 발생했지만, 파급의 범위는 생각보다 좁았고 극복하는 데 걸린 기간도 비교적 짧았다.

코로나19는 다르다. 경제의 한 부분이 망가져서 나타났던 지난 위기들과도 분명 차이가 있다. 두 달 만에 펜데믹(세계적 대유행) 상황으로 번지면서 수요, 공급, 소비, 수출이 한꺼번에 붕괴하는 상황을 맞았다. 그것도 모든 나라에 동시다발적으로 닥친 위기였다. 코로나19 초기, 전 세계 주가와 유가는 30퍼센트가량 폭락했다. 선진국부터 개도국까지 거의 모든 나라가 마이너스 성장을 걱정해야 할 처지에 내몰렸다. 지난해 초 모건스탠리는 미국의 2분기 경제성장률이 마이너스 30퍼센트가 될 것으로 전망했다. 이는 대규모 전쟁이 터졌을 때나 있을 법한 수치였다. 실제로 미국에서는 코로나19 대유행 이후 6월경에는 3,200만 명이, 2021년 1월에는 약 1,834만 명이 각종 실업수당과 실업부조를 신청했다. 공식 실업률은 2020년 4월의 14.7퍼센트에서 2021년 2월 초에는 3.2퍼센트로 낮아졌으나 실질 실업률은 12.9퍼센트로 여전히 높다.

고용 위기는 전 세계에 동시다발적으로 닥쳤다. 국제노동기구(ILO)는 코로나19를 '2차 세계대전 이후 최악의 위기'로 규정했다. ILO가 2021년 1월 내놓은 코로나19로 인한 고용 위기는 전 세계 노동자 근로시간의 8.8퍼센트가 사라질 것으로 예상했다.[1] 이는 전 세계 정규직 노동자 2억 2,500만 명이 일자리를 잃는 것에 맞먹는 수준이다. 실제로 일자리를 잃은 실직자가 1억 1,400만 명이고 기존 노동자의 근로시간이 줄어든 것이 1억 1,000만 명분이 된다고 한다. 2008년 글로벌 금융위기 때 전 세계적으로 2,200만 명의 실업자가 발생했던 것과 비교해도 어마어마한 수준이다.

코로나19 위기는 2021년 2월 현재 여전히 진행되고 있으며, 앞으로도 최소 6개월이라는 시간이 걸려야 일부나마 회복될 것으로 보인다. 분명한 건 코로나19 이전과 이후의 세계경제는 K자형(저소득층은 더 낮은 소득으로 고소득층은 더 높은 소득으로 양극화 심화)으로 회복될 것이란 점이다. 여기에 대비하여 다음을 준비해야 한다.

생존과 붕괴의 갈림길

코로나19는 인류의 재난이다. 나라와 공동체의 기반을 뒤흔들었다. 학교는 문을 닫고, 사재기가 늘고, 혐오와 증오도 이어지고 있다. 전 세계 곳곳에서 일자리가 사라지고 삶의 기반이 무너질 위기에 몰린 사람들이 늘어나고 있다. 무너지는 경제와 공동체를 지탱하기 위해서는 비상한 대응이 필요하다.

이 상황을 타개하기 위해 세계 각국이 총력전에 돌입한 상태다. 미국은 2020년 3월에만 세 차례나 코로나19 대응 예산을 투입했다. 2.2조 달러라는 천문학적인 규모다. 2020년 총 다섯 차례, 그리고

---

1 ILO, 2021. 1, ILO Monitor: COVID19 and the world of work, 7th edition

2021년 바이든 정부가 들어선 뒤 한 차례의 경기 부양과 소득 지원을 통해 총 6조 달러의 경기부양책을 마련했다. 여기에 미국의 연방 은행인 연방준비제도이사회를 통해서 기업에 대한 유동성 지원, 자산 매입, 대출 매입 프로그램을 통한 5.8조 달러의 지원이 추가되었다. 11.8조 달러나 지원되는 것이다. 우리 돈으로 환산하면 1경 3,570조 원에 달하는 엄청난 규모다. 2021년 우리나라 총예산 555.8조의 24.2배를 코로나19로 인한 경제 붕괴에 대비해 투입한 것이다.

우리 정부도 80조 원이 넘는 대규모 재정을 투입해 경제위기 극복을 꾀하는 중이다. 나라마다 돈 풀기에 나서는 건 그것밖에 방법이 없어서다. 전대미문의 위기 상황에서 기업이 문 닫는 것을 막고, 일자리가 사라지는 걸 막아야 한다. 저소득층이 절망의 구렁텅이에 빠지지 않도록 사회 안전망도 강화해야 한다.

그러나 이런 노력으로도 다가올 위기를 완전히 넘어설 수 있을지는 불투명하다. 무엇보다 코로나19는 한 국가가 극복한다고 해서 해결되는 것도 아니다. 바이러스는 선진국과 신흥국을 가리지 않으며 국경도 없다. 역사상 처음으로 거의 모든 나라의 경제가 멈춰 선 상황에서 '나 홀로' 위기 극복은 불가능하다.

해법은 협력과 연대다. 세계적인 역사학자 유발 하라리(Yuval Harari)는 영국 BBC 인터뷰에서 "코로나19는 건강의 위기가 아닌 정치적 위기"라고 말했다. 전대미문의 재난 앞에 세계 각국이 국수주의와 고립으로 위기에 맞설 것인지, 아니면 국제적인 협력과 연대로 맞설 것인지를 결정해야 한다는 얘기다. 국수주의와 고립은 필연적으로 혐오와 증오를 낳는다. 1929년 대공황 이후 독일의 나치 정권 등장, 이탈리아의 파시즘이 득세한 이유도 이와 같다. 이번 코로나19로 인한 경제위기에서 이 같은 우려는 동일하게 나온다. 커져가는 사회적 불만을 정치적으로 악용하려는 시도가 이어질 가능성이 상당하다. 코로나19 와중에 유럽에서의 인종 혐오, 우리 내부에서의 중국인 입국 금지 요구 등이 그런 사례들이다.

협력과 연대는 다른 미래를 만들 수 있다. 국제적인 방역과 경제위기 극복을 위해 협력과 연대를 강화하는 것, 그리고 국가별 사회적 연대를 통해 위기를 이겨내야 한다.

헨리 키신저는 2020년 4월 〈월스트리트 저널〉을 통해 "코로나19 이전과 이후의 세계는 완전히 다를 것"이라고 전망했다. 키신저의 말을 곱씹어보자.

"(코로나19라는) 보건 위기는 일시적일 수 있지만, 정치·경제의 격변은 세대에 걸쳐 이어질 수 있다. 무엇보다 자유세계의 질서가 위협받을 수 있다. 글로벌 무역과 자유로운 이동을 기반으로 번영하는 시대에서, 시대착오적인 '성곽 시대'의 사고가 되살아날 수 있다."

코로나19, 그 이후의 준비

지금까지 코로나19 대응 과정에서 모범국은 우리 대한민국이다. 협력과 연대의 모범을 우리가 앞장서 보인 것은 무척 고무적이다. 우리의 방역·의료 시스템은 다른 나라의 벤치마크가 되었다. 사회적 거리두기 등 우리 국민의 성숙함은 세계 각국의 부러움을 샀다. 이동의 자유를 제한하지 않고 코로나19를 효과적으로 극복하고 있는 나라는 한국이 유일하다. 3월 31일 문재인 대통령이 G20 특별 화상회의를 주도한 장면은 상징적이다. 경제위기의 극복에서도 우리는 모범을 만들 수 있다. 세계에서 가장 빨리, 그리고 가장 효과적으로 위기를 넘어선다면 코로나19 이전과 이후 대한민국의 위상은 달라질 것이다. 따라서 우리는 기존 시스템을 다시 점검해야 한다. 의료·방역 시스템에 이어 사회 안전망, 기업 안전망, 노동 안전망이 제대로 작동하는지를 살펴야 한다.

어쩌면 이번 위기가 좋은 기회가 될 수 있다. 경제, 사회의 모든 영역이 멈춰 설 수 있는 미증유의 위기를 맞아 새로운 시스템에 대한 필요성을 모든 국민이 체감하고 있기 때문이다. 새로운 시스템의 목표는 뚜렷하다. 어떤 기업도 도산 위기에 몰리지 않을 만큼 탄탄한 금융 안전망을 갖춰야 한다. 600만 명이 넘는 자영업자의 위기를 막아내야 한다. 실업의 위기에 내몰리는 노동자들을 위한 고용 안전망을 더욱 촘촘히 짜야 한다. 임시방편과 임기응변식 대응으로 끝내서는 안 된다. 장기적이고 지속 가능한 시스템을 구축해야 한다.

그러기 위해서는 정치가 제대로 움직여야 한다. 어제까지의 정치와 앞으로의 정치는 달라져야 한다. 생각이 다르다고 싸우고, 다투고, 폄하하는 정치를 되풀이해서는 안 된다. 그러나 지난해와 올해 우리 정치가 달라진 모습을 보였는지는 솔직히 모르겠다. 국민이 보기엔 전혀 바뀌지 않았다고 여길 수 있다고 본다.

다시 초심으로 돌아가야 한다. 과거와 달라져야 한다는 게 지난해 4·15 총선을 통해 국민이 바라는 21대 국회의 역할이며, 코로나 시대 정치의 소명이다. 지금의 위기를 넘어서고 더 큰 도약을 이루기 위해서는 이념과 진영의 틀에서 벗어나야 한다. 초당적인 협력도 절실하다. '협치(協治)의 국회'가 되어야 한다.

21대 국회가 개원한 지 1년이 되어 간다. 지금도 늦지 않았다. 대한민국의 위기극복과 더 큰 도약을 위해 모든 여야 정당이 참여하는 '코로나19 위기극복 특위'를 우선 출범시키자. 각 정당이 고민하는 위기 극복을 위한 해법을 테이블 위에 모두 올려놓고 논의하자. 필요하다면 위기 극복을 위한 입법권도 특위에 부여해야 한다. 그래야 신속한 위기 대응과 대한민국의 퀀텀 점프(quantum jump)가 가능하다. 내 진영만을 위한 정치가 아니라 오직 국민을 위한 선의의 경쟁이 필요한 때다.

02
불편한 진실

의사가 환자의 병을 고치기 위해서는 정확한 진단이 선행되어야 한다. 진단이 엉망이면 환자에게 더욱 큰 고통을 줄 수도 있다.

2020년은 대한민국이 새로운 100년을 시작하는 원년이었다. 그리고 올해는 새로운 100년을 설계할 사실상의 첫 번째 해다. 지난 100년의 성과에 대한 고찰과 반성에서 우리는 새로운 100년의 그림을 그려야 한다. 새로운 100년, 대한민국을 더 튼튼하고 강한 나라로 만들기 위해서는 현실을 제대로 알아야 한다. 현실에 기반하지 않은 장밋빛 미래는 헛된 꿈일 뿐이다.

우리 자신에게 질문을 던져보자.

대한민국은 지난 100년을 그래왔듯이 앞으로도 꾸준히 성장할 수 있는가? 대한민국은 자산과 소득의 불평등과 양극화를 해결하고 지속 가능한 사회로 가고 있는가? 대한민국은 미래에도 활력이 넘치고, 모든 지역이 고르게 발전할 수 있는가? 나는 '그렇지 않다'고 생각한다. 많은 국민이 같은 생각일 것이다.

우리 경제의 성장곡선은 점점 꺾이고 있다. 대기업과 중소기업, 정규직과 비정규직 사이에는 여전히 기울어진 운동장이 존재한다. 불평등과 양극화는 아직도 심하다. 대기업 정규직과 중소기업 비정규직 사이에는 넘을 수 없는 임금 격차가 존재한다. 인구 문제도 심각하다. 대한민국의 저출산, 고령화는 전 세계에서 가장 빠른 속도로 진행되고 있다. 수도권과 지역의 불균형으로 지역 소멸이 점차 현실화될 정도로 점점 더 심해지는 추세다.

이것이 우리의 현실이다. 다들 알고 있지만 외면하고 있는 불편한 진실이다. 현실을 직시하자. 그래야 새로운 100년의 미래를 다시 그릴 수 있다.

'질 나쁜 성장'의
종언

신자유주의 20년, 빛과 그림자

1997년의 가을, 나는 대우자동차 영국 주재원으로 일하고 있었다. 대우자동차 파업을 주도한 혐의로 구속되어 해고당한 뒤 10년의 복직 투쟁 끝에 1995년 다시 일할 수 있게 되었다. "세상은 넓고 할 일은 많다"는 김우중 회장의 말처럼, 영국에서는 할 일이 산더미 같았다. 정말 신나게 자동차를 팔았다.

그러던 그해 11월 21일, 영국 BBC 방송에 충격적인 속보가 떴다. "한국이 IMF에 구제금융을 신청했다"는 뉴스였다. 나라가 부도났다는 걸 알았을 때는 하늘이 무너지는 것 같았다. IMF 구제금융 신청 다음 날, 김영삼 대통령은 대국민 담화에서 이렇게 말했다.

"지난 30여 년간 이룩해온 경제 발전으로 세계가 부러워하던 우리 경제가 왜 이렇게 되었느냐는 질책도 큰 것으로 알고 있다. … 이제 각 경제 주체에게는 뼈를 깎는 아픔이 따를 것이다."

이듬해인 1999년 대우그룹이 해체됐다. 2002년 대우자동차의 사무직 직원 6,000명 중 3,000명이 회사를 그만두었다. 나도 그때 직장을 떠나야 했다. 외환위기는 대한민국의 큰 변곡점이었다. 국가 주도의 개발 체제가 막을 내리고, 신자유주의식 경제 시스템을 강제로 이식받았다. 미국식 시장경제라는 글로벌 스탠더드에 맞춰 산업, 금융, 노동 등 모든 분야에 '메스'가 가해졌다. 좋게 표현하자면 '개혁'이고, 나쁘게 보면 '각자도생'의 시대가 열린 것이다. 신자유주의식 경제성장은 이후 20년간 한국 사회를 바꿔놓았다. 개발독재 시절의 '정실 자본주의'는 변화에 빠르게 적응한 재벌·대기업 중심으로 탈바꿈했다. 이들 재벌·대기업이 주축이 된 수출 주도형 경제 시스템이 본격적으로 가동되기 시작했다. 규제는 풀었고 세금(법인세)은 낮췄다.

성과는 분명 있었다. 반도체와 휴대폰, 자동차, 조선, 화학 등 덩치 큰 제조업들이 세계시장을 석권했다. 2000년 1,722억 달러였던 수출은 2019년 5,242억 달러를 넘어섰다. 1인당 국민소득도 2000년 1만 2,700달러에서 2019년 3만 1,846달러로(실질구매력 지수로는 4만 4,573달러)로 '3만 달러 시대'에 진입했다. 실질구매력 지수로 본 1인당 국민소득은 일본 및 이탈리아와 같은 수준으로 올라와 있다.

이로써 우리는 인구 5,000만 명 이상이면서 국민소득이 3만 달러를 넘는, 선진국 기준인 '30-50클럽'에 전 세계 7번째로 가입했다. 2차 세계대전 이후 30-50클럽에 가입한 나라는 대한민국이 유일하다. 자랑스러운 역사다.

하지만 신자유주의식 경제성장은 짙은 그늘을 만들어냈다.

한국개발연구원(KDI)이 외환위기 20년을 맞아 2017년 실시했던 설문조사 결과에는 신자유주의 20년의 그늘이 고스란히 드러난다. 조사 결과 국민의 88.8퍼센트는 외환위기 이후 가장 큰 변화로 '비정규직 문제 증가'를 꼽았다. 또 86퍼센트는 '안정적인 직업 선호 현상', 85.6퍼센트는 '소득 격차 심화', 82.9퍼센트는 '취업난 심화' 등을 꼽았다.

IMF 외환위기가 한국에 미친 영향

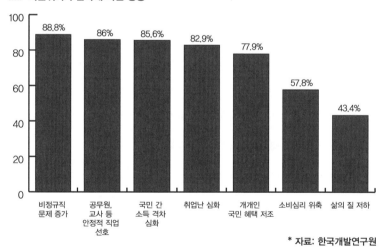

* 자료: 한국개발연구원

실제로 지난 20년간 고용과 소득에 있어 격차는 확대되었으나 일자리의 질은 개선되지 않았다. 재벌·대기업 중심의 수출 주도 성장으로 일자리의 절대 규모는 유지되었다. 하지만 정규직은 겨우 유지되거나 줄어든 대신 비정규직과 아웃소싱으로 일하는 하청 회사 인력이나 외주 인력은 대거 늘어났다. 전체 근로자 가운데 비정규직 비중은 2003년 32.6퍼센트에서 2019년에는 36.4퍼센트로 늘었다.

2020년 코로나19 위기가 우리 사회에 더 짙은 그늘을 드리우고 있다. 코로나19 경제위기는 우리 노동시장이 안고 있는 고질적인 이중구조 문제를 드러냈다. 코로나19로 인한 사회적 거리 두기로 경제위기가 나타나자, 노동시장의 약자들인 소기업, 영세자영업자, 특수형태근로종사자, 프리랜서, 초단시간 근로자, 일일노동자, 임시직 노동자들이 먼저 일자리를 잃거나 매출액이 크게 감소하는 등 심각한 타격을 받았다.

실업 문제도 여전하다. 상시적인 구조조정이 이뤄지면서 실업의 문제는 계속되고 있다. 1997년 12월 IMF 외환위기 직후 60만여 명이 실업의 고통을 맛봤다. 당시 120만 명까지 치솟았던 실업자는 다소 줄었다가 코로나19로 인해 다시 113.5만 명으로 증가하였다. 20대 청년고용은 2018년에 비해 2019년에는 개선되었으나 2020년 코로나19의 직격탄을 맞아서 14.6만 개가 줄었다. 청년 실업률은 여전히 9.0퍼센트로 높은 가운데 고용률이 2.5퍼센트포인트나 낮아져 20대 청년들의 취업 문제가 더욱 심각해졌다.

2020년 가계금융복지조사 결과, 가구 소득이 높은 5분위와 4분위에 있는 계층이 순자산 또한 5분위나 4분위로 많을 확률이 64.4퍼센트에 달하고 있다. 소득 불평등 정도를 보여주는 지니계수(Geni coefficient)는 2018년 0.345로 OECD 국가들 가운데 멕시코, 미국, 영국 다음으로 높은 수준으로 소득 불평등이 심각하다. 지표상의 숫자를 떠나서 우리 사회의 불평등이 심각하다는 것을 피부로 체감하게 된다는 문제다.

IMF 외환위기 이후 20년간 우리는 외형상으로 성장을 지속해왔다. 삼성과 현대차 등 우리 기업들은 글로벌 기업으로 우뚝 섰다. 국민소득은 3만 달러를 넘었고 수출도 5,000억 달러를 돌파했다. 하지만 성장의 이면에는 양극화라는 폭탄이 자라나고 있었다. 대기업은 성장하는데 중소기업은 여전히 어렵다. 비정규직도 늘어났고, 계층 간 소득 격차도 커졌다. 우리는 '질 나쁜 성장'을 해온 것이다.

국제 비교를 통해 본 한국의 소득 불평등(2018 데이터 기준)

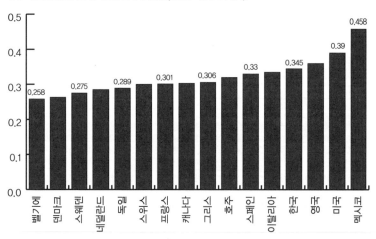

* 주1: 지니계수: 1은 완전한 불평등, 0은 완전한 평등
주2: 덴마크, 이탈리아, 독일, 스위스, 미국은 2017년 데이터, 네덜란드, 멕시코는 2016년 데이터
자료: OECD, 2020, Income distribution

'외발자전거' 경제

2020년 우리나라의 수출 총액은 5,125억 달러였다. 이 가운데 반도체가 1,018.4억 달러로 19.9퍼센트를 차지했다. 2019년 반도체 수출 965.9억 달러(17.8퍼센트)보다 증가하였고 반도체가 전체 수출의 5분의 1에 육박하는 구조는 10년째 지속되고 있다. 반도체 수출은 지난 1년간 국내 중소기업 전체 수출과 맞먹을 정도다. 2019년 약 9만여 개 중소기업의 수출액은 전체 수출의 18.8퍼센트였다. 반도체 편중은 2018년에 절정을 이뤘다. 그해 삼성전자의 연간 영업이익은 58조 8,900억 원. 이 가운데 반도체 이익이 44조 5,700억 원을 차지했다. 2018년 대한민국 국내총생산(GDP) 1,893조 원의 2.4퍼센트에 해당하는 엄청난 이익이다. 반도체가 나라 전체를 먹여 살린다고 해도 과언이 아니다. 삼성전자가 많은 이익을 내는 건 쌍수를 들어 반길 일이다. 더 많은 이익을 벌어들이고, 그로부터 세금을 더 내고 고용을 늘리면 국가 전체로도 도움이 되는 일이다. 삼성전자와 같은 대기업이 더 많이 생기면 국가 경제에도 좋다.

문제는 지나친 편중이다. 대기업이 많은 이익을 내고, 동시에 중소·중견기업의 이익도 함께 늘어난다면 얼마나 좋겠는가? 그러나 그러기가 쉽지 않다는 것을 우리는 그동안 경험했다. 그래서 국가 차원의 산업정책이 필요하다. 중소기업의 생산성 향상과 혁신을 지원하는 정책을 통해 경쟁력을 높여 이익을 늘려야 중소기업에서 일하는 근로자들의 처우를 개선할 수 있다. 중소기업이 대기업과 균형 있게 성장해야 불평등과 이중구조를 개선할 수 있다. 중소기업들이 잘되어야 청년 일자리 문제를 해결할 수 있고 지속 가능한 경제를 유지할 수 있다. 그러나 그동안 우리는 정반대의 길을 가고 있었다. 특히 이명박·박근혜 정부는 대기업, 제조업, 수출에 국가의 자원을 집중시켰다. 낙수 효과를 극대화하여 경제성장을 이루기 위해서였다. 대기업과 제조업 중심으로 성장을 지속하면 그로 인한 과실이 국민과 산업 곳곳을 충분히 적셔줄 것이라는 게 보수 정권 10년의 믿음이었다. 그러는 사이 경제구조는 점점 '외발자전거'가 되어갔다.

대-중소기업 간 격차는 갈수록 심해졌다. 제조업 이외의 산업은 좀처럼 기지개를 켜지 못했다. 기업 간, 산업 간 편중은 악순환을 불러왔다. 반도체를 비롯한 자동차, 조선, 화학, 철강 등 5대 주력 제조 업종이 전체 수출에서 차지하는 비중은 절반에 가깝다. 2018년 통계청 '영리법인 기업체 행정통계'에 따르면 전체 70만 9,000개 기업 가운데 소기업은 89.3퍼센트(63만 2,000곳), 상호출자제한집단(상출) 소속 기업은 0.2퍼센트(1,272곳)이었다. 소기업이 압도적으로 많았으며 이익은 극히 적었다. 1,272개 상출 기업의 영업이익은 127조 원으로 전체의 44.7퍼센트를 차지한 반면에 63만여 개 소기업의 영업이익 비중은 전체의 4.4퍼센트에 불과했다.

기업 규모별로 보면 대기업과 중소기업의 격차는 더 커졌다. 2018년 대기업 매출액은 기업당 평균 1조 347억 원으로 중소기업(26억 원)의 396배나 되었다. 대기업 영업이익이 평균 815억 원인 반면에 중소기업은 1억 원도 되지 않았다. 대기업이 성장의 과실을 맛보는 사이 중소·중견기업은 생존을 걱정해야 하는 상황에 내몰려 있었다.

과도한 편중은 위험하다. 지속 가능하지도 않다. 그렇다고 대기업의 파이를 공평하게 나누자는 얘기는 아니다. 그것은 가능하지도 않은 일이다. 하지만 국가의 자원이 한정되어 있다는 현실에서 부족한 분야에 더 많은 자원을 배정하는 것은 가능하다. 그것이 지속 가능한 경제구조를 만들기 위해 정부가 할 일이다. 한쪽 날개로는 멀리 갈 수 없다.

낙수(落水)가 말랐다

2017년 우리는 선진국 대열에 합류했다. 1인당 국민소득은 2017년 이후 3년 연속 3만 달러를 넘었다. 3만 달러를 넘게 된 것은 지난 70년간의 경제성장이 축적된 덕분이다. 박정희 시대의 국가 주도 개발 정책으로 경제 발전의 디딤돌을 놓았고, 재벌·대기업들이 과감한 투자와 글로벌 시장 공략으로 경제 영토를 넓혔다. 인정할 것은 인정해야 한다.

전체 국민소득 중 가계·기업 소득의 변화

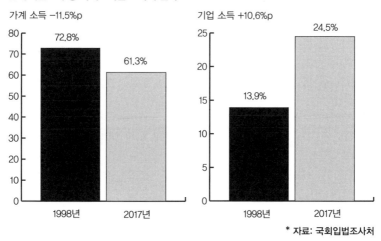

가계 소득 −11.5%p

기업 소득 +10.6%p

* 자료: 국회입법조사처

그러나 과거의 성장 공식은 한계를 맞았다. 나라는 선진국이 되었고, 대기업들은 글로벌 무대를 누비고 다니는데 우리 국민은 가난하다. 살림살이가 팍팍해졌다는 목소리가 계속 높아지고 있다. 그것은 낙수 효과의 효용이 다했기 때문이다. 〈국회입법조사처 보고서〉에 따르면 지난 20년간 전체 국민소득(GNI)에서 가계소득이 차지하는 비중은 11.5퍼센트포인트가 줄어든 반면에 기업소득의 비중은 10.6퍼센트포인트 늘었다.

외환위기 직후인 1998년부터 2007년까지 가계소득은 연평균 6.5퍼센트씩 증가했다. 이에 비해 같은 기간 기업소득은 연평균 13.6퍼센트씩 늘어났다. 기업소득 증가 속도가 가계소득에 비해 훨씬 빨랐다는 의미다. 2008년 글로벌 금융위기 이후 10년 동안에는 가계소득과 기업소득 증가율이 동시에 둔화되었다. 2008~2017년의 가계소득은 연평균 4.8퍼센트 늘어난 반면 기업소득은 연평균 5.8퍼센트 증가했다.

우리 국민이 3만 달러 시대를 체감하지 못하는 이유가 여기에 있다. 기업이 벌어들이는 소득이 가계로 제대로 흘러 들어가지 않는 것이다. 그런데도 예전처럼 대기업·수출에 집중하는 것이 성장을 위한 유일한 공식인 것처럼 주장한다. 앞서 설명했듯이 기업의 이익이 가계로 흘러 들어가지 않고 있다. 대기업이 성장한다고 해서 고용이 늘어나는 것도 아니다. 낙수 효과는 한계에 봉착했다. 대기업·수출 주도 성장을 통해 얻은 달콤한 과실이 아래로 흘러넘칠 것이라는 맹신에서 벗어나야 한다.

감속의 시대를 사는 법

1974년 우리나라의 경제성장률은 14.9퍼센트였다. 역대 가장 높은 성장률을 보인 게 이때다. 이후 경제성장률은 7~10퍼센트 사이를 오르락내리락했다. 그리고 IMF 외환위기 직후인 1999년 11.5퍼센트를 끝으로 10퍼센트대 성장률은 나타나지 않고 있다. 2010년 이후에는 3퍼센트 성장률이 고착화되었고, 2010년대 하반기 이후 2퍼센트대로 낮아졌다. 경제가 성숙해지면서 성장률이 점차 낮아지는 건 당연하다. 하지만 우리는 워낙 짧은 기간에 초고속 성장을 해왔기에 지금의 성장률 하락이 낯설기만 하다.

성장이 더디면 국민의 살림살이가 나빠지고 일자리가 줄어든다. 기업 투자가 감소해 경제 활력도 떨어진다. 더 큰 문제는 우리나라의 잠재성장률이 계속 하락하고 있다는 점이다. 1인당 국민소득이 3만 달러를 넘어서는 선진국 경제가 되면 성장률이 낮아질 수밖에 없다. 성년이 되었는데 왜 청소년기처럼 키가 1년에 5~10센티미터씩 크

연도별 경제성장률

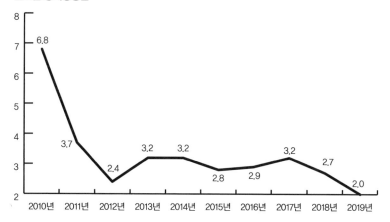

지 못하느냐고 하는 것과 같다. 선진국들도 2퍼센트대 성장률을 보인 지 오래다. 저성장·저물가·저금리는 이제 일상이 되었다. '뉴노멀 (New Normal)'의 시대다.

세계 경제성장률은 2018년 3.7퍼센트에서 2019년 3.4퍼센트로 낮아졌으며, 2020년은 코로나19로 인해서 마이너스 4.2퍼센트로 역성장하고 있다. 우리나라 경제는 2020년 1.0퍼센트 마이너스 성장을 했다. 2021년에는 나아지겠으나 이제 '감속의 시대'에 적응해야 한다. 저성장은 2018년 글로벌 금융위기 이후 나타난 전 세계적 추세다.

보수 진영은 문재인 정부의 정책 때문에 성장률이 하락했다고 비난하나 그것은 어불성설이다. 낡은 낙수 효과를 다시 꺼내들어 3퍼센트 이상, 5퍼센트 이상의 고성장을 이루겠다는 약속은 허언이다. 정치도 조금 더 솔직해져야 한다. 저성장의 현실을 차분히 받아들이고 상황을 조금이라도 개선할 수 있는 길을 국민에게 제시해야 한다.

저성장을 극복하는 방법은 과거와 달라야 한다. 기업들이 투자를 늘려도 국민에게 유입되는 과실은 제한적인 상황이다. 고용 없는 성장은 당분간 지속될 수밖에 없다. 감속의 시대에서 우리가 인정해야 하는 건 이런 지점들이다. 대기업·수출 주도 성장의 한계를 인정해야 한다. 수십 년째 진전이 없는 중소·중견기업 경쟁력을 키우고, 제조업과 서비스산업 등 다른 산업을 고르게 육성해야 한다. 낙수 효과는 수명이 다했다. 아래로 흘러넘치지 않는 성장의 과실을 언제까지나 기다릴 수는 없다. 저성장 시대에는 일자리 특히 좋은 일자리가 늘어나기 어렵고, 임금도 매년 2~3퍼센트 인상에 그칠 것이며, 승진과 승급도 더디게 이루어질 것이다. 현재 놓여 있는 처지에서 빠른 향상을 기대하기 어렵다. 사회 전체적으로 활력이 떨어지고, 특히 자산이 없는 청년들은 저축을 통해서 자산을 만드는 꿈을 갖기 어렵다.

국민을 위한 복지를 확대하고, 삶의 질을 높여야 한다. 불평등도 심각하다. 노동시장의 이중구조를 손질하는 등 사회 전반의 구조적 변화를 통해 이 문제를 풀어야 한다. 범국민적 합의가 필요하다.

계급이 된
일자리

계급사회가 된 대한민국

서울 노량진은 늘 청년들로 넘쳐난다. 전국적으로도 가장 많은 청년
이 몰려 있는 곳일 것이다. 물론 직장이 있어서가 아니다. 대부분 취
업을 위해 학원에 다니는 '고시족'이다. 이른 아침 지하철을 타고 와
서 밤늦게 공부한 뒤 지친 몸으로 귀가한다. 노량진 고시촌은 대한민
국 청년의 답답한 현실을 그대로 반영하는 곳이다.

  고시촌에 몰리는 청년 중 상당수는 공무원 시험을 준비하는 '공
시족'이다. 2019년 5월 기준 대한민국 청년 인구(15~29세)는 907만
3,000명. 이 가운데 71만 4,000명이 취업준비생이다. 취업준비생 중
35퍼센트가량인 25만 명이 공무원·교사 임용시험을 준비하는 청년
들이다. 17만 명은 삼성, 현대차 등 일반 기업 입사시험을 준비한다.
엄청난 숫자다. 가장 최근 통계에서 이 숫자는 더 늘었다. 올해 2월

기준 취업준비생은 85만 3,000명에 달했다. 코로나19로 직장 구하기가 더 어려워져서다. 청년들이 고시족이 되어 공무원과 대기업 직원을 꿈꾸는 데는 이유가 있다. 대한민국이 계급사회로 바뀌고 있기 때문이다. 우리 사회에서 일자리가 계급이 된 지는 꽤 오래되었다. 일자리를 토대로 계급 피라미드가 존재한다. 대기업 정규직과 공무원·공공 부문 직원은 피라미드의 맨 꼭대기에 있다. 그 아래로 중소·중견기업 정규직, 대기업 비정규직, 중소기업 비정규직 등으로 순서가 매겨진다. 피라미드의 각 계층 사이에는 큰 격차가 존재한다.

정규직과 비정규직 간의 임금 격차

2019년 기준 정규직의 월평균 임금은 316만 5,000원이었다. 반면 비정규직은 172만 9,000원에 그쳤다. 비정규직 월 임금수준은 정규직의 54.6퍼센트에 불과했다. 2011년 정규직 월 임금의 56.5퍼센트였

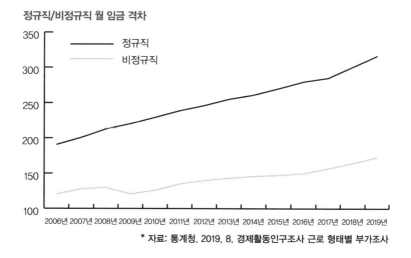

정규직/비정규직 월 임금 격차

* 자료: 통계청. 2019. 8. 경제활동인구조사 근로 형태별 부가조사

던 것에서 오히려 낮아졌다. 정규직은 86.4퍼센트가 상여금을 받은데 비해 비정규직은 38.2퍼센트만이 상여금을 받았다. 대기업과 중소기업 간 임금 격차는 더 심각하다. 2018년 기준 300인 이상 대기업의 월평균 임금은 606만 원인 데 비해 5인 미만 중소기업 월평균 임금은 190만 원에 불과했다. 400만 원이 넘게 차이가 난다.

어떤 일자리에 종사하느냐에 따라 임금 격차가 이렇게 크다. 한번 정해진 계급은 쉽사리 바뀌지도 않는다. 중소기업에서 대기업으로 옮기기도, 비정규직에서 정규직이 되기도 하늘에서 별 따기다. 대기업의 채용 문턱은 높고, 비정규직 직원이 정규직으로 전환되기도 매우 어렵다. 청년들이 노량진 고시촌에서 공무원 시험과 대기업 채용 시험을 죽어라 하고 준비할 수밖에 없는 이유가 이것이다. 계급사회의 꼭대기로 올라갈 길이 이것밖에 없기 때문이다.

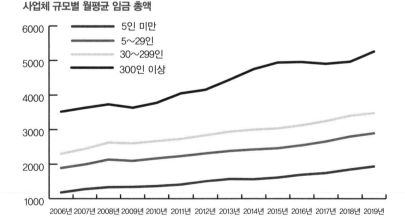

사업체 규모별 월평균 임금 총액

* 자료: 고용노동부. 각 연도별. 고용 형태별 근로실태조사 사업체 규모별

50퍼센트 인생이 된 비정규직

2018년 12월 충남 태안의 화력발전소에서 스물네 살 젊은이가 안타깝게 목숨을 잃었다. 입사한 지 3개월밖에 안 된 청년이었다. 고 김용균 씨다. 김용균 씨는 비정규직이며 동시에 하청 노동자였다. 정규직이 쉬는 휴일과 밤늦은 시간에 힘들고 위험한 일을 도맡아 했다. 이른바 '위험의 외주화'다. 김 씨가 받은 기본급은 월 150만 원가량이었다. 휴일수당, 야근수당을 모두 합해야 200만 원을 간신히 넘길 정도였다.

'제2의 김용균'은 우리 사회에 무수히 많다. 용역, 파견, 사내 하청 등으로 간접 고용된 노동자는 350만 명에 달한다. 전체 임금노동자의 17퍼센트가 넘는다. 비정규직으로 범위를 넓히면 문제는 더 심각하다. 전체 임금노동자의 36.4퍼센트인 748만 명이 비정규직이다. 이들이 위치한 중소기업·비정규직 중심의 2차 노동시장과 대기업·정

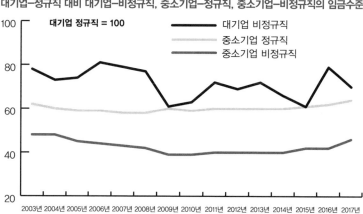

대기업-정규직 대비 대기업-비정규직, 중소기업-정규직, 중소기업-비정규직의 임금수준

* 자료: 통계청. 경제활동인구조사 부가조사, 각년도

규직 중심의 1차 노동시장 사이에는 넘을 수 없는 벽이 존재한다. 일자리의 계급화가 고착할수록 1차 노동시장에 진입하지 못한 젊은이들은 피눈물을 쏟을 수밖에 없다. 시간당 임금을 감안하더라도 상대적 임금수준의 격차가 크다. 대기업 정규직 임금을 100이라고 했을 때, 중소기업 정규직은 65퍼센트가량을 받는다. 그러나 중소기업 비정규직은 대기업의 50퍼센트에 못 미치는 월급을 받는다.

아래 표는 대규모 사업체 유노조 정규직의 임금수준을 100으로 하는 경우 각각의 임금수준을 나타낸 것이다. 임금수준 결정의 가장 결정적인 기준은 사업체의 규모이고, 그다음이 정규직 대 비정규직, 그리고 노조 유무 순으로 그 영향이 크다고 할 수 있다.

중소사업체의 정규직 가운데에서 유노조 근로자들의 임금이 무노조 근로자들의 임금보다 훨씬 높은데, 이것은 중소사업체 중 유노조 비율이 낮은 데에다 유노조의 경우 근로자 수가 100~299인 사이의 사업체가 많고, 무노조 근로자의 경우에는 30인 미만이 많은데 여기서 사업체 규모라는 변수가 크게 작용한다고 봐야 한다.

사업체 규모×고용 형태×노조 유무별 상대적 임금수준 비교

사업체 규모	고용 형태	노조 유무	임금수준 지수
대사업체	정규직	유노조	기준 = 100
		무노조	105
	비정규직	유노조	90
		무노조	70
중소사업체	정규직	유노조	85
		무노조	57
	비정규직	유노조	60
		무노조	45

차이가 나는 건 임금뿐만이 아니다. 국민연금 가입률(2020년 기준)은 정규직이 88.0퍼센트인 반면 비정규직은 37.8퍼센트에 불과하다. 건강보험 가입률은 정규직이 92.6퍼센트, 비정규직은 49.0퍼센트다. 고용보험도 정규직 가입률은 89.2퍼센트인 데 비해 비정규직은 46.1퍼센트로 훨씬 낮다. 임금도 낮고, 각종 사회보험 혜택도 받지 못하는 이들에게는 미래를 꿈꿀 여유가 없다. 그래서 청년들은 중소기업에 가지 않으려 하고, 중소기업은 인력 채용이 갈수록 어려워진다. 계급사회는 모두의 절망을 키운다.

영원한 약자들 – 청년, 여성, 노인

왜곡되고 뒤틀린 일자리 시장은 많은 피해자를 양산한다. 특히 사회적 약자들이 가장 큰 피해를 본다. 상대적으로 취업하기 어려운 청년층, 여성, 고령자가 그들이다. 지금 청년들은 단군 이래 부모 세대보다 더 가난한 최초의 세대라고 일컬어진다. 태어날 때부터 무한 경쟁에 내몰리는 데다 저성장의 여파로 일자리 구하기도 힘들다.

통계청의 '2020년 청년층 부가조사'에는 청년들의 고된 삶이 잘 드러나 있다. 2020년 893.4만 명의 청년(15~29세) 가운데 취업자는 377만 명으로 42.2퍼센트에 불과하다. 대학을 나와도 직장을 구하기 힘든 탓에 휴학하는 학생들이 많다. 2020년 5월 기준으로 39만 명의 청년이 취업 준비와 학비 마련을 위해 휴학을 했다. '알바'도 열심히 뛰어야 한다. 주당 36시간 미만 시간제 일자리에 취업했던 경험을 가진 청년은 279만 명에 달한다.

이렇게 열심히 취업 준비를 하고 들어간 직장인데 급여는 고참 직원들과 비교해 너무 적다. 과거 고(高)성장기에 입사한 선배들은 호봉제 덕분에 입사 이후로 임금이 꾸준히 올랐는데, 저성장 시대에 입사한 지금 청년들은 3퍼센트 임금 인상도 어려운 실정이다. 시간이 갈수록 임금 격차는 더 벌어질 수밖에 없다.

여성의 일자리 소외도 심각하다. 15~64세 남성의 고용률은 69.8퍼센트(2020년)인 데 비해 여성은 50.7퍼센트에 불과하다. 취업도 어려운데 정작 여성에 주어지는 일자리는 비정규직이 많다. 2020년 기준 비정규직 742만 6,000명 가운데 여성은 409만 1,000명으로 전체의 55.1퍼센트를 차지했다. 남성보다 10퍼센트 이상 높았다.

임금 격차도 크다. OECD 회원국 가운데 한국의 남녀 임금 격차가 가장 크다. 2016년 기준 우리나라의 남녀 임금 격차는 36.7퍼센트에 달했다. 여성이 남성보다 그만큼 덜 받는다는 의미다. 2006년의 임금

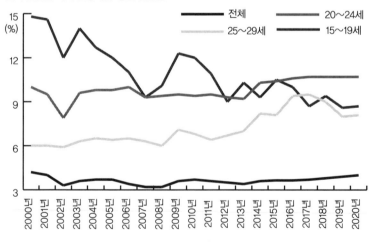

전체 실업률 대비 연령대별 청년 실업률

* 자료: 통계청. 각 연도, 경제활동 인구조사

격차가 39.8퍼센트였던 것과 비교해서는 다소 개선됐으나 여전히 격차가 크다.

끝으로 고령층의 일자리 문제도 심각하다. 한국의 노인 빈곤율은 세계 최고 수준이다. 소득이 전체 중위 소득의 100퍼센트가 안 되는 노인 비중은 46.5퍼센트(2017년)에 달한다. 노후에 쓸 돈이 모자라 나이 들어서도 일하고 싶어 하는 노인들이 늘어나는데 마땅한 일자리는 부족하다. 2020년 기준 60세 이상 인구 1,196만 명 가운데 취업자는 507.6만 명, 노인 고용률은 42.4퍼센트에 달했다. 2018~2019년간 노인 취업자는 48만 명, 2019~2020년간엔 37.5만 명이 증가했다. 노인 취업자가 늘어나는 건 문재인 정부 들어 고령화가 빨라지면서 노인 인구의 급격한 증가, 노후 준비가 부족한 노인의 높은 비율, 정부의 노인 일자리 대폭 확대 덕분이다. 문재인 정부는 2019년 64

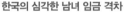

한국의 심각한 남녀 임금 격차

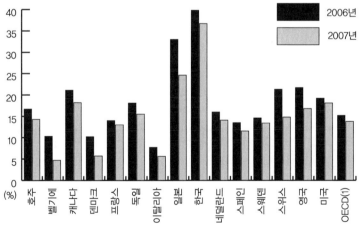

* 자료: OECD. 2018. OECD Employment Outlook 2018

만 개였던 노인 일자리를 2021년까지 80만 개로 늘릴 계획이다. 이를 위해 관련 예산도 2019년 8,220억 원에서 올해 1조 2,015억 원으로 46퍼센트가량 늘렸다. 이 정도로는 충분하지 않을 것이다. 급격한 고령화와 기대수명 연장으로 고령층의 일자리 수요가 급증할 것으로 전망된다.

숨겨진 저임금 노동자−자영업자

1997년 IMF 외환위기는 수많은 직장인을 거리로 내몰았다. 일자리가 없는 탓에 얼마 안 되는 퇴직금으로 장사에 뛰어든 사람들이 많았다. 1998년 561만 명이었던 자영업자는 2002년 621만 명까지 늘어났다. 4년 새 60만 명이 넘는 사람이 '장사'라는 무한경쟁 시장에 뛰어든 것이다.

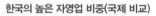

한국의 높은 자영업 비중(국제 비교)

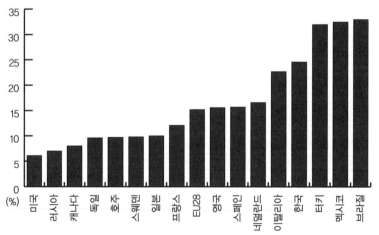

* 자료: OECD. 2019년 혹은 최신 통계. OECD Data. Self−employment rates

자영업자는 이때부터 가장 큰 일자리 문제로 부각하기 시작했다. 사실 자영업자는 우리 사회의 가장 약한 고리다. 규모가 영세한 데다 경쟁이 치열한 특성 때문이다. 2020년 기준 자영업자는 664만 명이다. 국내 전체 취업자 수의 약 24.7퍼센트를 차지한다. 2009년 전체 취업자의 30퍼센트를 차지했던 데 비하면 많이 줄었지만 그래도 여전히 많다. OECD 회원국 가운데 우리의 자영업 비중이 가장 높다.

한국은 OECD 주요 국가나 EU 28개국과 비교했을 때 우리보다 경제 수준이 낮은 터키, 멕시코, 브라질 등을 제외하고는 자영업자 비율이 가장 높은 수준이다. 전체 고용 중 자영업의 비율이 높고 그중에 영세자영업자들의 비중이 높은 것은 산업구조가 취약하기 때문이다.

자영업자는 크게 세 영역으로 나뉜다. 직원을 둔 자영업자가 153만 4,000명, 직원이 없는 1인 자영업자가 412만 7,000명, 무급 가족 종사자가 113만 8,000명에 달한다. 이 가운데 직원이 없는 1인 자영업자는 사실상 자기 노동력으로 살아가는 저임금 노동자와 유사하나, 처우는 대체로 근로자보다 못하다. 연령대도 높은 편이다. 전체

한국의 자영업(비임금근로자) 변화 추이

	2009년	2012년	2015년	2019년	2020년	2020~2009년
비임금근로자	7,188	7,179	6,894	6,799	6,639	−549
자영업자	5,796	5,846	5,678	5,662	5,556	−240
고용원 있음	1,509	1,560	1,624	1,535	1,363	−146
고용원 없음	4,287	4,286	4,055	4,127	4,193	−94
무급 가족 종사자	1,392	1,334	1,334	1,138	1,083	−309

* 자료: 통계청. 2020년 8월 경제활동인구조사 비임금근로자 부가조사

자영업자 중 40세 이상이 573만 명에 달한다. 60세 이상 비중도 32.3퍼센트다.

규모도 영세하다. 2019년 기준으로 최근 1년 이내 사업을 시작한 자영업자의 최초 사업자금 규모는 5,000만 원 미만이 70퍼센트나 됐다. 소규모로 장사를 하는 이들이 많다는 의미다. 비좁은 시장에 이렇게 많은 자영업자가 경쟁하는 탓에 벌이는 시원찮다. 한 집 건너 치킨집과 맥줏집이 있고, 두 집 건너 커피숍이 있는 게 우리 현실이다. 그러다 보니 연간 매출액이 4,600만 원 미만인 자영업자 비중이 53.4퍼센트(2015년)나 된다.

코로나19로 사회적 거리 두기가 강화되면서 대면 서비스업이 어려워지자 음식·숙박업, 도·소매업, 교육 서비스업에 종사하던 자영업자들이 가장 큰 타격을 받았다. 그러지 않아도 적었던 매출액이 더 줄어들어서 임대료를 납부하지 못하고 폐업하는 업체가 늘어나는 등 엎친 데 덮친 격이다. 정부가 긴급고용안정지원금을 3차례에 걸쳐 지급했으나 크게 부족한 실정이다. 매출이 적은데 더 줄어들면, 수익은 훨씬 적을 수밖에 없다. 만인 대 만인의 투쟁에 내몰린 자영업자들은 우리 사회의 '아픈 손가락'이다.

불평등의 세습과
"공정하다는 착각"

사라진 '개천의 용'

2년 전 방영된 TV 드라마 〈스카이캐슬〉은 대한민국 상위 0.1퍼센트 가정의 삶과 교육의 문제를 다뤄 인기를 끌었다. 드라마의 결말은 해피엔딩이었지만 메시지는 묵직했다. 부모의 부와 지위가 자식에게 고스란히 세습되는 모습은 불편하면서도 설득력 있게 와 닿았다. 픽션(fiction)인데도 우리의 현실을 충실하게 반영했기 때문이다. 더는 한국 사회에서 '개천의 용'이 나올 수 없다는 게 현실이다.

실제로 우리 사회의 현실은 드라마 내용 못지않다. 2019년 통계청 사회조사에 따르면 "본인 세대에서 계층 상승을 이룰 수 있다"라고 답한 응답자는 국민의 22.7퍼센트에 불과했다. '자식 세대에서 계층 상승을 이룰 가능성'을 묻는 질문에는 국민의 28.9퍼센트가 "그렇다"라고 답했다. '계층 상승 가능성'을 묻는 질문은 통계청 사회조사

중 '사회참여' 항목에 들어있는데, 이 항목은 매 2년에 한 번씩 조사된다. 2020년에는 조사되지 않았으니, 2019년이 가장 최근의 통계이다. 2009년 사회조사에서는 똑같은 질문에 긍정적인 응답이 훨씬 많았던 것과 비교하면, 지난 10년 동안 계층 이동에 대한 국민의 기대 심리는 계속 낮아지고 있음을 알 수 있다.

대한민국은 역동적인 나라였다. 1990년대까지만 하더라도 계층 이동은 빈번했다. 계층 이동의 주된 통로는 교육이었다. 아무리 배고프고 가난해도 열심히 공부해서 소위 명문대에 진학하면 더 나은 삶을 꿈꿀 수 있었다. "굶주린 배를 움켜쥐고 악착같이 공부만 했다"는 명문대 수석 입학생의 인터뷰는 희망의 메시지였다. 열심히 노력하면 가난을 대물림하지 않을 수 있다고 다들 생각했다. 하지만 언제부턴가 한국 사회는 세습 사회로 전락했다. 가난이 대물림되고 부모의 부와 자산이 대물림되는 일이 일상이 되어버렸다.

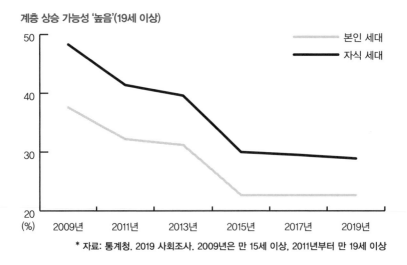

계층 상승 가능성 '높음'(19세 이상)

본인 세대
자식 세대

* 자료: 통계청. 2019 사회조사. 2009년은 만 15세 이상, 2011년부터 만 19세 이상

열심히 일해도 내 삶이 나아지지 않을 것이란 절망은 사회의 근간을 뒤흔들 수 있는 위험 요인이다. 그런 절망을 하는 사람이 늘어나고 있는 현실을 우리는 주목해야 한다.

계층 상승의 어려움은 소득의 불평등에서 비롯된다. 소득 불평등은 지금도 심각하다. 시장소득 기준 5분위 배율(소득이 가장 높은 20퍼센트 가구의 소득은 소득이 가장 낮은 20퍼센트의 가구 소득의 몇 배인가)은 계속해서 증가하고 있다. 2018년 11.15에 이어 2019년에는 11.56으로 상승했다. 다행스러운 것은 문재인 정부 들어와 처분가능소득 기준 5분위 배율은 계속해서 하락하고 있다는 점이다. 여전히 6.25퍼센트로 높은 수준이긴 하지만 말이다.

처분가능소득은 근로·자산소득(근로소득·자산)에 공적 연금과 정부지원금을 합한 소득이다. 문재인 정부가 저소득 취약계층에 대한 사회복지 지출을 확대한 효과가 조금씩 나타나는 것이다.

소득 5분위 배율 추이

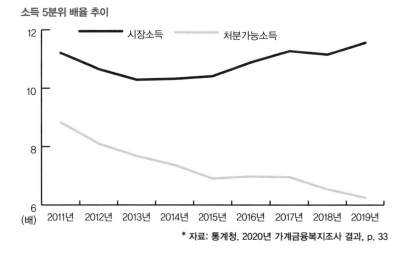

* 자료: 통계청. 2020년 가계금융복지조사 결과, p. 33

세습 사회는 우리 사회의 지속 가능성을 해친다. 어떤 형태로든 바로잡지 않으면 상대적 박탈감은 커질 수밖에 없다. 금수저와 흙수저 논란은 여전히 뜨겁다. 그와 같은 대물림이 이루어지는 현실에 많은 국민이 좌절한다.

불평등은 불공정을 키운다. 똑같이 노력하는데 출발선이 다르다면 결과를 받아들이기 어렵다. 특히 부동산 시장에서의 대물림은 상대적 박탈감을 키우는 문제다. 불평등과 불공정은 해외에서도 많은 논란을 낳고 있다.

투명인간이 된 약자들

불평등의 대물림이 이루어지는 구조는 수많은 '패배자'를 양산하고 있다.

대표적인 약자는 지방대와 고졸 출신이다. 한때 지방 거점 국립대들은 대학 선호도에서도 소위 SKY(서울대·고대·연대) 다음 자리를 차지했었다. 하지만 현재는 그 인기가 예전 같지 않다. 수도권 중간 수준의 대학과 경쟁할 정도로 선호도도 과거보다 낮아졌다. 전국의 지방대 252곳의 사정도 엇비슷하다. 수도권 대학에 진입하지 못한 학생들은 '패배자' 취급을 받는다.

지방대 홀대는 오랜 사회적 차별의 결과다. 수도권 대학, 특히 SKY를 비롯한 명문대 출신이 각광받는 것에 비례해 지방대 홀대는 더욱 심해지고 있다. 우리 사회의 주요 분야가 수도권, 명문대 출신자 위주로 구성되는 것도 요인이다.

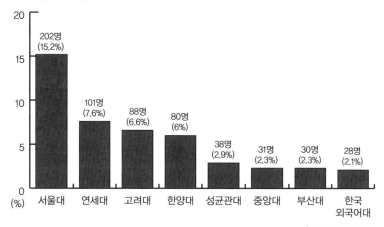

국내 기업 CEO 출신 대학

- 서울대: 202명 (15.2%)
- 연세대: 101명 (7.6%)
- 고려대: 88명 (6.6%)
- 한양대: 80명 (6%)
- 성균관대: 38명 (2.9%)
- 중앙대: 31명 (2.3%)
- 부산대: 30명 (2.3%)
- 한국외국어대: 28명 (2.1%)

* 자료: 유니코써치

　헤드헌팅 업체인 유니코써치가 작년에 발표한 〈국내 1000대 기업 CEO 출신 대학 분석 보고서〉는 수도권 명문대 우대가 여전함을 보여준다. 이 보고서에 따르면 1000대 기업 CEO 1,328명 가운데 SKY 출신은 391명으로 29.4퍼센트를 차지했다. SKY 출신 CEO 비중은 2007년의 59.7퍼센트와 비교하면 크게 낮아졌다. 그래도 SKY 출신이 빠진 빈자리를 수도권의 다른 대학 출신들이 꿰찼다. 그나마 순위 안에 있는 지방대학은 부산대, 영남대, 경북대뿐이다.

　수도권 명문대 출신이 우대받는 것은 우리 사회의 암묵적 대물림이라고 할 수 있다. 학벌에서 시작된 사회적 지위의 대물림이다. 사정이 이렇다 보니 지방대는 갈수록 인기가 떨어진다. 취업도 수도권 대학과 비교해 잘 안 되고 있다.

　고졸 출신을 향한 홀대도 심각하다. 고졸 출신자의 실업률은 4.1퍼센트로 대졸 출신(3.5퍼센트)보다 높다. 20년 넘게 계속되고 있는 현

고등교육기관 졸업자 취업 현황

구분	졸업자	취업자	취업률
수도권	228,706명	137,400명	69.0%
비수도권	327,102명	195,439명	66.8%
2018 총계	555,508명	332,839명	67.7%

* 자료: 교육부

상이다. 대졸자와 비교해 더 낮은 임금을 받는다. 고졸 출신 신규 취업자의 평균임금은 2018년 기준 286만 7,100원이었다. 대졸 신규 취업자 평균임금(339만 1,300원)의 84퍼센트에 그친 것이다.

불평등은 지방대, 고졸자에게만 있는 문제는 아니다. 여성, 장애인에게도 존재하고, 직업 자체에도 불평등이 존재한다. 그리고 불평등은 세대와 사회구조를 통해 세습된다. 세습의 고리를 끊어야 한다. 특히 부와 사회적 지위의 세습은 바로잡아야 한다. 이것이 공정이고 정의다. 계층 이동의 사다리를 복원시켜야 한다.

절차만 공정하면 공정한 것인가?

〈경향신문〉이 진행한 설문조사에 따르면 국민 10명 중 4명(40.7퍼센트)이 한국 사회가 지향해야 할 가치로 공정을 꼽았다. 평등이나 자유, 협력, 평화 그리고 성장 등 다른 가치가 10퍼센트 남짓에 머문 반면, 공정이 가장 중요한 가치로 지목된 것이다. 그런데 그 공정의 내용이 기회균등, 경쟁의 규칙만 적용되면 된다는 것이었다. 문재인 정부의 대표적 정책이었던 공공 부문 비정규직 노동자의 정규직 전환은 '공정하지 않다'는 반발에 부딪혔다.[2] 20대 젊은이들의 상당수가 공공기관이 취업 전형에서 여성, 지방 학생 등을 배려하기 때문에 자신들이 불이익을 받는다고 생각하고 있다.

하지만 과연 모두에게 시험을 치를 수 있도록 공정한 기회를 제공하고, 그 결과에 순응하여 결국은 능력 있는 사람이 이기게 만드는 경쟁의 규칙만 있으면 공정한 것인가? 그 취업 시험에서 공정한 기회가 주어졌다고 하더라도 그 결과 대기업이나 공공기관 정규직에 취업한 젊은이와 민간 중소기업 비정규직으로 사회생활을 시작한 젊은이가 100 대 53.7의 심각한 임금 격차를 경험하고, 전 생애에 걸쳐 양자의 소득과 삶의 간극을 좁히기 힘든 사회는 공정하다고 말할 수 없다. 심지어 같은 완성차 공장에서 같은 일을 하더라도 오른쪽 바퀴를 끼우는 정규직의 임금이 왼쪽 바퀴를 끼우는 비정규직의 임금보다 2배나 높은 것은 분명 불공정과 차별이다.

샌델 교수의 "공정하다는 착각"

이러한 의문과 관련하여 《정의란 무엇인가》로 한국에 널리 알려진 미국 하버드대학의 마이클 샌델 교수가 최근 《공정하다는 착각》이란 제목의 책을 출간하였다. 샌델은 이 책에서 "기회를 공평하게 제공하고, 능력을 마음껏 발휘하게 하며, 능력에 따라 성과를 분배"하는, 얼핏 공정해 보이는 제도의 실제 내용은 능력주의라고 말한다. 또한

---

2 〈경향신문〉 2021. 1. 21. [흑백 민주주의 4] 출발선만 같으면 된다? '각자도생' 사회의 이상한 '공정' http://news.khan.co.kr/kh_news/khan_art_ view.html?artid=202101210600025&code=9401 00&nv=stand&C

그는 이 능력주의가 지닌 허점을 지적하고 있다.

샌델 교수는 무엇보다 '자수성가로 성공한 사람은 자기 능력으로 성취했으니 그 능력에 따른 보상을 받을 자격이 있다'는 능력주의는 기회균등을 보장하지만, 결과의 불평등은 책임지지 않는다고 지적한다. 미국의 경우, 특히 고등교육(대학교육)을 통해 신분 상승을 독려하고 이를 통해 사회적 불평등이 해결될 수 있는 것처럼 생각해왔지만, 결과적으로 이는 성공한 사람들에게는 오만함을 안겨주었고 실패한 사람들에게는 분노와 패배감을 안겨주었다. 사회·경제적 지위에 따라 대학 진학을 결정짓는 SAT 점수가 달라지는 미국 사회에서 과연 '능력'으로 명문대에 입학했다고 믿고 초경쟁 사회에서 오만함을 갖는 것이 바람직한가?

완전한 기회의 평등이 이루어졌다고 해도 그 결과 높은 성취를 한 사람이 그렇지 않은 사람과 비교해 구조적으로 과도하게 부와 명예를 누리는 것을 정당하다고 볼 수 없다. 미국이나 한국과 같은 사회에서는 점점 더 "개천에서 용 나기"가 어렵다. 이런 사회에서 금수저들이 부와 명예를 세습하는 것이라면, 그러한 운을 가지지 못한 다른 사람들에게 부나 기회를 나눠줄 필요가 있다고 샌델 교수는 지적한다.

미국의 경우 저소득층 젊은이들이 주로 이용하는 고용·직업훈련에 투입되는 예산보다 고등교육에 대한 연구 지원금, 대출금, 세액공제 등의 지원금이 2014~15년 기준으로 100배가 더 많았다고 한다. 고등교육에 훨씬 더 많은 지원을 하고 이를 통해 양성된 인재에 대한 사회적 보상은 늘었으나, 배관공·전기 기술자·치위생사 등 사회의 공동선에 기여하는 사람들에 대한 보상은 줄어든 것이 과연 올바른가에 대해서도 샌델은 의아해한다. 지난 40년간 대졸자 프리미엄은 치솟았지만, 일반 노동자에 대한 보상은 늘지 않은 현실 속에서 결국은 엘리트에 대한 분노와 정치적 반격을 하고자 하는 성향이 고졸 이하 저학력 백인 노동자들에게서 증가하였고, 이들이 대거 트럼프 지지자로 나타났다는 것이 샌델의 분석이다.

기회균등이 아니라, 결과의 평등도 찾아야 하고, 대학교육에 대한 지원뿐 아니라 계층 상승에 실패한 사람들도 자신의 자리에서 만족하고 공동체의 구성원임을 느낄 수 있도록 하는 방법을 찾아야 한다는 게 샌델의 주장이다.

한국교육개발원(KEDI)이 공개한 2020 교육 여론조사 결과에 따르면 '초·중·고교생이 받는 사교육이 최근 2~3년 내 어떻게 변화했느냐'라는 질문에 42.8퍼센트가 '심화되었다'고 답했다고 한다. '줄었다'는 응답은 5.5퍼센트에 불과했고, '변화 없다'는 응답이 51.8퍼센트였다고 한다. 사교육이 심화되고 있다는 응답은 매년 늘어나고 있다.[3]

불평등한 사회에서, 소수에게만 주어지는 특권적 보상을 받는 일자리에 진입하기 위해 일부 계층의 자녀만이 초·중·고 시절부터 사교육을 받을 수 있는 사회라면, 과연 입사 경쟁이 공정하게 주어졌다고 해서 그 결과가 공정한 것이라 할 수는 없을 것이다. 합격자가 지

---

3 〈중앙일보〉, 2021. 2. 1. "사교육 늘었다" 응답 43퍼센트, 4년 새 최고… "줄었다"는 5.5퍼센트 뿐.

닐 수 있는 능력을 키울 기회 또한 공정하게 주어져야 진정한 기회의 평등이라 할 것이다. 또한, 그 선발의 결과에 따라 생애 전반에 걸쳐 과도한 불평등이 확대되는 것을 막을 수 있는 사회가 진정 공정한 사회라 할 수 있다.

인구의
역습

2057년, 대한민국의 자화상

TV에 긴급 속보가 떴다. 대한민국 인구가 4,000만 명 아래로 추락했다는 뉴스다. 30년 전인 2027년 5,200만 명까지 늘어났던 인구가 30년째 내리막길을 걷더니 이제는 3,900만 명대까지 줄었다. 거리에 나가면 온통 나이 지긋한 노인들뿐이다. 동네에서 어린아이를 구경한 지 오래다. 솔직히 아이 울음소리를 들어본 게 언제인지도 기억이 가물가물하다.

초등학교 한 반당 학생 수는 이제 10여 명 정도로 줄었다. 지방에서는 해마다 수십 곳의 초등학교가 문을 닫는다. 대학교도 사정은 마찬가지다. 신입생 인원수를 채우기 어려워 문 닫는 대학이 1년에 10곳이 넘는다. 지방은 텅텅 비어가고 있다. 자고 일어나면 행정구역을 통폐합한다는 정부의 방침이 발표된다.

올해의 최대 사회 현안은 국민연금이다. 일할 수 있는 젊은 사람은 갈수록 줄어들고 대신 노인들만 늘어나다 보니 국민연금이 바닥나려 한다. 연금이 고갈되는 시점이 올해가 될지, 아니면 내년이 될지를 두고 경제 전문가들이 매일 TV에 나와 갑론을박을 벌이고 있다. 경제 사정도 좋지 않다. 기업들은 일할 사람을 구하지 못해 아우성이다. 우울한 대한민국의 자화상이다.

실제 상황은 아니다. 앞으로 40년 뒤 대한민국을 그린 가상 시나리오다. 그렇다고 전혀 허황된 얘기만은 아니다. 2019년 통계청이 발표한 장래인구추계를 토대로 만든 미래의 모습이다.

통계청 장래인구추계에는 먹구름이 가득하다. 이 자료에 따르면 대한민국 인구는 2028년 5,194만 명으로 정점을 찍고 2067년에는 3,929만 명으로 줄어들 것이라 예상된다. 최악의 시나리오도 있다. 저출산·고령화가 예상보다 심각하게 진행되면 우리나라 인구가

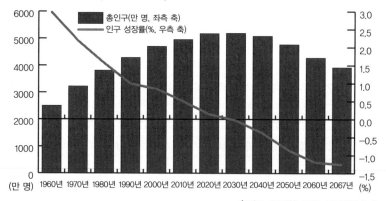

총인구 및 인구 성장률(1960~2067년)

* 자료: 통계청. 2019. 장래인구추계

2067년 3,300만 명으로 급감한다는 전망이다.

인구의 절대 규모가 줄어드는 것도 문제이지만 인구구조의 변화는 더 심각하다. 65세 이상 고령 인구는 2020년 15.7퍼센트에서 2050년 전체의 39.8퍼센트로 증가한다. 760만 명에 달하는 베이비붐 세대가 본격적으로 노인 인구에 편입되면서 고령화는 가파르게 진행된다. 반대로 생산연령인구(15~64세의 생산 활동을 할 수 있는 연령층)는 급감할 전망이다. 이미 우울한 전조가 나타나고 있다. 생산연령인구는 2015년 72.1퍼센트에서 2030년 65.4퍼센트, 2040년 56.3퍼센트를 거쳐서 2050년 51.3퍼센트로 크게 감소한다. 생산가능인구(15~64세의 일할 수 있는 인구)는 2015년 3,744만 명에서 2030년 3,395만 명, 2040년 2,865만 명을 거쳐서 2050년 2,449만 명으로 줄어든다. 이런 추세라면 2067년에는 65세 이상 고령 인구가 생산연령인구를 초과할 것으로 통계청은 내다봤다. 30년 뒤에는 젊은 인구 100명이 노인

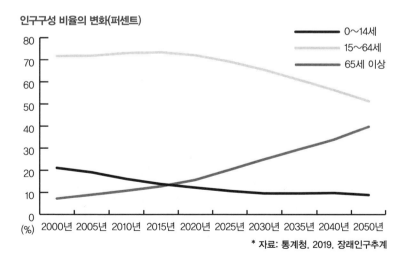

인구구성 비율의 변화(퍼센트)

* 자료: 통계청. 2019. 장래인구추계

77.6명을 먹여 살려야 한다. 이 흐름을 바꾸지 않으면 대한민국의 미래는 우울하다.

사라지는 아이 울음소리

인구 문제는 두 가지 부문에서 진행되고 있다. 저출산과 고령화다. 둘 중에서 더 심각한 문제는 저출산이다. 저출산 문제는 단기간에 해결하기 힘들다. 출산 대책의 효과가 나타나기까지는 시간이 오래 걸리기 때문이다.

대한민국의 저출산은 심각한 수준이다. 2020년 합계출산율(가임 여성 1명이 평생 낳을 것이라 예상되는 신생아 수)은 0.84였다. OECD 회원국 가운데 합계출산율이 1 미만인 나라는 우리가 유일하다. 2018년 기준 한국의 합계출산율이 0.98이었던 데 비해 일본은 1.42, 프랑스는 1.84, 영국은 1.68 등 OECD 평균 1.63으로 우리보다 앞서 저출산·고령화를 겪었던 다른 나라들과도 격차가 크다. 태어나는 아이

출생아 수 및 합계출산율(1970~2019년)

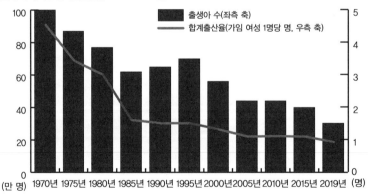

숫자도 점점 줄어들고 있다. 2020년 전국 신생아 수는 27만 2,400명으로 2019년 30만 3,100명에 비해 3만 700명(-10.13퍼센트) 감소했다. 2010년(47만 명)과 비교하면 10년 사이에 20만 명이나 줄어든 것이다.

저출산은 많은 문제를 초래한다. 통계청 장래인구추계에 의하면 학교에 다니는 학령인구(6~21세)는 2017년부터 10년 동안 190만 명이 감소해 2067년에는 364만 명이 될 전망이다. 초등학교부터 대학교까지 모든 학교가 학생 수 감소에 직면할 수밖에 없다. 산업에서도 일할 인력이 크게 부족해지면서 산업 생산이 떨어지고 경쟁력이 낮아지면서 경제성장률이 마이너스로 전환될 것으로 보인다.

국방에도 영향을 끼친다. 군대에 갈 병역 인구가 줄어들기 때문이다. 지금은 1년에 35만 명가량의 병역의무 자원이 있다. 하지만 2037년 이후에는 1년에 20만 명으로 병역의무 자원이 줄어든다. 현재와 같은 군 체제를 더는 유지하기 힘들어진다는 의미가 된다. 이 밖에도 다양한 문제가 저출산에서 비롯될 것이다. 기업들은 신규 인력 채용에 어려움을 겪을 수 있다. 청년 인구를 소비층으로 하는 산업도 위축될 것이다.

저출산의 미래는 귀족 사회?

급속도로 진행 중인 저출산 추세 속에서 주목해야 할 지점이 있다. 바로 '누가, 어떤 계층에서 아이를 낳는가'의 문제다. 출산의 문제는 갈수록 불평등, 양극화와 직결되고 있다. 비혼과 만혼이 늘어나는 이유는 아이를 낳는 것도 사치라고 생각하는 젊은 세대가 많아서다. 당장 취업도 어렵고, 먹고살기도 힘든데 아이를 낳아서 기를 자신이 없기에 아이를 낳지 않는 것이다. 그래서 '아이는 조부모가 키운다'는 말도 나온다. '할마(할머니+엄마)', '할빠(할아버지+아빠)'라는 신조어도 생겼다. 조부모가 아이를 키워줄 수 있는 자산이나 여력이 되는 가정에서만 아이를 낳는 추세가 강화되고 있다는 얘기로 해석할 수 있다.

빠르게 늙어가는 나라

고령화는 저출산만큼이나 우리 사회의 큰 고민거리다. 2011년 내 고향 전북 고창의 인구는 6만 명이었다. 그런데 2019년에는 5만 5,500명으로 줄었다. 10년도 안 되는 기간에 4,500명이나 인구가 줄었다. 비교 기간을 20년으로 늘리면 인구 감소는 더 심각하다. 2000년 고창 인구는 7만 5,000명이었다.

고령화도 빠르게 진행 중이다. 2011년 고창의 60세 이상 고령 인구는 2만 명이었으나, 2019년에는 2만 3,500명으로 껑충 뛰었다. 노인 인구가 17.5퍼센트나 증가한 것이다.

대한민국은 늙어가고 있다. 그것도 전 세계에서 가장 빠른 속도다. 2000년 국내 전체 인구 중 65세 이상 고령 인구 비중이 7퍼센트가 넘어 '고령화 사회'에 진입했고, 불과 8년 만에 다시 65세 인구 비중이 전체의 14퍼센트 이상인 '고령 사회'가 되었다. 이런 속도라면 2025년이면 초고령 사회(65세 인구 비중 20퍼센트 이상)로 들어갈 게 확실시된다. 앞으로 4년 뒤 대한민국은 인구 5명 중 1명이 노인인 나라가 되는 셈이다.

고령화의 속도는 2017년부터 빨라지고 있다. 베이비붐 세대의 맏형 격인 1955년생이 올해 66세가 된다. 앞으로 10년에 걸쳐 760만 명의 베이비붐 세대가 65세 이상의 고령 인구로 속속 진입한다. 이에 따라 노인 인구는 2017년 707만 명에서 2025년 1,000만 명을 넘어설 전망이고, 2050년에는 1,900만 명으로 늘어난다. 통계청 장래 인구추계에 나온 예측이다.

고령화로 인한 영향도 곳곳에 미친다. 가장 큰 문제는 경제 분야다. 저출산으로 노동시장에 새로 유입되는 인구가 줄어드는 가운데, 급속한 고령화는 경제활동인구의 규모 감소로 나타날 수밖에 없다. 일할 사람이 부족해진다는 의미다. 만 15~64세의 일할 수 있는 인구는 2015년 3,744만 명이었다. 그러나 35년 뒤인 2050년 이 연령대 인구는 2,449만 명 정도로 무려 1,300만 명가량이 줄어든다. 일할 사람이 없는데 노인 인구만 늘어나는 것은 고스란히 사회 전체의 부담

OECD 주요국의 상대적 빈곤율(66세 이상, 2017)

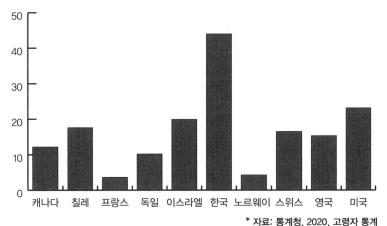

* 자료: 통계청. 2020. 고령자 통계

이 된다. 국민연금의 고갈 시기는 빨라질 것이고, 노인들을 위한 의료와 복지 예산은 급증할 것이다.

급증하는 노인 인구 가운데 여유 있는 노후를 만끽할 수 있는 사람은 그 수가 많지 않다. 한국의 노인 빈곤율은 44.0퍼센트로 OECD 회원국 평균(12.5퍼센트)보다 3.7배 정도로 높다. 〈2019년 통계청 사회조사〉에서는 60세 이상 노인의 70퍼센트가 "생활비를 본인 또는 배우자가 벌어야 한다"고 응답했다. 자녀·친척의 지원을 받거나(17.7퍼센트), 정부로부터 지원받는다(12.4퍼센트)는 응답보다 월등히 높았다. 대한민국의 고령화는 심각하다. 그리고 노인은 가난하다.

정해진 미래는 없다

저출산과 고령화가 가져올 미래는 우울하다. 현시점에서의 출산율과 연령대별 인구구성에 따라 수학 공식처럼 미래 대한민국의 인구구조가 결정된다. 이것이 우리의 정해진 미래다. 그러나 우리가 지금 어떻게 대응하느냐에 따라 더 나은 미래를 꿈꿀 수 있다.

제1차 저출산 대책이 발표된 2006년부터 지금까지 저출산 해결에 쏟아부은 돈이 무려 185조 원이다. 그런데도 별 효과는 없었다. 출산율은 갈수록 낮아지고 있다. 초기 대응부터 늦었다. 우리 사회에서 저출산의 경고음이 들리기 시작한 것은 1984년이다. 그해 합계출산율은 1.74로 '출산율 2'의 벽이 무너졌다. 신생아는 67만 명으로 1년 전보다 9만 명가량 줄었다. 저출산의 전조였다. 그러나 당시 정부는 저출산 대응을 전혀 하지 않았다. 1990년대 후반까지도 정부의 정책 기조는 '산아 제한'이었다.

저출산·고령화의 경고음에 맨 처음 귀를 기울인 건 참여정부였다. 노무현 대통령은 취임 첫해부터 저출산, 고령화 문제에 주목했다. 2000년 64만 명이었던 출생아 수가 2001년에 56만, 2002년에 다시 49만으로 무려 14만 명이 줄었다.

사상 초유의 두 해 연속 두 자리 감소율에 막 집권한 노무현 정부는 큰 충격을 받았다. 2003년 합계출산율은 1.13으로 곧 '출산율=1'이라는 방어선이 무너지기 직전이었다. 고령화로 인해 국민연금에도 재정 고갈이라는 비상등이 켜졌다. 당시 국무총리실 비서관으로 일하던 나는 2006년 저출산·고령화대책 연석회의 지원단 부단장으로 저출산 문제를 깊이 들여다보았다. 문제가 정말 심각했다.

노무현 대통령의 의지로 참여정부는 본격적인 저출산 대책 마련에 착수했다. 노무현 대통령의 지시로 2004년부터 대통령 자문기구인 '고령화 및 미래사회위원회'가 구성되었고, 내가 비서관으로 일하던 국무총리실에는 저출산 대책반(TF)이 꾸려졌다. 2005년에는 저출산·고령사회기본법이 제정되었고 같은 해 대통령 직속 기구로 저출산·고령사회위원회가 발족되었다. 그렇지만 당시에도 저출산 대책에 대한 회의적인 의견이 많았다. 많은 부처에서 저출산 대책에 막대한 예산을 투입하는 건 "밑 빠진 독에 물 붓기"라고 반대했다. 이런 미온적 인식에 더해 정부의 노력만으로는 한계가 있었다. 저출산·고령화 문제의 실질적인 해법을 찾기 위해서는 보다 큰 논의 테이블이 필요했다. 이런 문제의식을 바탕으로 2006년 1월 26일 정부, 기업, 노동계, 여성계, 종교계 그리고 시민사회가 참여하는 저출산·고령화대책 연석회의(이하 연석회의)가 출범했다. 나는 연석회의 실무 위원회 부단장을 맡으며, 정부 최초의 저출산·고령화 대책 수립을 위해 혼신의 힘을 다해 뒷받침을 했다. 그 결실이 2006년 저출산·고령화 사회기본계획(2006~2010년) 수립과 저출산·고령화 사회 협약 체결이었다. 하지만 노무현 대통령의 생각은 확고했다. 2006년 저출산·고령화 대책회의에서 노 대통령이 하신 말씀이 지금도 기억에 생생하다.

"출산율을 끌어올리는 게 어렵더라도 그 과정에서 결혼하기 좋고 아이를 잘 낳아 기르는 환경을 만들면 그 자체로 이 나라가 좋아지는 것 아니냐. 출산율을 당장 끌어올리지 못해도 그것만으로도 (저출산·고령화 사회) 연석회의의 의미는 충분하다."

지금 생각해봐도 노 대통령의 말씀은 저출산 해소의 가장 확실한 해법이다.

문재인 정부 출범 이후 저출산 정책의 패러다임을 바꾼 이유도 이런 문제의식을 이어받았기 때문이다. 사실 역대 정부마다 저출산 대책의 핵심은 '출산율 높이기'였다. 국가가 나서서 아이를 많이 낳자는 캠페인을 주도했다. 불임 부부에게 시술비를 주고, 아이 보육비를 지원하고, 결혼한 젊은 세대에 임대주택도 제공했다. 문재인 정부는 출산율 대신 '삶의 질'에 주목했다. 아이를 낳을 여력이 없는 사람들에게 아이 낳기를 강요할 수는 없다. 취업하고, 결혼하고, 아이를 낳고 키울 수 있는 환경을 만들어야 한다.

일종의 '토털 케어' 정책이다. 이를 위해 문재인 정부는 국·공립 어린이집을 매년 450곳 이상씩 확충하고, 국·공립 유치원도 2022년까지 2,600곳 이상 신·증설한다는 계획이다. 아이 돌봄 서비스도 확대했다. 엄마뿐 아니라 아빠의 육아휴직도 최대 10일(유급)로 확대한다. 아동수당도 신설했다. 전국 263만 명에게 월 10만 원씩 지급해 아이 키우는 가정의 부담을 덜어주고 있다. 청년 세대와 신혼부부를 위한 주택 공급을 대거 늘린다는 계획도 내놨다. 2022년까지 신혼부부 88만 쌍, 청년 75만 명에게 공공임대주택, 청년임대주택을 공급한다.

'출산율 제고'에서 '삶의 질'로의 방향 전환은 시의적절하다. 하지만 보다 근본적인 원인이 무엇인지에 대한 고민도 함께해야 한다. 저출산의 원인은 누구나 알고 있다. 왜 아이를 낳지 않을까? 청년들은 일자리 구하기도 힘든데 결혼해서 애까지 낳는 건 무리라고 할 것이다. 여성들은 여전히 강한 사회적 성차별의 벽을 호소한다. 자고 나면 치솟는 집값이 문제라는 의견도 있다. 모두 맞는 말이다.

내가 생각하는 답은 '경쟁'이다. 특히 대한민국의 고질적인 문제인 수도권 집중이 그 원인이다. 자원이 한정된 곳에서는 재생산(출산)이 아니라 생존이 우선이다. 서울·수도권으로 수많은 사람이 몰리는 탓에 일자리 구하기도 힘들고 집 장만도 어려운 것이다. 저출산의 장기적인 해법을 수도권 집중 해소에서 찾아야 한다.

이민, 더 넓은 대한민국의 길

저출산의 해법은 대한민국 바깥에서도 찾을 수 있다. 바로 이민이다. 2018년 기준 국내에 체류 중인 외국인은 237만 명이었다. 이 가운데 단기 체류가 아닌 외국인 주민은 205만 명에 달한다. 전체 인구의 4퍼센트 수준이다. 외국인 주민은 2006년 53만 6,000명에서 약 3.8배 증가했다. 국내 시·군·구 가운데 외국인 주민이 1만 명 이상이거나, 인구의 5퍼센트 이상인 곳도 전국적으로 82곳에 달한다. 안산시에만 8만 9,000명의 외국인이 거주한다. 외국인 주민이 3만 명 이상인 시·군·구도 수원(6만 4,000명), 화성(5만 9,000명), 영등포(5만 6,000명) 시흥(5만 5,000명), 구로(5만 4,000명) 등 14곳이나 된다.

외국인 주민이 늘어나고 있지만 제대로 된 관리 대책은 없다. 특히 선진국처럼 특정 분야의 우수 전문 인력을 유입하기 위한 정책은 사실상 전무한 상태다. 취업을 위해 국내에 들어오는 외국인 중 과학기술·연구 분야 인력은 2011년 4만 8,000명에서 2018년 4만 7,000명으로 줄었다. 대신에 영세 중소기업에서 필요로 하는 외국인 노동자 등 비전문 인력은 50만 명대를 유지 중이다.

200만 외국인 주민 거주 시대를 맞아 우리도 이민정책을 정립해야

외국인 주민 증가 추이

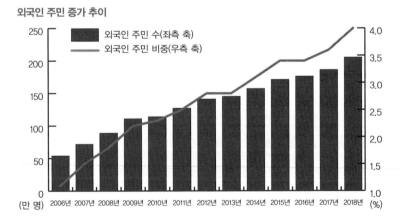

외국인 주민 수(좌측 축)
외국인 주민 비중(우측 축)

한다. 특히 숙련이나 전문성이 높은 전문 인력의 유입을 늘릴 방안을 마련할 필요가 있다. '우수 인재 비자'(가칭)를 만들어 우수 인력에 대해서는 장기 체류와 가족 동반 혜택을 주어야 한다. 세계 주요국들은 이미 이런 방식의 인재 스카우트에 나서고 있다. 동남아에서 고용허가제로 들어오는 외국인 노동자에 대한 활용도 적극 고민해야 한다. 지금은 외국인 노동자들이 들어오면 최장 4년 10개월간 일할 수 있다. 이 기간이 지나면 일단 출국한 뒤 일정 기간이 지나야 재입국할 수 있다.

발상을 전환해보자. 젊은이들이 산업단지나 지방의 중소기업에 가지 않는 상황에서 외국인 노동자는 소중한 노동력이다. 이들 가운데 숙련기술 인력에 한해 장기 비자를 주는 방식도 고민해야 한다. 특히 인구 감소가 심각한 지방에 거주할 경우 영주권을 제공하는 방안도 필요하다. 더 나아가 외국인 주민을 포함한 이민 관련 법도 서둘러 제정해야 한다. 필요하다면 이민청도 신설해야 한다. 과감한 이민정책으로 생산인구 부족에 대응하는 노력이 필요하다. 저출산·고령화의 해법을 꼭 대한민국 내부에서만 찾을 필요는 없다. 문을 열면 더 넓은 대한민국으로 가는 길이 있다.

기술진보와
일자리

기술진보의 두 얼굴

2021년 1월 SBS의 신년 특집방송 '세기의 대결, AI vs 인간' 골프 대결이 방송을 탔다. 프로골퍼 박세리와 AI의 대결로 큰 관심을 끌었다. AI 골퍼 엘드릭(LDRIC)[4]은 '골프 황제' 타이거 우즈를 비롯해 유명 골퍼 1만 7,000명의 샷을 학습한 골프 교육용 로봇이다. 자리 이동 등 몇 가지 제약을 빼면 장착된 스펙이 상당하다. 필드에서 지형과 풍향, 풍속을 판단하여 200가지 이상의 샷을 구사할 수 있고, 평균 드라이브 비거리도 약 274미터가 넘는다. 프로골퍼의 홀인원 확률은 3,000분의 1이지만 AI는 5번 만에 성공했다. 시합 결과는 숫자

---

4 AI 골퍼 엘드릭(LDRIC)의 이름은 '지능형 회로장착 지향성 발사 로봇(Launch Directional Robot Intelligent Circuitry)'의 머리글자를 따서 만들었다.

0과 1로만 구성된 디지털 AI 로봇이 2 대 1로 승리했다. 바둑계의 AI 알파고에 이어서 점차 디지털 기반의 다양한 AI가 우리의 생활 속에 스며들고 있다.

지금 기술진보의 속도를 가늠하기는 쉽지 않다. 그러나 분명한 점은 우리 인류가 예상했던 것보다 그 속도가 한발 앞선다는 것이다. 튜링(Turing)의 1937년 논문[5]에서 '생각하는 기계(thinking machine)' 개념이 등장한 이래 이제는 공상과학 영화에서나 나올 법한 미래가 현실화되고 있다. 증강현실(Augmented Reality)이나 가상현실(Virtual Reality) 기술 등은 물리적 공간의 제약을 넘어 정보 공유와 초연결 사회로의 진입을 가속화하고 있다.

이제 기술진보의 담론은 인공지능(AI), 사물인터넷(IoT), 빅데이터로 대변되는 디지털 전환 기술에 내재된 기능성 또는 효율성을 뛰어넘어 그 파급효과의 '사회적 성격'에 관한 공론화로 진전되어야만 한다. 최근 코로나19 영향으로 일자리 채용 과정에서 AI가 면접을 대신하기 시작했다. AI가 소설을 쓰기도 하고 기자를 대신해 신문기사와 칼럼을 쓴다. AI에 기반한 로봇 장치들이 산업 현장에서 노동을 대체해 효율성과 품질 향상에 활용되고 있다. 여기에 더해 코로나19 대유행은 비대면 업무, 플랫폼 노동 등 노동 형태의 다변화와 분절화를 가속화시키고 있다.

---

5 Turing, A. M.(1937), "On Computable Numbers, with an Application to the Entscheidungsproblem,"., Proceedings of the London Mathematical Society, 82(12): 230–265.

기술진보는 불가피한 '파괴적 변화'를 수반하는 동시에 새로운 산업 생태계를 조성하는 엔진이기도 하다. 스마트 팩토리에서부터 드론, 전기·수소차, 자율주행차와 자율주행도시(K-City), 화석연료 의존 경제로부터 친환경·재생에너지 등 탈탄소 경제로의 전환 등은 유력한 변화의 방향성이다.

기술진보의 미래는 어떤 경우라 해도 일자리의 총량과 무관하게 일자리의 변동성이 크게 증가한다는 점을 부인할 수 없다. 이는 일부 기존 업종·제품의 쇠퇴에 따른 일자리 감소와 새로운 업종·제품의 부상에 따른 일자리 증가를 수반하는 불안정과 개별 노동자의 일자리 재배치 및 노동 이동의 필요성이다. 우리 사회가 기술진보의 긍정적 혜택을 획득·공유하고 기술의 진화 과정에서 파생되는 일자리 문제의 우려를 최소화하기 위해서는 기술진보의 사회적 성격을 규정하고 이에 대한 정책적 대안을 고민해야 할 때다.

기술진보 경로에서 취약계층의 디지털 격차(digital divide)는 진전된 정보기술의 미숙한 활용에서 오는 생활의 불편함을 넘어 디지털 기술의 혜택을 공유하지 못함에 따른 또 다른 형태의 불평등 심화로 연결될 수 있다. 2019년 일반 국민 대비 정보 취약 4대 계층(장애인, 고령층, 농어민, 저소득층)의 디지털 정보화 수준[6]은 일반 국민 디지털 정보화 수준을 100으로 했을 때 69.9퍼센트 수준이다. 이들 취약계층의 디지털 격차 해소를 위한 교육이나 지원 등 정부나 지자체의 정책 대안이 필요하다.

---

6 과학기술정보통신부·한국정보화진흥원(2019), 2019년 디지털 정보 격차 실태조사

노동이 위태롭다 - 노동의 주변화

2018년부터 2019년 사이에 모빌리티 카풀 서비스(타다)를 둘러싼 당사자 간 갈등이 상당히 심각했다. IT 기술의 토대 위에 사회적 경제의 속성을 내포한 '협동 소비' 비즈니스 모델에 대한 갈등의 원인은 무엇이었을까. '일자리'와 '일거리' 문제다. IT 기술을 접목한 플랫폼 기반의 일자리 이슈는 크게 두 가지이다. 하나는 '일자리'가 망(net)에 연결되면서 호출 방식의 '일거리'로 그 속성이 변질될 가능성이며, 다른 하나는 인간 노동을 기술이 대체하는 일자리의 확장성이다. 일자리가 파편화되고 '망'에서 배제되거나 새로운 기술 체계에 편입하지 못하는 노동자로서는 그만큼 고용과 소득 불안정이 높아질 수밖에 없다.

이 같은 기술진보와 일자리 변동의 양상은 서비스업에만 한정되지 않는다. 한국판 뉴딜에서도 핵심 산업으로 다뤄진, 전후방 일자리 연관 산업에서 가장 효과가 큰 자동차 부문도 마찬가지다. 2021년 1월 현대자동차그룹은, 40년간 이어왔던 내연기관 디젤엔진의 신규 개발을 중단한다고 선언했다. 내연기관에서 전기차·수소차 사업체계로 전환하고, 자율주행과 모빌리티 영역으로 대전환하겠다는 게 핵심이다.

여기서도 문제는 일자리다. 친환경 자동차로 전환이 가속화되면 내연기관차 생산에 기반한 대량의 일자리가 불안정해진다. 특히 엔진과 변속기 계통(파워트레인)에서 대거 일자리가 사라진다. 조립 부품 개수도 대폭 축소되면서 기존의 라인 공정 곳곳에서 인력 조정이 필요해질 것이다. 완성차 업체를 중심으로 수직적·폐쇄적 네트워크에 속해 있는 많은 부품 협력 업체들은 더 심각하다. 인력 조정이 문제가 아니라 기업의 존망 위기에 직면할 가능성이 농후하다. 전동차 부문으로 업종 전환할 기술력과 준비를 갖춘 협력 업체는 그나마 다행이다.

'노동존중 사회'는 노동이 주체가 될 때 가능하다. 기술진보에 기초한 일자리의 생성과 소멸, 전환이 공정하고 정의로울 수 있도록 이해 당사자들의 소통을 촉진하는 사회적 대화가 활성화되어야 한다. 혁신성장 기조의 경제정책이 노동정책과 나란히 보폭을 맞춰갈 수 있도록 입법을 통해 안전망을 보다 더 촘촘히 꾸려야 한다.

코로나19 위기와 포착된 기회

코로나19 대유행은 전 지구적인 재앙으로 우리가 미처 예측하지 못한 가운데 마주하였다. 모르긴 해도 향후 바이러스와의 전쟁이 재연될 가능성과 그 대응이 간단치 않을 것을 충분히 예측하게 했다. 코로나19는 기후변화에 따른 범지구적 재난으로 세계경제에 커다란 영향을 미쳤을 뿐 아니라 그 대응 과정에서 우리 국민의 생계적 곤란이 사회적 약자와 강자 간 격차를 확대하는 양상으로 전개되는 위험한 양극화 문제를 야기했다.

COVID-19 팬데믹이라는 감염증과의 전면전은 이중, 삼중의 중첩된 위기 국면을 조성하였고 가뜩이나 어려운 경제 환경을 더욱 힘들게 했다. 전화위복은 가만히 있어도 찾아오는 기회가 아니다. 위기는 우리 시민들의 사회적 응집력을 강화시켰고 DNA 속에 숨어 있던 사회적 연대와 공동체 의식을 일으켜 세웠다. 정부는 유럽을 비롯한 선진국들이 물리적 이동을 제약하는 극단적인 폐쇄 조치 등으로 대응한 것과 달리 개방성을 유지하는 가운데 적극적인 역학조사와 진단 키트, 드라이브 스루, 선별 진료소 등 창의적이고 예방적인 조치를 강화하였다. 2020년 9월에는 질병관리본부를 질병관리청으로 승격하여 코로나19 대응을 강화함으로써 미래에 대비하였다. 수많은 의사와 간호사 등 의료진의 헌신적인 봉사와 참여, 격리·수용 공간 확보에 있어서 지자체 간 협력, 시민들의 높은 공동체 의식과 연대성의 발현은 감염증과의 전면전에서 K-방역을 글로벌 표준으로 만들었고 우리의 세계 선도성(first mover)을 확인하는 발판을 만들었다.

2020년 7월 발표한 정부의 '한국판 뉴딜 종합계획'은 K-방역의 성공과 디지털 전환의 기술진보를 매개로 선도 국가로의 도약을 위한 청사진이었다. 앞으로의 과제는 위기에서 파생된 일자리 문제를 어떻게 풀어낼 것이냐이다. 단기적으로는 코로나19 대응 과정에서 방역 단계에 따라 직접적 영향을 받은 영세자영업에 대한 정책 대응이 시급하다.

'기본소득', '전 국민 고용보험제', '이익 공유제', '손실 보상제' 등은 코로나19로 심화된 사회적 위기 속에서 격차 축소, 안전망 확보를 통해 지속 가능한 사회를 만들기 위한 다양한 사회적 공론화 과정을 입법으로 연결해야 할 과제들이다. K-방역의 성공 뒤에 숨어 있는 이른바 승자와 패자의 상생을 위한 사회적 대안을 다양한 형태의 시민적 대화(civil dialogue)를 통해 제도화할 필요가 있다. 위기 속에서 찾아낸 기회를 살려내야 하고 그러기 위해서는 K-방역과 K-경제의 선도성이 코로나 이후 일자리 문제와 복지 안전망 등으로 지속

될 수 있도록 혁신을 멈추지 말아야 한다.

모두의 한 걸음 – 약자들과 함께하는 포용 사회를 향해

경쟁적 기술진보는 코로나19로 인해 확인된 우리 사회의 양극화 문제를 가속화시킬 개연성이 높다. 디지털 경제로의 '정의로운 전환(just transition)'은 '불편한 달리기'를 공정의 가치에 대한 사회적 연대와 공론화를 통해 '함께 달리기'로 전환하는 '사람 중심 기술진보'여야 한다. 데이비드 와일(David Weil)이 2014년에 쓴 《균열 일터(The Fissured Workplace)》에는 일터의 파편화 배경으로 두 가지를 지목하고 있었다. 하나는 자본시장의 요구이며 다른 하나는 기술혁신의 효과다. 그리고 그 결과는 노동의 불안정성으로 나타난다.

기술진보는 많은 노동을 대체할 것이고 그에 상응하는 일자리가 창출될 수 있을 것이다. 문제는 거시(macro)적으로 일자리의 총량이 유지된다고 하더라도 지역이나 산업·업종(meso) 수준과 기업 수준(micro)에서 일어날 수 있는 일자리의 불안정에 있다. 개별 기업 수준에서는 신기술로 생산성이 높아지거나, 자동화로 기존 일자리를 대체할 경우 전환 배치 등 기능적 유연성과 고용의 안정성 교환으로 대응해야 한다. 그러나 기업 수준에서 인력 조정이 불가피하게 발생한다면 산업이나 업종 혹은 전국 수준에서 이들의 일자리를 포용할 수 있는 방어 체계가 필요하다. 그리고 이는 중앙 및 지방정부의 책무이기도 하다.

코로나19 이후 기술진보가 이루어지되 많은 좋은 일자리와 공존하도록 하려면 입법을 통한 제도적 개선과 함께 책임 있는 주체들의 사회적 연대와 협력이 필요하다. 사회 안전망은 필수불가결한 요소지만 그 이전에 일자리의 안정성과 유연한 이동성이 안전판으로 작동될 수 있는 구조가 필요하다. 현행 주 40시간(최대 52시간)인 법정 근로시간을 주 37시간, 최대 48시간으로 단축하는 대신 노동의 품질을 높여나가야 한다. 고령 사회 대응을 위해 60세 이후 계속 고용을 장려하여 건강하고 노동 의욕이 있는 고령층이 일할 수 있도록 할 필요가 있다.

청년층의 고용 불안과 높은 실업률은 세대 간 갈등 외에 저출산과 고령화 문제로까지 연결된다. 경제 활력을 회복하기 위한 청년층 일자리 정책은 시급한 현안이다. EU에서 채택하고 있는 '청년고용보장제(Youth Guarantee)'[7]를 우리 사회에 맞는 방식으로 도입할 필요가 있다. 졸업 후 취업 진입 과정(school to work)의 어려움을 제거하고 실직으로부터 기본 생활을 보장할 수 있도록 하는 방안이다. 창의력을 바탕으로 자발적 문제 해결 능력과 협업 능력을 높여 청년들의 창업을 지원하는 프랑스의 '에꼴42(Ecole42)'[8]처럼 청년 스타트업을 제도적으로 지원할 필요가 있다.

전통적인 산업 기반의 현행 경제 모델을 뛰어넘어 대안적 경제 모델도 적극적으로 탐색하고 확장해 나가야 한다. 한국판 뉴딜의 전개

---

7 미취업 청년들에게 직업훈련과 교육을 제공하는 방식으로 일자리에 대한 국가의 책무(Job Guarantee)를 수행하는 청년실업 대책으로서 벨기에, 루마니아, 이탈리아 등 EU에서 실행되고 있음.
8 프랑스 소프트웨어 교육기관인 '에꼴42'는 스타트업 육성학교로 불리며 교수와 교재, 학비가 없는 '3무(無) 제도'로 잘 알려져 있음. 국내에서는 이를 모델로 '이노베이션 아카데미'를 도입하였고, '42서울'이 2019년에 시행된 바 있음. 4주에 걸쳐 입학생을 선발하는 '라 피신'(La piscine: 한국어로 '수영장'을 의미)' 과정이 유명하며 이 기간에 매일 아침 풀어야 할 과제를 부여받음.

과정에서도 사회적 경제(social economy)는 다양한 시민사회단체 등이 핵심 주체로 나설 수 있도록 촉진하여야 한다. 유럽의 경우 사회적 경제가 GDP의 10퍼센트 이상, 전체 고용 규모의 6퍼센트 이상을 차지하고 있다. 2017년의 경우 EU 상위 5개국에서는 10명 중 최소 1명은 사회적 경제에 참여하고 있다는 의미이다. 우리도 이미 사회적 경제 관련 법들을 상당 수준 갖추고 있다. 진보된 기술 사회에서 실질적인 역할을 기대할 수 있는 보완 입법을 검토해 나가야 한다.

지방의
소멸

장례식장만 늘어나는 지방

10여 년 전인 2009년, 강원도에는 38곳의 산부인과가 있었는데 2019년에 32곳으로 줄었다. 10여 년 사이 6곳의 산부인과가 문을 닫았다. 출산율이 급감하면서 병원 영업이 어려워진 탓이다. 인구 3만 9,000명이 사는 영월군에는 산부인과가 한 곳도 없다. 유일한 산부인과가 문을 닫아서다. 산부인과가 줄어든 자리에는 장례식장이 들어섰다. 강원도 내 장례식장은 2009년 41곳에서 현재 60여 곳으로 급증했다.

이 같은 변화는 강원도만의 일이 아니다. 2015년 전국의 장례식장은 1,014곳이었는데, 2019년에는 1,123곳으로 100곳 넘게 증가했다. 장례식장이 늘어나는 곳은 주로 지방이다. 2015년부터 4년 사이 경북 지역의 장례식장은 103곳에서 125곳으로, 경남 지역은 102곳에서 118곳으로, 충남 지역은 73곳에서 78곳으로 각각 늘었다.

이렇듯 인구구조 변화의 직격탄을 맞고 있는 곳은 지방이다. 가뜩이나 고령화가 심각한데 태어나는 아기 수도 적다. 2021년 2월 전북의 총인구는 180만 명이다. 그런데 2020년 전북에서 태어난 신생아는 8,200명뿐이다. 1년 전보다 8.9퍼센트 줄어든 수다. 경남은 더 심각하다. 2020년 신생아가 1만 6,800명으로 1년 전과 비교해 12.5퍼센트나 감소했다.

지방의 노인 인구는 그 비중이 수도권과 비교해 월등히 높다. 2021년 2월 전남 지역의 전체 인구는 185만 명, 이 가운데 65세 이상 노인 인구는 23.1퍼센트인 40만 8,000명이다. 전북 지역의 노인 인구도 36만 9,000명으로 전체 인구의 20.6퍼센트를 차지한다. 경북 지역도 264만 명의 전체 인구 중 20.7퍼센트인 54만 9,000명이 65세 이상 노인이다. 서울과 수도권, 세종시를 제외한 거의 모든 지방이 엇비슷하다. 강원도와 부산의 65세 이상 노인 인구 비중은 각각 20.0퍼센트, 18.7퍼센트이다.

저출산, 고령화라는 인구구조 변화에 더해 수도권으로의 인구 유출도 여전히 심각하다. 2020년 한 해 동안 인구가 순유입된 곳은 경기 16만 8,373명, 세종 1만 3,025명, 강원 5,457명, 충북 3,454명, 제주 3,378명, 충남 741명 등이고, 인구의 순유출이 있었던 곳은 서울 6만 4,850명, 부산 1만 4,347명, 대구 1만 6,835명, 인천 1만 5,748명, 대전 1만 1,097명, 울산 1만 3,584명, 광주 6,083명, 전북 8,494명, 전남 9,754명, 경북 1만 6,978명, 경남 1만 6,658명 등이다.

그런데 문제는 청년 인구의 유출이 심각하다는 것이다. 2020년

2018~2020년 지역별 전 연령대 대비 20~30대 인구 증감

(단위: %)

	20~29세	30~39세	전 연령
전국	-0.26	-5.46	0.01
서울	0.73	-4.76	-0.99
부산	-3.09	-7.85	-1.44
대구	-2.81	-7.44	-1.76
인천	-2.01	-6.35	-0.40
광주	1.77%	-7.26	-0.64
대전	-0.69	-7.15	-1.75
울산	-5.73	-8.73	-1.70
세종	10.06	5.33	13.28
경기	3.36	-2.16	2.68
강원	-1.57	-5.26	-0.01
충북	-0.86	-5.30	0.10
충남	-2.11	-7.04	-0.25
전북	-2.80	-9.07	-1.78
전남	-2.95	-9.21	-1.67
경북	-5.32	-8.90	-1.40
경남	-3.99	-9.45	-1.00
제주	1.26	-5.90	1.12

* 자료: https://jumin.mois.go.kr/ageStatMonth.do#none

한 해 동안 20대 인구가 순유입된 곳은 서울이 4만 4,823명, 경기 3만 9,191명, 세종 1,971명이고, 순유출된 곳은 부산 3,898명, 대구 5,210명, 인천 2,572명, 광주 2,679명, 울산 5,471명, 강원 4,829명, 충북 2,841명, 충남 4,718명, 전북 8,872명, 전남 1만 0,994명, 경북 1만 5,662명, 경남 1만 6,420명, 제주 1,178명 등이다. 2018~2020년 사이에 20~30대 인구의 증감을 지역별로 전국을 살펴보면, 전국의 20대와 30대 인구가 2년간 각각 0.26퍼센트, 5.46퍼센트 감소하고 전 연령대 역시 감소한 가운데 세종이 크게 증가했고, 경기도, 서울이 상대적으로 증가한 것을 볼 수 있다. 20대의 경우 세종, 경기, 광주, 서울, 제주는 증가했고 반면에 경북, 울산, 경남, 부산, 전남 등은 크게 감소했다는 것을 알 수 있다. 30대는 절대적으로 세종을 제외하고 모든 지역에서 감소했으나 경남, 전남, 전북, 경북, 울산, 부산, 대구, 광주 등에서 더욱 크게 감소했다.

지방은 이처럼 인구구조 변화와 인구 유출이라는 이중고에 처해 있다. 인구의 감소는 지방의 많은 것을 바꿔놓는다. 사람이 없으니 기업이 올 리가 없다. 경기도 갈수록 악화되고 있다. 가뜩이나 없는 인구가 더 줄면서 기업도 더는 오지 않으니 일자리는 줄어든다.

2019년 4분기 전국적으로 청년(15~29세) 고용률은 44.1퍼센트였다. 청년 100명 중 44명이 일하고 있다는 의미다. 서울의 청년 고용률은 47.7퍼센트, 경기도는 46.4퍼센트였다. 반면 전북의 청년 고용률은 32.8퍼센트였다. 또 전남은 41.5퍼센트, 경북 39.5퍼센트, 경남 38.3퍼센트로 서울 및 수도권보다 10퍼센트포인트 이상 낮았다.

일자리가 줄어들면 청년들은 지방을 떠나기 마련이다. 끊임없이 반복되는 악순환이다. 이 고리를 끊어내지 않으면 지방은 점점 더 야위어갈 수밖에 없다.

벚꽃 피는 순서대로 망하는 지방대학

2012년 경북 안동의 4년제 대학인 건동대학교가 학교 문을 닫았다. 신입생 모집난이 심각해지자 재단이 내린 결정이었다. 2018년에는 대구의 2년제 전문대학인 대구미래대가 자진 폐쇄했다. 역시 신입생 모집이 어려워진 탓이다. 2000년 이후 신입생 모집에 실패하여 문을 닫은 대학교가 5곳에 달한다. 모두 지방 소재 대학들이다.

인구의 감소와 유출은 지방의 지도를 바꿔놓고 있다. 산부인과는

연도	대입가능 자원 추계	2019년도 대입 정원 대비 입학 가능 자원	2019년도 대입 정원	학령인구 (만 18세)
2019	52만 6,267명	2만 9,049명		59만 4,278명
2020	47만 9,376명	−1만 7,842명		51만 1,707명
2021	42만 893명	−7만 6,325명		47만 6,259명
2022	41만 2,034명	−8만 5,184명		47만 2,535명
2023	40만 913명	−9만 6,305명		43만 9,046명
2024	37만 3,470명	−12만 3,748명		43만 385명
2025	37만 6,128명	−12만 1,090명	49만 7,218명	44만 9,539명
2026	40만 7,419명	−8만 9,799명		47만 7,372명
2027	39만 9,404명	−9만 7,814명		44만 4,255명
2028	38만 1,300명	−11만 5,918명		43만 7,396명
2029	39만 2,934명	−10만 4,284명		47만 3,210명
2030	39만 9,478명	−9만 7,740명		46만 4,869명

* 자료: 교육부

줄어들고 대신 장례식장이 늘어나는 게 전부가 아니다. 지방의 많은 대학이 생존 위기에 내몰리고 있다. 등록금에 크게 의존하는 대학 입장에서는 신입생이 줄어들면 운영 자체가 어려워지기 때문이다.

2021년 전국 정시 경쟁률은 서울권이 5.1 대 1로 가장 높았고, 수도권은 4.8 대 1, 지방권은 2.7 대 1이었다. 2020년부터 이미 대학입학 정원과 비교해 대학에 갈 수 있는 학생 수가 부족해지기 시작했고, 2021년에는 7만 6,325명이나 미달했다. 2021년 정시 미달 대학이 17개교, 경쟁률이 3 대 1[9] 미달 지방 소재 대학이 71개교나 되고

---

9 지방권 소재 대학의 경우 대입 지원자들이 3곳까지 지원할 수 있어서 제1지망으로 서울과 수도권을 택하고, 또 다른 경쟁 대학을 지원할 수 있는 여지를 생각하면, 정시 경쟁률이 3 대 1은 되어야 나중에 정원을 채울 수 있다. 따라서 3 대 1에 미달하는 대학은 나중에 결과적으로 입학 정원을 채우지 못할 수 있다.

있다. 여기에는 안동대, 군산대, 순천대, 경북대(상주), 목포대, 창원대 등 국립대학도 포함되어 있다.

지방대학의 위기는 이제 시작이다. 2024년이면 대학 입학 자원(고교 졸업생, 재수생)이 37만 3,470명으로 줄어든다. 2030년까지 간신히 40만 명 선을 유지하고, 그 이후에는 30만 명대로 줄어들 전망이다. 대학에 갈 학생 수가 줄어들면 문 닫는 대학이 속출할 수밖에 없다. 교육부는 2019학년도 대입 정원 49만 7,218명을 기준으로 2021학년도엔 약 7만 6,325명의 미충원이 예상된다고 전망했다. 이에 따라 약 38개의 사립대학이 신입생을 구하지 못해 폐교 위기에 처할 것이라 예상된다.

더 나쁜 전망도 있다. 한국교육개발원은 대학에 갈 학령인구가 40만 명으로 줄어들면 180개 대학이 신입생을 뽑지 못하고, 30만 명으로 감소하면 252개 대학이 '새내기'를 구경조차 못 하는 상황을 맞을 것으로 분석했다. 특히 신입생을 충원하지 못하는 대학의 80퍼센트가 지방대일 것으로 전망했다.

대학뿐만이 아니다. 지방의 위기는 동시다발적으로 진행 중이다. 인구의 감소와 유출은 지방경제도 위기로 몰아넣고 있다. 특히 박근혜 정부 출범 직후인 2013년 이후 조선·해운 등 지역산업이 쇠퇴한 것은 지역경제를 몰락 직전까지 몰아갔다. 조선업 구조조정의 여파로 전남 목포·영암, 경남 창원·통영·고성·거제, 전북 군산시에서 대규모 인구 유출이 발생했다. 목포·영암에서만 1만 7,600명이 넘는 인구가 빠져나갔고, 울산 동구에서도 1만 3,000명 이상의 인구가 타 지역으로 이동했다. 2013년부터 2017년까지 고용위기 지역인 이들

지역에서 사라진 일자리는 3만 5,000개 이상이었다.

인구수가 줄고 산업은 쇠퇴하는데 부동산 경기가 좋을 리 없다. 2019년 말 기준 전국의 미분양 아파트는 총 4만 3,268채였다. 이 가운데 수도권을 제외한 지방이 무려 3만 8,367채에 달해 전체 미분양 아파트의 88퍼센트가 지방에 소재한다. 집을 지어 놓아도 들어와 살 인구가 없는 아파트가 이렇게나 많은 것이다.

수도권과 지방 아파트의 가격 격차가 점점 벌어지는 것도 당연하다. 2014년 이후 수도권과 지방 아파트의 가격 격차는 연평균 14.2퍼센트씩 벌어지고 있다.

지방이 소멸하고 있다

인구의 감소와 유출, 이에 따른 지역경제의 붕괴. 그다음의 시나리오는 지방의 소멸이다. '지방소멸'은 일본 총무대신을 지낸 마스다 히로야가 처음 사용한 용어다. 히로야[10]는 2014년에 출간된 《지방소멸》이라는 책에서 우리보다 앞서 저출산·고령화를 겪고 있는 일본의 사례를 통해 '지방소멸'을 예견했다. 지방소멸의 결과 국가가 '대도시만 생존하는 극점 사회'로 재편될 것이라는 게 히로야의 전망이다.

2018년 한국고용정보원은 히로야의 분석 틀에 맞춰 우리나라의 지방소멸 가능성을 분석한 보고서에서 65세 이상의 고령 인구 대비

---

10 마스다 히로야(增田寬也)는 일본에서 《지방소멸(地方消滅)》(2014. 中央公論社)'이라는 책으로 많은 공감을 얻었다.

20~39세 여성 인구의 비중을 토대로 지방소멸 위험 지수를 측정했다. 지역별 고령화의 속도와 저출산의 위험도를 따져서 장래에 해당 지역의 인구가 어떻게 변화할지를 분석한 것이다. 이 지수가 1 미만으로 낮아지고 0에 수렴할수록 소멸 위험도가 높은 지역이다.

조사 결과는 심각했다. 전국 17개 광역 시·도 가운데 경기도를 제외한 10개도(道)의 소멸위험 지수가 1 미만으로 나타났다. 전남은 0.44로 가장 낮았다. 시·군·구로 범위를 좁히면 소멸위험 지수가 0.2 미만의 적색 신호등이 켜진 곳이 급증했다. 한국고용정보원이 2020년 7월 발표한 〈포스트 코로나19와 지역의 기회〉라는 보고서를 보면, 2020년 5월 기준으로 '인구 소멸' 위험에 빠진 지역은 전국 228개 시·군·구 가운데 105곳(46.1퍼센트)으로 2019년 5월 93곳(40.8퍼센트)보다 12곳이나 증가했다. 2013년 7월 소멸위험 지역에 진입한 시·군·구는 75곳이었는데 7년 사이에 28.5퍼센트 이상 늘어난 것이다.

이 가운데 소멸 고위험 지역은 경북(7) 의성·군위·청송·영양·청도·봉화·영덕군, 전남(5) 고흥·신안·보성·함평·곡성군, 경남(5) 합천·남해·산청·하동·의령군, 충남(3) 서천·청양·부여군, 충북(2) 보은·괴산군, 전북(1) 임실군 등 23개 시·군·구다. 또 2020년 소멸위험 지역에 새로 포함된 12곳은 경기 여주·포천시, 강원 강릉·동해시와 양구·인제군, 대구 서구, 충북 제천시, 부산 서구, 인천 동구, 전남 무안군과 나주시 등이다. 대부분의 군 단위가 이미 소멸위험 단계에 진입하였고, 이제 시 단위 지역까지도 진입하고 있음을 의미한다.

당연히 소멸위험 지역은 일자리 문제에서 취약성을 벗어나지 못하고 있다. 2010년 대비 2015년 전국적으로 취업자가 7.9퍼센트 증가하였으나 소멸위험 진입 단계인 곳에서는 절반 미만인 3.4퍼센트 증가했고, 소멸 고위험 지역은 오히려 3.2퍼센트 감소했다. 더 나아가 이들 지역에서는 공동체 붕괴가 갈수록 빨라지고 있다. 이들 소멸 고위험 지역의 초등학생 수는 2011년 대비 2016년 23.7퍼센트 감소했다. 빈집 비율도 2010년 12.6퍼센트에서 2015년 15.9퍼센트로 급증했다.

지금 우리가 제대로 대응하지 않으면 100년 뒤 광역시 등 일부 도시를 제외한 지방은 소멸 위기로 내몰릴 것이다. 사람이 살지 않는데, 시·군·구라는 행정구역을 굳이 나눌 의미가 없어지는 것이다. 사람이 없으니 국회의원을 뽑을 이유도 없다. 또 아이들을 찾아보기 힘든 마을도 지방 곳곳에 속출할 것이다. 이렇게 우울한 디스토피아가 우리 앞에 놓인 미래다. 시간이 별로 없다.

노무현 대통령이 시작한 변화

이 같은 지방의 위기는 우리 사회의 고질적인 문제다. 1960년대에 시작된 산업화와 도시화, 초고속 경제성장의 성과가 남긴 그림자다. 사실 수도권 집중은 우리로서는 어쩔 수 없는 선택이었다고 생각한다. 자원이 부족하고, 산업 기반이 없는 상태에서 서울과 수도권을 중심으로 한 집중개발 방식은 당시로서는 불가피한 선택이었다. 하지만 1980년대와 1990년대를 거치며 갈수록 누적되는 수도권 과밀화 문제를 우리는 간과했다. 수도권 집중으로 얻은 성과에 취해 지방이 왜소해지고 무너진다는 문제를 외면했다.

그 어렵고 힘든 국토균형발전을 노무현 대통령과 참여정부가 시작했다. 참여정부는 2003년 정부 출범 직후 국가균형발전을 위한 공공기관의 지방 이전 계획을 발표했다. 수도 이전이라는 야심 찬 청사진도 함께 제시했다. 국토균형발전, 수도권 과밀 문제를 해결하기 위해 과감한 정책이 필요하다는 것이 당시 노무현 대통령의 판단이었다. 실제로 참여정부 초기인 2004년 수도권과 지방의 인구 비중은 52.1퍼센트 대 47.9퍼센트로 역전을 눈앞에 두고 있었다. 100대 기업의 본사 가운데 91퍼센트와 벤처기업의 70퍼센트, 공공기관의 85퍼센트가 수도권에 집중되어 있었다. 경제와 사회구조도 수도권 집중 정도가 과도했다. 이런 상황을 타개할 방법은 공공기관의 지방 이전을 통한 인위적인 지역균형발전밖에 없었다.

2004년 9월 총리실 시민사회비서관으로 막 부임한 내게 떨어졌던 임무가 바로 행정수도 이전과 공공기관 이전이었다. 해방 후 줄곧 이어져 온 '서울 공화국'을 변화시키는 일은 생각보다 어려웠다. 수도 이전과 혁신도시 건설 계획이 나오자마자 온통 난리였다. 야당은 수도 이전은 안 된다며 결사반대를 외쳤고, 보수 언론은 "산업 경쟁력이 무너진다"며 아우성이었다. 결정타는 2004년 10월, 관습헌법이라는 기상천외한 논리를 바탕으로 한 행정수도 위헌 판결이었다.

헌재 결정으로 신행정수도건설을 위한 추진 기구들이 자동 해산되던 날 아침의 기억이 지금도 생생하다. 시민사회비서관이었던 나와 황창하 정무비서관, 이춘희 신행정수도건설추진지원단 부단장(현 세종시장) 이렇게 세 사람은 정부청사 앞에서 한참을 망연자실해 있었다. 그 자리에서 우리는 행정 중심 복합도시를 돌파구로 하는 데에 의견을 모았고, 나는 그 대안을 들고 정부 인사로서는 최초로 충격과 분노에 휩싸여 있는 연기·공주 지역으로 내려갔다.

수도 이전과 별개로 혁신도시 건설은 지방의 폭발적 기대에 힘입어 순차적으로 진행할 수 있었다. 그러나 졸지에 지방으로 내려가게 된 공공기관 노조의 반발이 거셌다. 나는 정부 측 창구로서 공공기관 지방 이전에 반대하는 노조와 대화하며 설득을 이어갔고, 정부 최초의 '노정 기본협약'을 맺는 역할을 담당했다.

2005~2007년 지방 이전 공공기관과 혁신도시가 최종 선정되면서 대역사가 시작되었다. 153개 공공기관 지방 이전은 2019년, 7년 만에 마무리되었다. 2019년 말 기준으로 혁신도시에는 115개 공공기관(직원 수 4만 1,548명)이 자리 잡았다. 세종시로 이전한 공공기관 20곳과 개별적으로 이전한 공공기관을 합하면 154곳으로 5만 1,108명의 직원이 지방으로 옮겨 갔다. 이들 공기업이 관련 법률에 따라 신규 채용한 지역 인재는 1만 3,536명에 달한다. 전체 채용 인원의 25.9퍼센트다.

또한, 공공기관이 구심점 역할을 하면서 혁신도시에 입주하는 민간기업과 인구도 갈수록 늘어나고 있는 추세다. 2019년 말 전국 10개 혁신도시의 인구는 20만 5,000명으로 2018년에 비해 1만 2,000명 증가했다. 혁신도시에 입주한 민간기업도 1,425개사로 2018년 693개사와 비교해 두 배 이상 늘었다. 노무현 대통령이 꿈꿨던 균형발전은 세종시와 혁신도시라는 결실을 거두었다.

하지만 아직은 미완성이다. 혁신도시만으로는 지방과 서울의 불균형을 완전히 해소할 수 없다. 혁신도시와 공공기관의 지방 이전에도 불구하고 2020년 수도권과 지방의 인구 비중은 52.3퍼센트 대 47.7퍼센트로 여전히 격차가 크다. 이런 추세라면 수도권과 지방의 인구 비중이 2030년에는 53.9퍼센트 대 46.1퍼센트로 더 벌어질 것이다.

더욱 과감한 균형발전 전략이 필요한 때다. 그래야 지방에 사람과 기업이 몰리고, 청년이 북적대며, 혁신의 기운이 넘쳐날 수 있다. 지금 당장 머리를 맞대고 해법을 찾아내야 한다. 2021년을 살아가는 우리 세대의 숙제다.

다시 쓰는 미래

미래는 과거를 거울삼아 현재를 딛고 나아가는 여정이다.

대한민국은 올해 새로운 100년을 시작했다. 미래로 가는 길은 여러 갈래다. 하지만 우리가 안고 있는 현실을 직시한다면 가야 할 길은 명확하다.

새로운 100년은 지난 100년과 달라야 한다. 불평등의 문제를 해결해야 한다. 지속 가능한 사회 시스템을 만들어야 한다. 약해진 산업 기반을 다시 단단히 굳히고, 새로운 혁신산업의 씨앗을 심어야 한다. 소멸하는 지방을 다시 일으켜 세워야 한다. 지속 가능한 사회를 방해하는 벽을 없애야 한다.

지난한 과정이 될 것이다. 개혁은 힘들다. 모두의 이해관계가 다르고, 각자 처한 상황이 다르기에 개혁에는 필연적으로 갈등과 대립이 뒤따른다. 민주주의의 숙명이다. 어쩌면 개혁보다 혁명이 더 쉬울 수 있다. 하지만 개혁이 어렵다고 해서 또다시 현실과 타협한다면 우리의 미래는 어둡다.

새로운 100년으로 가는 길에서 우리는 코로나19를 만났다.

전 세계를 강타하고 있는 전대미문의 동시다발적인 위기다. 위기는 아직도 진행형이다. 얼마나 더 이어질지, 언제 끝날지도 예측 불가능하다. 코로나19의 위기는 감염의 공포에서 이제 경제위기로 이어지고 있다. 전 세계 모든 나라가 가늠할 수 없는 경제적 어려움에 봉착할 것이다. 수출과 무역이 급격히 위축되고 실업의 공포가 번질 것이다. 우리 또한 마찬가지다.

새로운 시스템을 만들어야 한다. 붕괴의 위험으로부터 경제와 산업을 유지할 시스템, 실업의 공포를 이겨낼 수 있는 안전망을 갖춰야 한다. 여기서부터 우리는 새로운 대한민국의 100년을 위한 준비를 시작해야 한다.

일자리를 위한
노동 대개혁

노동시장 불평등, 그리고 코로나19

한국 사회는 불평등하다. 시간이 흐를수록 불평등이 더 심각해지고 있다. 상대적 박탈감을 느끼는 국민도 많다. 2019년 한국보건사회연구원이 국민 3,873명을 대상으로 설문조사를 했다. 조사 결과 85퍼센트의 국민이 "한국의 소득 격차가 너무 크다"고 응답했다. 불평등과 양극화는 시한폭탄이다. 이대로 방치해서는 결코 안 될 문제다. 시한폭탄은 터지기 전에 서둘러 해체해야 한다.

불평등의 근원은 소득이다. 부모로부터 물려받은 재산이 많고 적음에 따른 소득 격차, 일자리 간의 소득 격차에서 비롯되는 불평등과 양극화 문제가 불거진다. 특히 일자리 간 임금의 소득 격차에서 비롯된 불평등의 문제는 심각하다. 정규직과 비정규직, 대기업과 중소기업 사이의 '넘사벽'과 같은 간극에 수많은 이들이 좌절한다. 대기업

정규직에 비해 절반도 안 되는 중소기업 비정규직 임금 구조가 청년들의 분노를 키우고 있다. 더구나 일단 중소기업이나 비정규직으로 취업하는 경우 대기업이나 공공 부문의 정규직으로 옮겨 가기가 매우 어려운 고용구조 때문에 양자 사이에 평생 동안 임금의 소득 격차는 더 커지게 된다. 따라서 청년들은 취업을 재수해서라도 어떻게든 대기업과 공공 부문 정규직 일자리라는 좁은 문으로 들어가려고 하는 것이다. 그러면 이러한 불평등이란 시한폭탄은 어떻게, 그리고 어디서부터 해체해야 하는가? 우리가 고민해야 할 첫 번째 과제다.

불평등은 위기 때 더 두드러진다. 위기의 충격파는 우리 사회의 가장 약한 고리부터 닥친다. 코로나19라는 위기에서도 마찬가지다. 전 세계를 강타한 질병의 충격파는 우리의 경제, 산업, 사회 시스템에도 영향을 끼치고 있다. 이스타항공을 시작으로 항공업계, 여행과 관광업계는 물론 음식·숙박업과 도·소매업까지 그 충격이 확대되어 일자리가 크게 감소했다. 전 세계가 문을 닫고 소비를 줄이거나 멈추고 있으니 경제는 큰 타격을 입을 수밖에 없다. 자영업자들도 한계에 몰리고 있다. 골목 구석구석에 있는 가게들이 장사가 되지 않아 문을 닫는 곳이 나오고 있다.

실업급여 지급 건수와 실업급여액

	2018년	2019년	2020년				2020년
			1월	4월	7월	12월	
건수	5,658,371	6,279,134	582,218	732,463	840,879	694,559	8,583,035
실업급여액	6,688,424	8,385,895	758,922	1,028,615	1,215,547	982,235	12,184,153

* 자료: 고용정보원

코로나19가 본격화한 2020년 4월 이후 실업급여 지급 건수가 크게 증가하여 73.2만 건에 이르렀다. 7월에 84만 건으로 가장 많았고 이후 점진적으로 감소하여 12월에는 64.5만 건으로 줄어들었다. 2020년 실업급여 건수는 858.3만 건으로 2018년의 565.8만 건, 2019년의 627.9만 건과 비교해 크게 늘었다. 또한, 실업급여액도 2018년 6조 6,884억 원, 2019년 8조 3,859억 원에서 2020년 12조 1,842억 원으로 크게 늘었다. 그만큼 실업자 수가 크게 늘어난 데 따른 것이다.

고용안정지원 사업은 코로나19 위기를 맞아 해고 등을 막고 고용 유지를 위해 노력하는 기업들에 지원하는 고용유지지원금을 포함하여 고용촉진지원과 고용창출지원 사업들을 포괄하고 있다. 고용유지 지원금은 근로자 79만 명의 고용 유지를 위해 총 2조 3,000억 원(이 중 9,000억 원은 3차 추경에서 고용유지지원금으로 지원된 금액)이 지급되었다. 2020년에 고용안정 사업 지원을 받은 건수는 2018년에 비해 2배가 넘으며, 2019년 비해서는 54퍼센트 이상 증가했다. 2020년 고용안정 사업 지원을 받은 연인원은 526.7만 명으로 2018년의 4.57배, 2019년의 2.52배에 달했다. 고용안정 사업을 위해 사용된 고용보

고용안정 사업 지원

(단위: 건, 명, 100만 원)

	건수	연인원	금액
2018년	416,115	1,153,380	1,032,923
2019년	574,975	2,089,410	1,797,983
2020년	885,534	5,267,347	4,607,458

* 자료: 고용정보원

험기금도 4조 6,075억 원으로 2018년의 1조 원, 2019년의 1조 8,000억 원과 비교해 각각 4.46배, 2.56배에 이를 정도로 크게 증가하여 고용 위기의 심각성을 말해주고 있다.

그러나 앞에서 말했듯이 코로나19 때문에 소득과 매출이 감소하거나 일자리를 위협받는 취약계층 가운데 고용보험에 미가입되어 고용 안전망의 사각지대에 있는 영세자영업자, 특수형태근로종사자, 프리랜서 등은 위의 고용유지지원금이나 고용안정 사업의 대상에서 제외된다. 이 때문에 고용보험에 가입되지 않았으나 고용 위기, 소득 위기에 처한 취약계층을 위해 지원하는 '코로나19 긴급고용안정지원금'이라는 지원책을 마련하였다. 1차로 2020년 9월까지 176만 명에게 150만 원을 지급했고, 2차로는 이들 176만 명 가운데 47.2만 명에게 50만 원을 신규 신청자 14만 명에게 150만 원을 지급했다. 2021년 들어 이미 지원받은 56만 명에게는 50만 원, 신규 신청자에게는 100만 원을 3차로 지급할 계획에 있다. 이리하여 총 221만 명에게 긴급고용안정지원금을 지급했거나 지급할 계획에 있다.

여기에 추가하여 미취업 청년 9.6만 명을 대상으로 청년구직활동지원금 월 50만 원 × 6개월 = 300만 원을 지원하였고, 일반 택시기사 약 8만 명에게 1인당 100만 원의 긴급고용안정지원금을 지급했으며, 방문돌봄종사자 9만 명에게 한시적으로 50만 원을 지급할 예정이다.

코로나19 긴급고용안정지원금은 일시적인 것이며, 향후의 고용이나 소득 위기에 대한 제도적 고용 안전망이 아니다. 즉 기존의 실업 안전망으로는 부족하다는 이야기다. 노동자들과 자영업자들에게 다시 일어설 수 있는 버팀목을 만들기 위해서는 어떤 시스템이 필요한가?

더 촘촘한 실업 안전망이 필요하다

2009년 쌍용차 사태는 큰 충격을 줬다. 당시 부도 위기에 몰린 쌍용차는 900명의 노동자를 정리해고하려고 했다. 노조는 격렬하게 반발했다. 결국, 쌍용차 사태는 정리해고 끝에 28명의 노동자가 스스로 목숨을 끊으며 파국을 맞았다. 나는 당시 쌍용차 사태를 가까이서 지켜보면서 왜 이런 비극이 있어야 하는지 회의감이 들고 해법은 무엇인지 고민에 고민을 거듭했다.

쌍용차 사태는 우리 노동시장의 우울한 단면을 보여준 사건이다. 한국에서 해고는 곧 '벼랑 끝'을 의미한다. 실업 안전망이 빈약한 탓에 직장에서 해고되면 새로운 일자리를 구하기까지 너무 많은 어려움을 겪어야 한다. 가족이 무너지고 삶의 기반이 송두리째 흔들리기도 한다. 그래서 노동자들은 회사의 구조조정에 목숨을 내놓으면서까지 반대할 수밖에 없다. 다시는 이런 비극이 반복되지 않도록 해법을 찾아야만 한다. 더구나 코로나19로 인해 대량 실업의 위기가 엄습해오고 있다. 실업의 위기에 직면한 국민을 위해 더 촘촘하고 넓은 안전망을 짜야 한다.

2019년 나는 교섭단체 대표연설을 통해 덴마크식 유연·안정성 모델을 도입하자고 제안했다. 코로나19 위기가 닥친 지금 유연·안정성 모델은 더욱 시급한 과제가 되었다. 덴마크식 모델의 핵심은 노동시장의 유연성을 확대하는 동시에 실업급여 등 안전망을 대대적으로 강화하는 것이다.

덴마크는 노사정 대타협을 통해 기업의 인력 구조조정을 쉽게 추진할 수 있도록 허용한다. 직장을 잃으면 실직 후 2년간 종전에 받던 임금의 최대 90퍼센트(평균 70퍼센트)를 지급한다. 2년이 지난 뒤에도 직장을 구하지 못하는 경우 실업급여의 80퍼센트가량을 기초생활보장금으로 제공한다. 덴마크에서는 이렇게 든든한 고용 안전망을 제공하고 있기에 기업이 경영상 꼭 필요한 상황에서 인력 구조조정을 하더라도 실직한 노동자들에 대한 대책이 마련되어 있다. 재취업 프로그램도 촘촘하다. 실업에 대한 공포가 없기에 노동자들은 경제적 어려움 없이 재취업을 준비할 수 있다. 이런 모델 덕분에 덴마크에서는 1년에 40만 명 이상의 재취업이 이루어진다.

이와 비교해 우리의 실업 안전망은 제한적이다. 우리나라의 기존 실업급여는 종전 임금의 최대 50퍼센트를 8개월간 주는 구조였다. 이를 종전 임금의 최대 60퍼센트로 높이고 지급 기간도 최대 9개월로 늘리자는 것이 나의 제안이다. 마침 2019년 내 제안과 같은 내용으로 고용보험법 개정안이 국회에서 통과되었다. 이에 따라 2020년부터 실업급여 지급액은 종전 임금의 최대 60퍼센트로 늘어나고, 지급 기간도 최대 9개월로 확대된다.

하지만 이 정도로는 부족하다. 우리의 실업 안전망은 아직도 선진국 수준에 미치지 못한다. 스웨덴은 실업급여를 최장 35개월까지 받을 수 있고, 프랑스도 24개월까지 받는다. 미국도 23개월까지 실업급여를 지급한다. 우리도 코로나19를 계기로 더 크고 넓은 개혁에 나서야 한다. 2020년 8월 고용보험 가입자는 1,401.9만 명으로 전체 임금 노동자 중 고용보험 가입률은 72.6퍼센트이며 그중 정규직의 고용보험 가입률은 89.2퍼센트이나 비정규직의 고용보험 가입률은 46.1퍼센트에 불과하다. 여기에 더해 특수고용직, 프리랜서, 플랫폼 노동자 및 영세자영업자 등도 고용보험의 혜택을 받지 못하는 사각지대에 놓여 있다.

이런 상황을 고려하여 문재인 정부는 2020년 5월 전 국민 고용보험 가입 방침을 세우고 고용보험을 단계적으로 확대 적용하여 2025년까지 전 국민 고용보험을 완성하겠다는 로드맵을 제시하고 있다. 이를 통해서 고용 취약계층들도 일자리를 잃거나, 소득과 매출액이 감소하는 경우에 고용 안전망의 보호를 받을 수 있다. 다만 이것이 실현되기 위해서는 소득 정보를 기반으로 모두가 고용보험에 가입하여 고용보험료를 납부하도록 해야 하며 일시·일용직과 같은 사각지대를 빠짐없이 발굴하도록 해야 한다.

다행히도 고용보험에 가입되어 있지 않은 청년 미취업자나 영세자영업자 및 특고 등 고용보험의 사각지대에 있는 저소득층을 위해 6개월간, 매달 50만 원씩을 지원하는 국민취업지원제도(한국형 실업부조 제도)가 2020년 입법화되어 2021년 1월부터 시행되기 시작했다.

전 국민 고용보험과 한국형 실업부조는 우리 사회를 지속 가능하게 만들어 줄 최소한의 안전장치다. 좀 더 미리 시작했더라면 좋았겠지만 코로나19 위기를 맞아 이제라도 시작하게 되어 무척 다행스럽다. 하지만 이제 시작일 뿐이다. 그물망은 좀 더 촘촘히 짜여져야 한다.

노동시장의 간극 좁히기

노동시장 개혁을 위한 두 번째 과제는 '노동시장 양극화' 해소다. 한국의 노동시장은 대기업-정규직(1차 노동시장), 중소기업-비정규직(2차, 3차 노동시장)으로 극명하게 갈려 있다.

2020년 8월 기준 1차 노동시장에는 약 527만 명의 노동자가 있다. 대기업 정규직(317만 명)과 공공 부문 정규직(160만 명), 소득이 괜찮은 자영업자(50만 명) 등이다. 그런데 2차 노동시장에는 1차 노동시장의 4배가 넘는 노동자가 있다. 2020년 기준 2,181만여 명에 달한다. 대기업 비정규직(183만 명)과 중소기업 정규직(794만 명), 중소기업 비정규직(535만 명), 저소득 영세자영업자(615만 명) 등이다. 1차 노동시장과 2차 노동시장 사이에는 거대한 간극이 존재한다. 그 큰 격차는 건널 수 없는 강처럼 구조화되어 있어 2차 노동시장에서 1차 노동시장으로 옮겨 가는 것이 거의 닫혀 있으며 상당한 임금 격차와

늘어나는 비정규직 노동자 비중

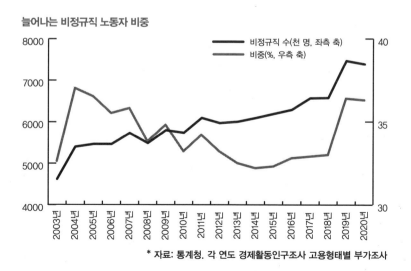

* 자료: 통계청. 각 연도 경제활동인구조사 고용형태별 부가조사

복지 격차가 발생하고 있다.

2020년 1월 기준 대졸 초임 평균 연봉은 3,382만 원이다. 대기업에 다니는 대졸 근로자의 초임 연봉은 평균 3,958만 원이다. 반면 중견 기업에 다니는 대졸 초임 연봉은 평균 3,356만 원이며 중소기업 대 졸 초임 연봉은 2,834만 원이다.

앞서 사업체 규모별 월평균 임금 총액 비교에서도 대사업체·중소 사업체를 비교한 바가 있다. 300인 이상 대사업체의 월평균 임금이 525.8만 원(연봉으로는 6,309만 원), 5~29인 소사업체의 월평균 임금 은 289.3만 원(연봉으로는 3,472만 원),[11] 중앙공기업의 연봉은 7,914.7 만 원[12]으로 소사업체의 임금은 대사업체의 55퍼센트, 중앙공기업의 43.9퍼센트에 머물고 있다. 대기업과 공공 부문의 정규직들은 근속 시간이 정규직을 포함한 중소기업 근로자들보다 2배 이상 길다. 그 렇기에 근속에 따른 연공임금의 혜택을 주로 받는 노동자들은 이들 대기업과 공공 부문의 정규직들이다. 따라서 높은 임금에 근속 연수 까지 긴 이들 대기업·공공 부문 정규직들과 비정규직·중소기업의 정규직 노동자들이 일생 동안 벌어들이는 근로소득은 월 임금이나 연봉의 차이를 뛰어넘어 훨씬 큰 격차를 보이게 된다.

정규직과 비정규직의 평균 월급은 각각 323.4만 원, 171.1만 원이 며 주당 평균 근로시간이 각각 40.7시간, 30.7시간이므로 이를 시간 당 임금으로 나누면 1.85만 원과 1.30만 원이 된다. 비정규직 시간당

---

11 고용노동부. 2019. 고용 형태별 근로실태조사
12 기재부. 2021. 알리오 주요 통계. 직원 평균 보수. http://www.alio.go.kr/statisticsStat5.do

일본의 대졸, 전문대졸, 고졸 월 초임 수준(2019년 기준)

(단위: 천 엔)

	대졸자		전문대졸자		고졸자	
	남성	여성	남성	여성	남성	여성
전체 기업	212.8	206.9	184.7	183.4	168.9	164.6
1,000명 이상	215.9	209.7	187.3	184.0	169.1	166.9
100~999명	211.1	205.2	184.2	183.0	167.6	163.6
10~99명	206.0	201.8	182.3	183.5	171.8	163.8

* 자료: 일본 후생노동성. 2019. 임금구조 기본통계조사(초임금)의 현황

임금이 정규직 시간당 임금의 70.3퍼센트에 불과한 것이다.[13] 이런 점에서 볼 때 대·중소기업 간의 임금 격차가 정규직, 비정규직 간의 임금 격차보다 크다는 것을 알 수 있다.

대·중소기업 간의 임금 격차를 대기업·공공 부문과 중소기업의 생산성 차이 때문이라고 할 수도 있겠지만, 그걸 감안하더라도 격차가 지나치게 크다. 이 격차를 좁히지 않는 한 노동시장의 구조적인 단절 현상을 개선하기는 힘들다. 이런 구조에서는 1차 노동시장과 2차, 3차 노동시장 간 격차가 점점 더 벌어지게 되며 격차가 줄어드는 일은 기대할 수 없게 된다.

이 격차를 어떻게 좁힐 수 있을까? 일본 노동시장은 우리에게 시사하는 바가 크다. 일본은 기업 규모나 업종에 상관없이 대졸 초임이 월 20만 엔(200만 원)가량으로 대동소이하다.

2019년 기준 일본의 10~99인 기업의 대졸자 월평균 초임은 남성이 20.6만, 여성이 20.2만 엔이었다. 1,000인 이상 대기업의 대졸자

---

13 통계청. 2020. 8. 경제활동인구조사 근로 형태별 부가조사에서 가공.

월평균 초임은 남성이 이보다 약간 많은 21.6만 엔, 여성은 21.0만 엔이었다. 도요타를 포함해 일본 대기업들이 자율적으로 대졸 초임을 조율한 덕분이다. 대기업과 중소기업 간 초임이 엇비슷하다 보니 '중소기업 기피 현상'이 적을 수밖에 없다.

우리도 이 같은 방향으로 가야 한다. 대기업들은 자기의 이익만을 우선하는 이기적 태도에서 벗어나 자발적인 조율에 나서야 한다. 대기업들이 5년 정도 적정 수준 이상의 임금 인상을 자제하고 이를 통해 절감되는 인건비 상승분으로 중소기업 노동자의 임금을 높이는 방안을 추진해야 한다. 지속 가능한 대·중소기업 상생 협력을 위한 민관 공동의 기금을 조성하는 방법도 적극 검토해야 한다. 대기업 노조의 대승적인 양보도 필요하다. 이와 더불어 중소기업들도 생산성 향상, 능력 구축 등을 통해서 수익성을 높여야 한다. 이를 통해 노동자들의 임금수준을 올려서 좋은 인력을 채용하고, 숙련된 인력이 이직하지 않도록 해야 할 것이다.

고용률을 10퍼센트포인트 높여 3,000만 명이 일하는 사회

앞서 인구절벽에 관한 논의에서 전체 인구 중 생산가능인구의 비율이 2015년 72.1퍼센트에서 2030년 65.4퍼센트, 2040년에는 56.3퍼센트로 크게 감소할 것으로 예상한 바 있다. 생산가능인구도 2015년 3,744만 명에서 2030년 3,395만 명, 2040년 2,865만 명으로 줄어 2030년이면 2015년과 비교하여 생산가능인구가 349만 명, 2040년에는 879만 명 줄어들게 될 것이다.

이처럼 생산가능인구의 감소에 대응하여 우리 사회가 우선적으로 할 수 있는 일은 고용률을 높이는 것이다. 15~64세의 인구는 물론 65세 이상의 고령 인구 중에서도 건강하고 일하고자 하는 사람에게 직업을 주는 것이다.

다음의 한일 간 연령대별 남녀 고용률 격차를 나타낸 그래프를 보면 35~54세의 남성들은 한일 간 고용률 격차가 크지 않다. 그러나 15~24세, 25~34세의 고용률 격차는 10~23.4퍼센트포인트 차이를 보이고 있다. 여성 고용률에서는 35~44세, 45~54세, 55~64세 연령대에서 15.1퍼센트포인트, 9.9퍼센트포인트, 9.9퍼센트포인트의 한일 간 고용률 격차를 보였다. 또한, 한국의 남녀 간 고용률 격차는 30~34세 22.0퍼센트포인트, 35~39세 31.3퍼센트포인트, 40~44세 28.7퍼센트포인트, 45~49세 23.4퍼센트포인트, 50~54세 20.1퍼센트 포인트로 심각하다 할 수 있다. 역으로 말하면, 한국은 그만큼 청년층과 여성들의 고용률을 높일 수 있는 여지가 많다는 것이다.

한일 간의 남녀 고용률 격차

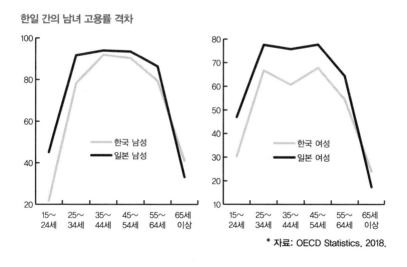

* 자료: OECD Statistics, 2018.

아래 표에서 오른쪽 하단에 파란색으로 표시된 수치는 현재 65.9 퍼센트인 15~64세 연령대의 고용률을 2025년 70.0퍼센트, 2030년 73퍼센트, 2035년 74퍼센트, 2040년 75퍼센트로 올리자는 것이다. 이것은 앞서 말한 바와 같이 청년층(15~34세)의 고용률을 높이고, 35~59세 여성 고용률을 10퍼센트포인트 이상 높임으로써 가능할 것이다.

또한, 고령화 추세와 함께 65세 이상 고령 인구 가운데 건강하고 일하고 싶어 하는 비율이 높아지는 점을 고려하여 이들의 고용률도 현재 34.1퍼센트에서 2025년 37퍼센트, 2030년 39퍼센트, 그리고 2040년에는 41퍼센트로 단계적으로 높일 필요가 있다.

이렇게 하는 경우 15세 이상 생산가능인구는 고령화에도 불구하고 2020년 2,690.5만 명에서 2025년 2,898.6만 명, 2030년 2,984.3만 명으로 늘어날 수 있다. 고령화가 더 빨라지는 2035년과 2040년에

생산가능인구 감소에 따른 취업자 확보 방안

	2015	2018	2020	2025	2030	2035	2040
인구(명): 15~64세	37,444	36,796	37,358	35,853	33,947	31,453	28,649
15~64세 취업자 수	24,193	24,511	24,131	25,097	24,781	23,275	21,486
15~64세 고용률	65.9	66.6	65.9	70.0	73.0	74.0	75.0
인구(명) 65세 이상	6,541	7,372	8,125	10,511	12,980	15,237	17,224
65세 이상 취업자	1,985	2,311	2,774	3,889	5,062	6,095	7,062
65세 이상 고용률	30.4	31.3	34.1	37.0	39.0	40.0	41.0
전체(15세 이상) 취업자	24,388	26,822	26,905	28,986	29,843	29,370	28,548

* 자료: 통계청. 2019. 장래인구추계

는 생산가능인구가 2,937만 명과 2,854.8만 명으로 감소 추세를 보일 것이기에 별도의 대책이 필요하겠지만 적어도 2040년까지는 부족한 생산가능인구를 대체하는 것이 가능할 것이다.

임금체계를 호봉제에서 직무급으로 바꿔야

대·중소기업 간 임금 격차를 줄이는 것과 동시에 임금체계 개편도 시급하다. 현재 국내 기업의 임금 시스템은 소위 '87 체제'의 산물이다. 1987년 노동자 대투쟁 이후 대기업·공공 부문을 중심으로 연공주의 임금과 호봉제를 통해 임금이 결정되는 시스템이 본격적으로 도입되었다. 이런 임금 시스템은 고도 성장기에 숙련 인력의 안정적 확보와 이직을 줄이는 데 좋은 유인(誘因)이 되었다. 하지만 저성장 시대에 접어들면서 연공주의 임금과 호봉제 중심의 임금 시스템이 제대로 작동하지 않기 시작했다. 1990년대 후반 이후 비정규직, 하청 등 좋지 않은 일자리가 늘어난 것도 이와 관련되어 있다는 연구도 있다.

연공주의 임금과 호봉제는 국내 중·대기업과 공무원, 공공 부문의 주된 임금 시스템이다. 2019년 기준 300인 이상 사업체의 60.9퍼센트가 호봉제(연공주의 임금)를 유지하고 있었다. 연봉제를 도입한 곳도 많이 늘어나고 있지만 무늬만 연봉제이거나 호봉제를 채택한 곳이 더 많다. 연공주의 임금과 호봉제 시스템은 다양한 문제를 낳았다. 한국노동연구원에 따르면 국내 기업의 근속 1년 미만 노동자의 임금보다 30년 이상 근속 노동자의 임금이 3.3배(2015년 기준) 많았다. 이는 유럽연합(EU) 15개국 평균의 2배이며, OECD 회원국 가운데 가장 큰 격차다. 고성장 시기에 입사해 높은 임금 인상 혜택을 받은 고참 노동자와 신입 노동자 간에 임금 격차가 점점 커지는 이유가 바로 연공주의 임금과 호봉제다.

더 큰 문제는 연공주의 임금과 호봉제가 기형적인 임금구조를 만든다는 점이다. 월급 명세서를 보면 기본급은 갈수록 줄어드는 대신 근거도 적고 일관성도 없는 각종 수당이 여러 개 붙는다. 고용노동부에 따르면 2020년 기준 전체 임금노동자의 급여에서 기본급 비중은 58.7퍼센트다. 나머지 41.3퍼센트는 각종 수당과 일시성과급, 초과급여, 상여금 등이다. 수당의 종류는 위생수당, 근속수당, 가족수당, 복지수당, 체력단련비, 출퇴근교통비, 통신비수당 등 기업마다 다양하다.

기본급 축소와 수당·상여금 증가는 노동시장의 이중구조를 더욱더 고착화한다. 고용노동부의 2019년 고용 형태별 근로실태조사에 따르면 300인 이상 사업체 노동자의 연간 상여금은 평균 1,398만 원인 반면, 5인 미만 사업체의 연간 상여금 평균은 73.2만 원에 불과했

생산직 임금 구성 비율

구분		사례 수	정액 급여			초과 급여	상여금	
			기본급	수당		연장, 야간, 휴일	고정	변동
				통상	기타			
전체		433	58.7	4.8	3.5	17.7	12.0	3.3
규모	100~300인 미만	322	60.1	4.6	3.5	18.5	11.0	2.4
	300~999인	80	57.1	5.2	4.2	15.8	13.7	4.0
	1,000인 이상	31	50.6	5.9	2.2	15.1	16.9	9.3

다. 한국노동연구원에 따르면 정액 급여(기본급 등) 대비 월 성과급 비중은 원청 기업이 58.4퍼센트로 절반가량을 차지했다. 반면 하청 기업의 성과급 비중은 13.1퍼센트에 그쳤다.

상여금과 수당이 늘어나는 건 회사 측과 노조의 이해관계가 맞아 떨어졌기 때문이다. 기본급 인상으로 통상 임금이 증가하는 게 부담스러운 회사와 실질임금 증가를 원하는 노조가 1~2개의 수당이나 상여금을 늘리는 식으로 타협하는 것이다. 이제는 이 같은 기형적 임금체계를 바꿔야 한다. 특히 연공주의 임금과 호봉제를 통해 직무와 무관하게 매년 임금이 자동으로 오르는 시스템은 손질해야 한다.

능력과 성과, 숙련도 중심의 직무급제로 대대적인 전환이 필요하다. 직무급이란 하는 일의 성격, 내용에 따라 임금을 달리 지급하는 임금제도를 말한다. 같은 학력이고 횡적으로 같은 직급(반장, 직장, 대리, 과장, 차장)이라 해도 수행하는 일(직무)이 더 많은 경험·지식·숙련을 요구하거나, 더 힘들거나 위험한 환경에서 일해야 하거나, 더 많은 책임을 요구하는 경우에는 더 높은 임금을 주는 식이다.

직무급 전환을 위해서는 모든 기업이나 조직에서 통일적으로 적용될 수 있도록 직무를 표준화된 기준으로 분류하고, 각 직무를 정의해야 한다. 이렇게 나누어지고 정의된 각 직무에 대한 평가를 수행하여 숙련과 지식, 난이도와 위험도, 경험, 책임성 등을 기준으로 직무의 시장가치를 매겨야 한다. 각 직무의 특성에 따라 직무 등급을 나누어 승급이나 연공성의 여부 및 연공성의 정도를 정할 수 있을 것이다. 이렇게 산업별, 업종별로 적용될 수 있는 직무급 체계를 만드는 것은 기업이나 조직 수준을 벗어나 동일 노동, 동일 임금을 실현하는 인프라를 만드는 일이 될 것이다. 원칙적으로 대기업이든 중소기업이든 같은 직무를 수행하는 노동자들에게 같은 임금을 지급해야 한다.

급여체계도 바꿔야 한다. 수많은 수당을 기본급으로 일원화해야 한다. 그러기 위해서는 검토해야 할 게 많다. 수당을 기본급으로 통폐합하는 과정에서 월급이 깎이지는 않을까 하는 노동자들의 우려도 불식시켜야 한다. 기업의 통상 임금 부담이 늘어난다는 점도 고민해봐야 할 문제다.

먼저 연공주의 임금과 호봉제를 개혁하기 위해서는 연공주의 임금이나 호봉 상승의 기울기를 단계적으로 낮추고 호봉이나 연공의 단계를 줄여가야 한다. 그러기 위해서는 높은 연공급을 받고 있는 고호봉자와 신입 직원 간의 임금을 차등해서 인상하는 것이 불가피하다. 또한, 직무급으로의 전환은 대·중소기업, 정규직과 비정규직간에 존재하는 임금 격차를 점진적으로 해결해가며 이루어낼 수밖에 없다. 하지만 연공주의 임금·호봉제로 인한 세대 간 갈등, 기형적인 임금 구조로 인한 노동시장 양극화 문제를 해결하려면 반드시 풀어야 할 우리 사회의 과제다.

공공 부문에서 개혁을 시작하자

1·2차 노동시장 간 임금 격차를 줄이고, 임금체계를 직무급제로 전환하는 것은 어려운 문제다. 민간기업의 양보와 이해만을 요구할 수도 없다. 공공 부문에서부터 개혁을 시작해야 한다. 그래야 민간 부문으로 확산을 꾀할 수 있다. 사실 공공 부문은 문재인 정부 일자리 개혁의 시작점이었다. 비정규직 제로 시대를 열기 위해 정부는 20

만 5,000명의 공공 부문 비정규직을 정규직화하는 정책을 추진했다. 2020년 초까지 정규직 전환이 결정된 인원은 19만 3,252명이다. 공공 부문에서 시작한 비정규직의 정규직화를 민간 영역으로 확산시킬 수 있을 것으로 전망했다. 하지만 기대와 달리 민간 영역의 동참은 저조했다. 특히 임금체계를 바꾸지 않은 정규직화는 공공 부문 일자리를 '혜택받은 섬'처럼 만들었다.

과거 공공 부문은 민간기업과 비교해 임금이 적었던 게 사실이다. 그러나 지금 공공 부문은 '신의 직장'으로 불린다. 대다수 공공기관과 공기업은 60세까지 정년이 보장된다. 민간기업과 달리 임금 시스템도 여전히 연공주의 임금·호봉제 중심이다. 급여체계도 복잡하기 이를 데 없다. 교사의 경우 정액급식비, 명절휴가비, 보전수당, 보전수당가산금, 교직수당 등 수당만 10가지에 달한다. 공공 부문이 대기업과 함께 모두가 선호하는 직장이 된 것은 이런 이유에서다. 이 같

공공 부문 정규직 전환 현황(2019. 12. 31 기준)

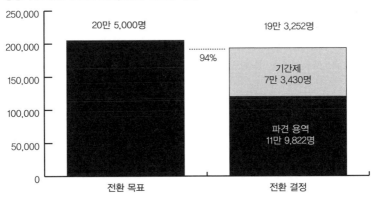

* 자료: 고용노동부

은 임금체계를 바꾸지 않는 한 공공 부문 비정규직의 정규직화는 또다른 논란만 키울 수 있다.

　정부는 올해부터 공공 부문을 시작으로 직무급제 도입을 확대하기로 했다. 늦었지만 다행스러운 일이다. 먼저 연공주의 임금이나 호봉제의 기울기를 낮추고 호봉이나 연공주의 임금의 등급 수를 점차 줄이되 이를 공무원과 공공 부문이 동시에 시행할 수 있도록 해야 할 것이다. 현재 받는 임금을 깎을 수는 없으나 미래에 받기로 되어 있는 임금을 조정하는 동시에 낮은 초임을 받는 공무원과 공공 부문의 초임을 단계적으로 인상할 필요도 있다.

　직무급 또는 직능급을 도입해 업무 특성, 성과 등에 따른 효율적인 임금체계를 만들어야 한다. 과도한 수당 등 자투리 임금도 간소화해야 한다. 캐나다는 공공기관의 임원 이름과 연봉까지 공개한다. 우리도 공공 부문의 임금을 투명하게 공개하고 비교하는 임금공시제를 도입해야 한다. 초임 연봉, 평균 연봉뿐 아니라 10년·20년·30년 차 연봉도 상세하게 공개해야 한다, 이를 통해 공공 부문의 임금 시스템 개혁을 철저하게 감시하고, 임금 및 일자리 개혁에 대한 국민의 동의를 구해야 한다. 그래야 민간 대기업에도 직무급제 도입을 확산시킬 수 있다. 또한 공공 부문의 선제적 개혁을 통해 민간 부문보다 지나치게 높은 임금을 받거나 생애 임금의 격차를 줄이는 시발점으로 삼아야 한다.

적극적 복지가
답이다

불평등 해소 노력 아직도 부족

2014년 2월, 서울 송파구 석촌동의 단독주택 지하에 세 들어 살던 세 모녀가 자살하는 사건이 있었다. 60세인 어머니와 두 딸이 생활비와 병원비를 감당하지 못해 극단적인 선택을 한 것이다. 세 모녀는 "정말 죄송합니다"라는 유서와 함께 밀린 집세와 공과금 70만 원을 넣은 봉투를 남겼다.

송파 세 모녀 사건은 우리 사회의 그늘진 이면을 여실히 보여줬다. 해마다 곳곳에서 생활고를 비관한 가족 동반 자살이 일어난다. 가난 때문에 목숨을 끊는 일이 국민소득 3만 달러인 대한민국에서 일어나는 현실을 직시해야 한다.

가난은 곧 불평등의 문제다. 2020년 가계금융복지조사에 따르면 2019년 기준 가구의 처분가능소득이 4천만 원 미만인 가구가 전체

가구의 50.9퍼센트에 이르고, 1억 원 이상 가구가 8.9퍼센트를 차지했다. 2천만 원 미만 가구도 25.4퍼센트에 달했다. 자산을 기준으로 살펴보면 상위 10퍼센트 10분위 가구의 순자산(자산에서 부채를 뺀 것) 점유율이 43.7퍼센트였고, 하위 50퍼센트 가구의 순자산 점유율은 10.1퍼센트에 불과했다. 코로나19와 부동산 가격 상승에 따라 이 격차는 더욱 확대되었을 것으로 생각된다.[14]

국가에서 생활비를 지급받는 기초생활 수급자는 2019년 12월 기준으로 188만 1,357명(137만 1,104가구)이다. 생계급여 수급자가 123만 명(94만 가구), 의료급여 수급자는 140만 명(104만 가구), 주거급여 수급자가 168만 명(119만 가구), 교육급여 수급자가 29만 명(20만 가구)이다.

문재인 정부가 2017년 소득주도성장을 추진한 이유가 이것이다. 서민·저소득층의 가계소득을 늘리고, 이를 통해 소비 진작과 경제 활성화를 이루는 경제정책이다. 이를 위해 지난 3년 동안 최저임금을 인상하고, 건강보험 보장 범위를 확대했으며, 아동 수당을 도입했다. 육아, 의료, 주거 등에서 국민의 생활비 지출을 줄이고 가처분소득을 늘리는 다양한 정책을 마련했다. 이러한 방식을 통해 포용국가를 지향하는 게 문재인 정부의 비전이다.

정부 출범 이후 최근까지 소득주도성장과 포용국가를 둘러싼 전쟁이 벌어졌다. 자유한국당(미래통합당이 되었다가 현재 '국민의 힘'당)은 '소주성'이라는 말로 집요하게 공격했다. 끊임없이 정부와 여당을 흔

---

14 통계청(2020), 가계금융복지조사 결과, 2020. 12. 17. 게시

2019년도 급여별 수급자 선정 기준

가구규모	1인 가구	2인 가구	3인 가구	4인 가구	5인 가구	6인 가구	7인 가구
생계급여 선정 기준 (기준 중위 소득 30% 이하)	512,102	871,958	1,128,010	1,384,061	1,640,112	1,896,163	2,152,214
의료급여 선정 기준 (기준 중위 소득 40% 이하)	682,803	1,162,611	1,504,013	1,845,414	2,186,816	2,528,218	2,869,619
주거급여 선정 기준 (기준 중위 소득 44% 이하)	751,084	1,278,872	1,654,414	2,029,956	2,405,498	2,781,039	3,156,580
교육급여 선정 기준 (기준 중위 소득 50% 이하)	853,504	1,453,264	1,880,016	2,306,768	2,733,520	3,160,272	3,587,024

들어댔다. 특히 '최저임금 인상=소득주도성장'이라는 프레임은 보수 야당의 단골 메뉴였다. '사실은 그렇지 않다'고 아무리 항변해도 막무가내였다. 달을 가리키는데 손가락만 쳐다보는 식의 맹목적 비판이다.

물론 최저임금 인상에 대한 비판은 인정할 측면이 없지 않다. 2018~2019년 최저임금위원회에서 결정한 최저임금 인상 폭은 예상보다 가팔랐다. 2017년 기준 최저임금보다 급여가 적은 노동자는 266만 명에 달했다. 최저임금을 약간 웃도는 급여를 받는 노동자를 합하면 500만 명가량이다. 최저임금 인상의 타깃은 이들 저임금 노동자였다. 이를 위해 2018년 16.4퍼센트, 2019년 10.9퍼센트를 올렸다. 이를 통해 2018년 최저임금은 월 157만 3,770원에서 2019년 월 174만 5,150원으로 각각 늘었다.

하지만 최저임금 인상 과정에서 영세 중소기업과 자영업자들이 타격을 받았다. 늘어난 최저임금 인상분을 일자리 안정자금으로 지원함으로써 30인 미만을 고용하는 사업주가 최저임금 인상에도 불구하고 고용을 유지하도록 돕는 한시적 사업이 함께 시행되었다. 2020

연도별 최저임금액

연도	시간급	월급(209시간 기준)	인상률(인상액)
2020	8,590원	1,795,310원	2.87%(240원)
2019	8,350원	1,745,150원	10.9%(820원)
2018	7,530원	1,573,770원	16.4%(1,060원)
2017	6,470원	1,352,230원	7.3%(440원)

년에는 영세 사업장에 일자리 안정자금을 추가로 지원하였다. 하지만 최저임금 인상이 과당 경쟁 상황에 있는 자영업과 중소기업 사업자들에게 타격이 되기도 했다.

조금 더 꼼꼼하게 정책의 영향을 살피고 특히 임대료와 관련하여 충분한 보완 장치를 마련한 뒤 추진했어야 했다. 결과적으로 자영업자와 영세 중소기업을 위한 추가 지원책을 마련할 수밖에 없었다. 2020년도 최저임금은 2.87퍼센트 오른 시간당 8,590원(월 179만 5,310원)으로 인상 속도도 늦췄다. 이 과정에서 문재인 대통령이 사과를 했다.

그러나 최저임금 인상이 소득주도성장의 전부는 아니다. 소득주도성장도 포용국가를 만들기 위한 하나의 전략일 뿐이다. 보수 진영은 끝없이 비판하지만 소득주도성장의 성과가 서서히 나타나고 있다. 고소득층과 저소득층의 소득 격차를 보여주는 소득 5분위 배율(처분가능소득 기준)은 2017년 6.95에서 2019년 6.25로 하락했다. 임금노동자 가운데 저임금 노동자 비율도 2017년 23.8퍼센트에서 2019년 17.0퍼센트로 대폭 줄었다. 저임금 노동자라 함은 중위 소득 50퍼센트 이하의 소득을 올리는 노동자를 말한다. 저임금 노동자 비중이 높으면 노동시장이 불평등할 뿐 아니라 근로 빈곤의 가능성도 높은 상황이라고 할 수 있다.

토마 피케티의 《21세기 자본》을 필두로 불평등의 근원을 파헤치는 노력이 이어지고 있다. 노벨경제학상 수상자인 조셉 스티글리츠(Joseph Stiglitz) 교수는 "선진국을 중심으로 확대되고 있는 불평등은 잘못된 정책 선택의 결과"라며 경제 규칙을 다시 써야 한다고 주장했다. 신자유주의 전도사였던 IMF와 OECD도 지속 가능한 성장을 위해서는 불평등의 해소가 필수라고 강조한다. 불평등 문제에 대한 보수의 해법은 무엇인가? 언제까지 낙수 효과를 얘기할 것인가?

복지 실핏줄을 더 촘촘하게

인천 부평 삼산동에 있는 한우리 지역아동센터는 저소득·취약계층 자녀들을 위한 돌봄 시설이다. 한부모 가정이나 저소득 맞벌이 가정 자녀를 대상으로 방과후돌봄과 교육 서비스를 제공한다. 한우리 지역아동센터에는 29명의 초·중·고교 학생이 있다. 34평 남짓한 공간에 29명의 아이들이 모여 있다 보니 항상 비좁다. 아이들을 돌보는 교사는 원장을 포함해 2명뿐이다. 1주일에 한 번씩 아동복지교사가 방문해 미술·체육·음악 등을 가르치는데 아이들의 기대를 충족시키기엔 역부족이다. 정부에서 나오는 한 달 운영비는 516만 원. 교사 월급과 교육 프로그램 운영비를 이 범위 내에서 해결해야 한다. 급식비는 아이 한 명당 하루 4,000원이다. 조금 더 지원해주면 29명의 아이들이 더 넓은 공간에서 더 알찬 돌봄·교육을 받을 수 있는데, 예산

지원에는 한계가 있다. 부평에는 이런 지역아동센터가 33곳이나 된다. 센터에 등록한 아이들은 858명, 돌봄 교사는 72명이다. 센터 한 곳당 2명의 교사가 26명의 아이들을 책임지고 있다.

현대사회에서 복지는 지속 가능 사회를 위한 필요충분조건이다. 복지를 '퍼주기'로만 바라봐서는 안 된다. 촘촘한 사회 안전망이 갖춰져야 더 건강한 사회가 될 수 있다. 코로나19 확산 과정에서 공공 의료 시스템이 취약한 나라들이 겪게 되는 위기를 우리는 똑똑히 확인할 수 있었다. 우리가 가야 할 길은 '혁신적 포용국가'다. 촘촘한 사회 안전망을 구축해 취약계층의 삶의 기반이 무너지는 것을 막아야 한다. 중위 계층에는 아이 양육과 교육비, 주거비 등 생활비 부담을 덜어주어야 한다. 또한, 일할 의지가 있는 사람들에게 일자리를 구할 여건을 마련해주어야 한다.

2021년도 예산안 분야별 재원 배분

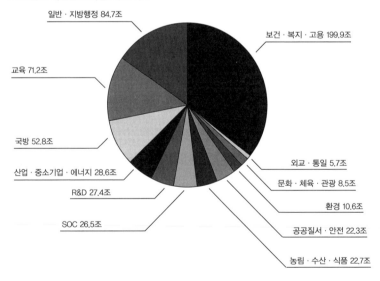

일반 · 지방행정 84.7조
교육 71.2조
국방 52.8조
산업 · 중소기업 · 에너지 28.6조
R&D 27.4조
SOC 26.5조
보건 · 복지 · 고용 199.9조
외교 · 통일 5.7조
문화 · 체육 · 관광 8.5조
환경 10.6조
공공질서 · 안전 22.3조
농림 · 수산 · 식품 22.7조

이것이 문재인 정부가 복지 예산을 대폭 확대한 이유다. 2021년 보건·복지·고용 예산은 199.9조 원으로 2020년 180.5조 원 대비 크게 확대되었다. 2019년에는 161조 원, 2018년에 144.7조 원이었던 것을 감안하면, 해당 분야의 예산이 가파르게 증가해왔다. 사회 안전망과 고용 안전망을 더 촘촘히 만들고, 저출산·고령화로 인한 인구구조에 대비하기 위한 필수 예산이다.

하지만 복지 예산의 전달 체계는 아직 개선의 여지가 많다. 늘어난 복지 예산의 효과를 극대화하려면 일선 현장의 복지 사업이 효율적으로 집행되어야 한다. 하지만 내 지역구인 부평에서 눈으로 확인한 전달 체계는 많이 미흡했다. 지역아동센터만 봐도 그렇다. 한우리 지역아동센터와 같은 곳이 전국적으로 2,000곳에 달한다. 이들 지역아동센터 지원 예산은 1,830억 원으로 한 곳당 연간 9,150만 원에 불과하다. 센터 한 곳당 1억 원가량의 예산을 더 지원한다면 취약계층 아이들이 더 넓은 공간에서, 더 좋은 돌봄·교육을 받을 수 있다.

노인 일자리 사업도 마찬가지다. 정부는 2021년까지 노인 일자리 83만 개를 만들기로 했다. 이를 위해 올해 1조 3,728억 원의 예산을 투입한다. 사실상 가난한 노인들의 소득 보조 사업의 역할을 하지만 불만도 없지 않다. 내 지역구인 인천 부평의 노인일자리센터만 하더라도 2020년에 4,300개의 노인 일자리를 만드는 사업을 단 9명이 맡고 있다. 이들이 노인 일자리를 발굴하고, 회계 처리를 하고, 사업 진행 상황도 점검하고, 노인정을 돌면서 홍보도 해야 한다. 인력은 턱없이 모자라고, 사무실은 9명이 일하기에 너무 비좁다.

정부 차원에서 복지 전달 체계를 전면 재점검해야 한다. 복지 예산

집행을 위한 인력은 충분한지, 아동·청년 등을 위한 복지 만족도를 높일 방안은 없는지를 꼼꼼히 살펴야 한다. 심장에서 만들어지는 피가 우리 몸 곳곳에 제대로 공급되기 위해서는 실핏줄이 촘촘해야 한다. 혁신적 포용국가로 가기 위한 우리 사회의 실핏줄을 전면적으로 점검해야 할 때다.

생활 SOC, 발상의 전환이 필요하다

역대 정부에서 SOC(사회간접자본)는 '전가의 보도'였다. 경기 부양이 필요할 때마다 대규모 토목공사와 아파트 건설을 추진했다. SOC 등 건설 산업의 고용창출 효과가 그만큼 크기 때문이다. 건설 산업의 취업유발계수는 12.5로 다른 산업에 비해 상대적으로 높다. 그래서 역대 정부, 특히 보수 정권 10년 동안 SOC 투자를 통해 경기 부양을 꾀했다. 22조 원이 넘는 천문학적인 예산을 투입한 이명박 정부의 4대강 건설은 대표적인 SOC 투자다. 하지만 SOC 투자는 마약과 같다. 도로 건설을 하게 되면 일자리는 단기간에 늘어난다. 하지만 일용직 임시 일자리가 단기간에 늘어날 뿐 양질의 일자리는 별로 늘어나지 않는다. '삽질 경제'라는 비판이 나오는 이유다.

이에 따라 문재인 정부는 토목 경제 위주의 SOC 예산을 늘리지 않기로 방침을 정했다. 대신 생활 SOC 투자를 확대했다. 생활 SOC는 도로, 철도, 항만과 같은 대규모 건설 사업 대신에 체육관, 도서관, 보육시설 등 국민의 삶의 질을 높이는 생활밀착 시설을 늘리는 투자다. 2019년부터 2022년까지 3년간 총 30조 원(지방비를 포함하면 48조 원)을 생활 SOC에 투자할 계획이다. 이를 통해 실내 체육관은 기존의 963개에서 1,400개로 늘리고, 공공도서관은 1,042개에서 1,200개, 생활문화센터는 141개에서 300개로 늘어난다. 이 같은 투자를 통해 국민 누구나 10분 안에 체육관, 도서관을 이용할 수 있는 환경이 만들어질 것이다.

적극적 복지가 일자리를 만든다

포용국가의 완성은 우리가 지향해야 할 최종 목표다. 이를 위해 그동안 최저임금을 높이고 국민의 보육·교육·주거 부담을 낮추는 데 중점을 두었다. 일종의 '생활임금'을 제공하는 방식으로 국민의 실질적인 소득을 높이는 데 기여했다. 하지만 생활임금을 늘리는 복지정책만으로는 부족하다. 최저임금을 가파르게 올리는 등 직접적인 소득 재분배 정책을 확대하기도 현실적으로 어렵다. 그렇다면 새로운 접근 방식을 고민해야 한다. 나는 '적극적 복지'가 그 답이 될 수 있다고 생각한다. 적극적 복지의 핵심은 일자리 창출이다.

아이 돌봄 서비스를 예로 들어보자. 우리나라 초등학생 학부모에게 오후 2~6시는 '공포의 시간'이다. 맞벌이 부모의 경우 학교를 마치고 귀가하는 아이들을 어떻게 돌볼 것인지는 엄청난 고민거리다. 아이를 맡길 데가 마땅히 없어 학원 등 사교육을 이용하게 된다. 초등학생 자녀를 둔 학부모의 80퍼센트가량이 월평균 29만 원을 들여 사교육을 시킨다.(통계청, '2019년 사교육비' 조사) 문제는 저소득층은 사교육을 이용하기가 힘들다는 점이다. 2019년 통계청 사회조사에 따르면 저소득층의 사교육 이용률은 50퍼센트도 안 된다. 이런 문제를 해결하기 위해 정부는 아이 돌봄 서비스를 대대적으로 확대했다.

초등학교의 온종일 돌봄 서비스를 확대해 현재 30만 명의 초등학생이 이용하는 이 서비스를 2022년까지 53만 명 수준으로 늘리기로 했다. '다함께 돌봄센터'도 118곳을 만들었다. 이 센터는 맞벌이 가정 등의 만 6~12세 아이를 돌봐주는 지역 내 시설이다. 현재 이 센터를 통해 전국적으로 315명의 교사가 2,000명의 어린이를 돌보고 있다. 정부는 올 연말까지 '다함께 돌봄센터'를 400곳으로 확대한다는 계획이다. 아이 돌봄 서비스도 운영 중이다. 맞벌이 가정처럼 아이를 돌보기 힘든 가정에 아이 돌보미가 직접 찾아가는 방문 돌봄 서비스다. 현재 6만 4,500여 가정이 이 서비스를 이용하고 있다. 아이 돌보미는 2만 3,600명 정도다.

초등학교 돌봄 서비스, 아이 돌봄, 다함께 돌봄 등 보육 서비스는 이전보다 대폭 늘어났다. 하지만 이에 필요한 보육교사 등 인력은 충분하지 않다. 2019년 기준 전국의 초등학생은 275만 명. 민주당 돌봄경제특위에 따르면 맞벌이 가정의 아이 돌봄 수요는 최소 46만 명, 최대 60만 명으로 추산된다. 이를 기준으로 초등학생 10명당 돌봄교사 1명씩이 필요하다고 가정하면 4만 6,000~6만 명의 보육 인력이 필요하다.

과학관도 한번 따져보자. 2018년 기준 국내 과학관은 135곳으로 인구 37.9만 명당 1곳에 불과하다. 미국의 과학관은 2,480개로 13.2만 명당 1곳이며, 독일은 1,100개로 인구 7.4만 명당 1곳이다. 국민소득 3만 달러인 국가 가운데 과학관이 이 정도로 부족한 나라는 대한민국이 유일하다. 그런데다 과학관의 수준도 너무 낮다. 세계 최고의 체험과학관으로 꼽히는 미국 샌프란시스코 익스플로라토리움

(Exploratorium) 정도는 되어야 과학관으로서 제 기능을 할 수 있다. 과학관의 수준을 높이는 것은 우리 아이들을 위한 교육복지를 확대하는 것이다. 또한, 미래를 대비한 투자다. 과학관에 더 많은 전문 인력을 배치해야 할 이유는 이것으로도 충분하다.

이 같은 인력 수요는 도서관, 과학관, 문화·예술, 보건, 노인 요양, 어린이 돌봄 등 사회 곳곳에 존재한다. 이런 인력을 적극 배치한다면 복지 분야에서만 100만 개의 일자리가 새로 생겨날 수 있다. 이것이 적극적 복지를 위한 나의 제안이다.

물론 공공 부문 급여체계를 직무급 중심으로 대대적인 개혁을 한다는 전제 조건이 충족되어야 한다. 또한, 이러한 일자리를 모두 공무원으로 채용할 수도 없다. 직접적인 공무원 채용은 소방 안전 부문을 중심으로 최소화하고 정부가 최소한의 인건비를 보조하는 공적 사회 서비스 영역의 일자리를 늘리는 게 바람직하다고 생각한다. 또한, 정부가 최소한의 인건비를 보조하는 방식과 병행한다면 민간 영역에서 자율적인 일자리 창출도 기대해볼 수 있다.

우리의 공공 부문 일자리는 OECD 회원국 가운데 일본 다음으로 가장 낮은 수준이다. OECD 회원국의 공공 부문 일자리 비중은 평균 17.7퍼센트다. 노르웨이(30.3퍼센트), 스웨덴(28.8퍼센트), 덴마크(28퍼센트) 등은 우리보다 3배 이상이다. 공공 부문 일자리가 급속도로 늘어나는 것은 바람직하지 않지만, 우리의 공공 부문 일자리 비중이 적은 것도 사실이다. 공공이 적절한 기능을 해야만 민간 부문 또한 활성화된다는 것을 감안하면, 공공 부문의 역할을 충분히 합리적으로 수행할 수 있도록 인력을 배치하는 것이 필요하다. 산업의 변화 추세와 이에 대한 국내 민간의 수요를 파악하고 R&D 예산의 효과가 극대화되는 방안을 끊임없이 고민하고 확인하는 게 필요하기 때문이다.

'국가 채무 40퍼센트'의 맹신에서 벗어나자

복지의 확대는 전 세계적인 추세다. 대다수의 국가는 전체 예산 중 복지 예산의 비중이 가장 높다. 2018년 기준 OECD 회원국의 GDP 대비 공공 사회복지 지출 비중은 평균 20.1퍼센트였다. 프랑스는 31.2퍼센트, 미국은 18.7퍼센트였다. 한국은 최하위권으로 GDP 대비 공공 사회복지 지출 비중이 11.1퍼센트에 그쳤다. 복지 예산을 매년 확충하고 있지만 여전히 선진국의 절반에도 못 미치는 수준이다. 그런데도 보수 진영은 포퓰리즘이라며 비난만 퍼붓는다. 더 나아가 과도하게 복지 예산을 늘리면 국가 채무가 급증할 것이라고 주장한다. 이런 주장을 할 때마다 단골로 등장하는 게 있다. 바로 '국가 채무 40퍼센트'라는 도그마다.

코로나19의 대유행으로 경제위기가 전 세계를 덮치면서 미국, 영국, 유럽, 특히 국가 재정에 관한 한 매우 보수적이었던 독일까지도 기존 유럽연합의 재정 준칙(부채 수준을 GDP의 60퍼센트로 하고 연간 적자 예산의 한도를 GDP의 3퍼센트로 한정)을 가볍게 바꾸었다. 그런데도 기획재정부나 보수 세력이 코로나19 위기 상황에서조차 재정 적자의 최소화를 내세우는 것은 과거 미국식의 보수적 재정 논리를 미국보다 더욱 내면화하고 있는 것으로 보인다.

우리나라의 국가 채무는 2020년 4차 추경의 결과 846.9조 원이다.

GDP 대비 국가채무비율은 43.9퍼센트다. 그런데 우리나라의 국가채무비율은 전 세계 주요국에 비하면 너무도 양호한 수준이다. OECD 회원국 평균 채무비율(2019년)은 110.0퍼센트에 달한다. 코로나19에 대응하면서 주요 선진국 대부분이 GDP 대비 국가채무비율을 우리나라보다 훨씬 가파르게 늘렸기 때문에 OECD 국가 평균 대비 한국의 국가채무비율은 상대적으로 낮아졌다.

코로나19에 대응하면서 각국의 국가채무비율은 2019년과 2020년 사이에 급격하게 상승하였는데, 미국은 26.96퍼센트포인트, 영국은 26.17퍼센트포인트, 일본은 26.01퍼센트포인트, 프랑스는 20.45퍼센트포인트 그리고 독일은 12.75퍼센트포인트 증가했다. 한국은 2019년 말 37.2퍼센트에서 2020년 4차 추경 이후 43.9퍼센트로 6.7퍼센트포인트 상승하는 데 그쳤다. 미국의 국가채무비율은 131퍼센트가 넘고, 일본은 무려 266.1퍼센트다. 영국, 프랑스, 스웨덴, 이탈리아 등

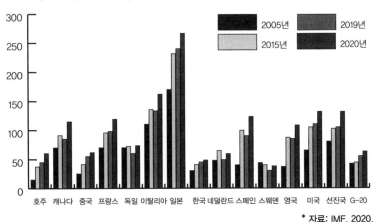

OECD 주요 국가의 국가 채무(GDP 대비 퍼센트)

2005년 2019년 2015년 2020년

호주 캐나다 중국 프랑스 독일 이탈리아 일본 한국 네덜란드 스페인 스웨덴 영국 미국 선진국 G-20

* 자료: IMF, 2020.

유럽의 대부분 국가도 우리보다 월등히 높다.

전 세계 각국의 채무비율은 2008년 글로벌 금융위기 이후 급증하고 있다. 경기 침체에 대응하기 위해 미국 등 주요 선진국은 기준 금리를 0퍼센트대로 낮췄고, 이것으로도 부족하자 대규모 확장적 재정 정책을 펼쳤다. 재정을 통해 적극적인 경기 부양을 꾀하는 것이 그만큼 시급했기 때문이다. IMF도 한국은 국가채무비율을 70퍼센트 정도로 유지하면 된다고 권고한다. 그런데도 우리는 40퍼센트의 맹신에 빠져 나라의 곳간이 당장 바닥날 것처럼 호들갑을 떤다. 물론 안정적인 국가 재정을 유지하는 것은 미래 세대에 부담을 전가하지 않기 위해 중요한 과제다.

하지만 재정을 아끼려다 더 큰 부담을 떠안게 될 수도 있다는 점을 명심해야 한다. 특히 지금처럼 민간 부문이 제대로 작동하지 않을 때는 과감하게 재정을 통해 서민을 돕고 실물경제를 활성화시켜야 한다. 세금은 이럴 때 써야 한다.

제조 르네상스와
혁신성장

왜 다시 제조업인가

대한민국은 제조업으로 성장한 나라다. 1960년대 경제개발을 시작한 이래 제조업은 우리 경제를 떠받치는 든든한 기둥이었다. 대한민국이 역사상 유례없는 빠른 속도로 세계 10위(GDP 기준)의 경제 강국으로 올라선 원동력은 제조업이다. 반도체, 자동차, 철강, 조선, 화학 등 5대 제조 업종은 지금도 수출의 70퍼센트 이상을 책임지고 있다.

역설적이게도 제조업의 성장은 제조업 편중에 대한 우려를 키웠다. 미국 등 주요 선진국은 서비스산업 비중이 70퍼센트 이상인데 우리는 제조업에 너무 기대는 게 아니냐는 걱정이었다. 1990년 후반부터 이런 우려는 커져갔다. IMF 외환위기는 이런 우려를 확산시킨 변곡점이었다. 이에 따라 역대 정부마다 '신(新) 성장 동력' 키우기는 산업정책의 핵심이었다. 김대중·노무현 정부는 IT·벤처산업을 선택했다. 제조 강국에 더해 IT 강국으로 가는 길을 만들자는 취지였고, 큰 성과를 냈다. 이명박·박근혜 정부의 선택은 서비스산업이었다. 제조업은 충분히 경쟁력을 갖추고 있으니, 이제 서비스산업을 선진

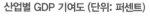

산업별 GDP 기여도 (단위: 퍼센트)

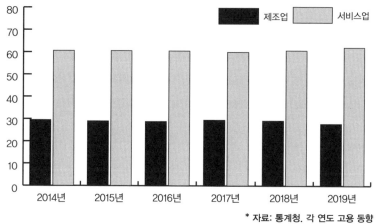

* 자료: 통계청. 각 연도 고용 동향

임금근로자 중 제조업 근로자(단위: 천 명)

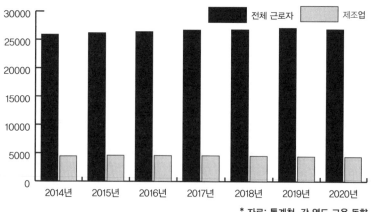

* 자료: 통계청. 각 연도 고용 동향

국 수준으로 올려놓자는 목표를 설정했다. 이를 위해 보수 정권 10년간 의료·회계·관광·금융 등 서비스 분야에 대한 규제를 완화하려는 정책이 수없이 발표되고 추진되었다. 설악산에 관광용 케이블카를 설치해야 한다는 주장이 나왔던 것도 이 무렵이다.

그렇게 10년간 정부의 관심이 온통 서비스산업에 쏠리는 사이, 우리 제조업은 경쟁력을 잃기 시작했다. 2003년 세계 5위까지 올랐던 자동차 산업은 지금은 7위로 내려앉았다. 세계시장 점유율은 2014년 5.6퍼센트에서 2018년 4.3퍼센트로 하락했다. 우리 제조업의 경쟁력이 약해진 틈을 비집고 들어온 것은 중국이었다. 중국의 추격은 섬뜩할 정도였다. 국가별 스마트폰 생산량도 중국이 세계 1위다. 조선 산업도 규모 면에서 한국을 제치고 1위다. 자동차 생산량은 연간 2,781만 대(2018년)로 미국의 두 배가 넘는다.

유엔공업개발기구(UNIDO)가 발표하는 국가별 제조업 경쟁력(CIP) 조사에서 중국의 순위는 2005년 17위에서 2010년 6위로 급상승했다. 2015년에는 한국과 미국을 제치고 3위에 올랐다. 한국은 2009년부터 2014년까지 4위였으나 2015년에는 5위로 밀려났다.

한국 제조업의 위상은 예전만 못하다. 분명히 위기다. 하지만 국가경제에서 제조업이 차지하는 비중은 여전히 크다. GDP에서 차지하는 제조업의 부가가치 기여도는 30퍼센트에 가깝다. 일자리 기여도 또한 가장 높은 산업이다. 2019년 2,712만 명의 취업자 가운데 17퍼센트인 443만 명이 제조업에서 일하고 있다.

GDP의 30퍼센트, 고용의 17퍼센트를 차지하는 제조업이 무너지면 경제 전체가 충격을 받고 일자리가 줄어든다. 그 생생한 사례를 우리는 2014~2017년 조선업 위기에서 목격했다. 2014년 이후 조선 산업 구조조정으로 약 5만 명의 실업자가 발생했다. 최근 40대 실업이 문제가 되기 시작한 것도 바로 이 지점이다.

미래를 대비한 치열한 각축전

미국 MIT는 1980년대 미국 제조업 부흥을 위한 국가 전략을 다룬 책《메이드 인 아메리카(Made In America)》를 발간했다. 일본 기업에 밀리는 미국 제조업의 위기를 다룬 책이다. 2010년대 MIT는《메이킹 인 아메리카(Making in America)》를 펴냈다. 중국 제품의 미국 점령에 대비하기 위해서는 혁신경제로 전환해야 하고, 혁신경제를 위해서는 제조업의 부활이 필수라는 게 이 책의 메시지다. 이것이 미국 '제조 르네상스' 전략의 뼈대다.

2000년대 들어 선진국들은 일제히 제조업의 위기를 고민하기 시작했다. 미국의 고민도 깊었다. 미국식 소비경제는 서비스산업의 호황을 불러온 동시에 제조업의 쇠락을 가져왔다. 1979년 1,150만 명에 달했던 미국의 제조업 일자리는 1980~1990년대를 거치며 급격히 줄어들었다. 2000년부터 2010년 사이에는 무려 570만 개의 일자리가 제조업에서 사라졌다. 자동차, 철강, 기계공업이 해외로 빠져나간 디트로이트, 미시간, 위스콘신 등의 지역경제는 일제히 붕괴했다. '러스트 벨트(rust belt)'가 이렇게 만들어졌다.

제조업 르네상스 전략은 이런 현실에서 나왔다. 미국은 특히 제조업이 무너지면 기술혁신이 불가능하다는 점에 주목했다. 미국 내 제조 공장들이 중국과 아시아로 옮겨 가면서 R&D 기능까지 넘어가는 구조로는 혁신성장도 불가능했다. 트럼프 대통령이 과격하다 싶을 정도로 '아메리카 퍼스트(America first), 리쇼어링(reshoring) 정책'을 편 것도 이 때문이다. 제조 르네상스를 통해 미국 제조업은 화려하게 부활했다. 미국의 제조업 일자리는 2010~2017년 사이에 100만 개 이상 증가했다.

중국은 2015년 '제조 2025' 전략을 통해 미국보다 더 공격적으로 제조업 강화에 나섰다. 2025년까지 한국의 제조업을 추월하고, 2035년에는 일본과 독일을 능가한다는 전략이다. 이 전략의 최종 목표는 건국 100주년이 되는 2049년에 미국을 넘어서서 세계 1위의 경제 대국이 되는 것이다. 이것이 시진핑 주석이 꿈꾸는 경제·산업 분야 '중국몽'의 그림이다.

제조 2025의 첫 번째 타깃은 한국이다. 우리는 이미 중국의 엄청난 추격을 몸으로 느끼고 있다. 지금의 속도라면 앞으로 5년 뒤인 2025년에는 한국 제조업이 설 자리는 사라질지도 모른다. 다른 선진국들도 미래를 위한 전열을 재정비하고 있다. 세계 1위의 제조 강국인 독일은 '인더스트리 4.0', 일본은 '일본재흥전략(Japan is Back)'을 추진 중이다. 전략은 같다. 4차 산업혁명을 주도하는 혁신경제 경쟁에서 뒤지지 않으려는 것이며, 혁신경제의 토대를 제조업의 체질 개선으로 시작한다는 것이다.

한국형 제조 르네상스가 시급하다

제조업의 위기는 곧 대한민국의 위기다. 그러므로 제조업의 경쟁력을 높이는 데 전 국가적 역량을 집중할 필요가 있다. 4차 산업혁명 시대에 대비한 제조업 리모델링은 혁신성장을 위해서도 반드시 추진해야 한다.

제조업 부활의 전략은 두 가지 방향으로 이루어져야 한다. 먼저 중소 제조기업의 경쟁력을 높여야 한다. 국내 대기업의 생산성은 이미 세계적인 수준에 올라 있다. 하지만 중소기업은 열악하다. 기술력도 인력도 부족하다. OECD에 따르면 국내 대기업의 노동생산성을 100이라고 했을 때, 중소기업의 노동생산성은 32.5(2015년 기준)에 불과했다. OECD 회원국 중 최하위권이다. 2017년 기준 전국의 제조 부문 중소기업은 42만 8,000개사로 이 가운데 5인 미만 중소기업은 27만 3,000개에 달한다. 많은 중소기업이 저임금·저생산 방식을 수십 년째 이어오고 있다. 중소 제조기업의 생산성을 대기업의 60퍼센트 정도로 높여야 한다. 중소기업은 열악한 생산 설비와 공정 시스템을 혁신하고, 대기업의 하청 역할을 뛰어넘을 기술력을 갖춰야 한다.

또한, 제조업 부활은 '추격자'형 성장 모델을 탈피하는 것이 되어야 한다. 반도체 등 일부 영역을 제외한 한국 기업의 성장 방식은 여전히 '추격자'형이다. 선진국이 앞서 축적한 기술을 재빨리 습득해서 따라잡는 방식이다. 이런 방식은 더는 통용되지 않는다. 우리보다 더 빨리, 더 많은 자원을 투입할 수 있는 중국과의 경쟁에서 이길 수 없다. 이정동 서울대 교수 등은《축적의 시간》에서 우리 산업의 문제에 대해 개념 설계의 역량 부족을 꼽았다. 나도 이런 지적에 100퍼센트 동의한다. 지금은 누구나 다 스마트폰을 만든다. 그러나 최초에 스마트폰이라는 개념을 발견한 건 애플의 스티브 잡스다. 이 같은 개념 설계라는 역량이 없으면 우리는 영영 추격자로 머물 수밖에 없다. 근시안적 대책으로는 안 된다. 50년 혹은 100년이 걸리더라도 모든 산업 분야에서 개념 설계의 역량을 키우는 접근 방식이 필요하다. 한국형 제조 르네상스는 2019년에 시동을 걸었다. 문재인 대통령은 2019년 6월 '제조업 르네상스 비전 및 전략'을 발표했다. 전략의 목표는 '2030년 세계 4위 제조 강국'이다. 이를 위해 스마트화, 친환경화, 융·복합화라는 3가지 전략을 실행하기로 했다.

스마트화는 대기업과 비교해 영세한 국내 중소기업의 경쟁력을 높이기 위한 전략이다. 중소기업의 열악한 생산 시설을 ICT 기술을 활용하는 스마트공장으로 탈바꿈시키는 작업이다. 2019년 1만 2,200개의 스마트공장이 보급됐는데 정부는 2022년까지 이 숫자를 3만 개로 늘릴 계획이다. 개별 공장 단위가 아닌 산업단지를 대상으로 하는 스마트산단 조성도 시작했다. 2019년 2곳에 이어 2020년까지 전국 30개 산업단지를 스마트산단으로 바꿀 예정이다.

친환경화는 글로벌 트렌드인 친환경 분야 투자를 대폭 확대하는 전략이다. 2025년까지 전기·수소차 분야 R&D 예산 3,825억 원을 투입한다. 또한, 2022년까지 전기차 43만 대, 수소차 85만 대를 보급할 계획이다.

융·복합화는 기존 주력 산업의 업그레이드 전략이다. 우리 기업들이 경쟁력을 갖추고 있는 IT, 반도체, 자동차, 조선 등의 모든 영역에서 더 앞서 나갈 수 있는 기술력을 확보하는 방안이다. 자율주행차와 자율운항선박, 차세대 반도체, 로봇 등에 정부와 기업이 과감한 투자를 추진할 계획이다. 제조 르네상스는 4차 산업혁명 시대를 주도할 혁신형 경제 시스템을 만드는 과정이다. 선진국에 비해 5~10년 늦게 시작했으나 더욱 차분하면서도 과감한 전략과 실행에 나서야 한다.

일본의 수출 규제가 일깨운 자립 경제

30년 전인 1990년 노태우 정부는 '국산 전자 부품 및 소재 사용촉진 협의회'를 구성했다. 일본에 의존하는 핵심 부품을 국산화한 기업의 제품 사용을 증진하기 위해서였다. 그러나 소재·부품 국산화는 그 이후로도 나아지지 않았다. 한국 제조업의 문제는 30년 전이나 지금이나 엇비슷하다. 완제품 수준에서는 세계 최고 수준이지만, 핵심 소재와 부품, 장비는 수입에 많이 의존했다. 독일, 일본 등과 비교해 산업화의 역사가 짧기에 어쩔 수 없는 일로 치부되어왔다. 많은 전문가가 제조 르네상스를 위해서는 소재, 부품 분야 경쟁력을 키워야 한다고 지적했지만, 우리 정부와 기업은 노력을 게을리했다. 그런 의미에서 일본의 수출 규제는 '각성제'가 되었다.

2019년 7월 1일, 일본 정부는 반도체·디스플레이 소재의 수출 규제 방침을 발표했다. 일제강점기 강제징용 행위에 배상하라는 판결을 내린 우리나라 대법원의 결정이 못마땅해서 취한 경제 보복이었다. 폴리이미드, 포토레지스트, 에칭 가스(고순도 불화수소) 등 1차 규제 품목은 우리의 주력 산업인 반도체와 스마트폰의 핵심 소재였다. 일본은 나중에 규제 품목을 159개로 늘렸다. 솔직히 처음에는 우려가 컸던 게 사실이다. 일본산 소재에 대한 의존도가 너무 높아서다. 반도체 소재인 포토레지스트는 일본산에 대한 의존도가 93퍼센트나 되었다. 스마트폰용 디스플레이에 쓰이는 폴리이미드도 일본산이 88퍼센트에 달했다. 그야말로 큰 타격을 입을 것이라 걱정할 수밖에 없는 상황이었다.

　다행히 일본의 수출 규제로 인한 타격은 거의 없었다. 정부와 기업들이 소재 수입처를 발 빠르게 다변화한 덕분이다. 소재의 국산화도 속도를 내기 시작했다. 폴리이미드는 코오롱인더스트리가 수개월 만에 국산화에 성공했다. 정부 차원에서도 대대적인 소·부·장(소재, 부품, 장비) 국산화 전략을 가동했다. 2022년까지 5조 원 이상을 투입해 100개 소재·부품의 국산화를 추진할 계획이다.

　불산액, 불화수소, 레지스트 등 3가지 품목은 올해 안에 국내 생산을 확대하고 수입처를 다변화한다. 2차 전지 소재와 로봇감속기 등

반도체 일본 수입 비중

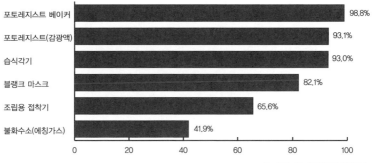

* 자료: 하나금융경제연구소

디스플레이 일본 수입 비중

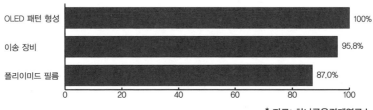

* 자료: 하나금융경제연구소

20가지 품목은 1,800억 원을 투입해 국산화를 추진한다. 나머지 80가지 품목에 대해서도 올해 1조 1,300억 원을 들여 독자적으로 기술 개발을 시작해 2025년까지 공급을 안정화할 계획이다.

늦었지만 이제라도 소재, 부품, 장비 국산화를 본격 추진하는 것은 다행스러운 일이다. 이번에는 확실한 성과를 내야 한다. 그러기 위해서는 긴 호흡이 필요하다. 단시간에 성과를 내는 데 집착하기보다는 부품·소재 강소기업을 육성하는 기회로 삼아야 한다. 정부와 대학, 연구소, 대기업, 중소기업이 함께 부품, 소재 국산화를 협의하고 논의하는 중장기 시스템을 가동할 것을 제안하고 싶다. 부품·소재 국산화는 중소기업의 힘만으로는 안 된다. 대기업의 도움이 절실하다. 국내 중소기업이 부품, 소재를 개발해도 대기업이 사 주지 않으면 소용없기 때문이다. 또한, 대학·연구소와 중소기업 간 기술 협업도 이뤄져야 한다. 이러한 선순환 구조를 통해 우리는 부품·소재 강국이 될 수 있는 발판을 마련할 수 있다. 그렇게 된다면 일본의 수출 규제는 우리에게 '축복'이 될 수 있다.

새로운 성장 날개, 혁신경제

미국 경제전문지 〈포천〉은 매년 글로벌 500대 기업을 선정해 발표한다. 이 리스트를 보면 산업 동향과 국가별 경쟁력을 엿볼 수 있다. 2004년 글로벌 500대 기업 순위에 삼성전자 등 11개 한국 대기업이 포함되었다. 미국 기업이 189개로 가장 많았고 중국 기업은 15개였다. 그 후 15년이 지나서 2019년에는 순위표가 확 바뀌었다. 중국 기업이 무려 119개로 급증한 것이다. 대만 기업을 포함해 중화권 기업이 129개로, 미국(121개)을 처음으로 앞질렀다. 한국 기업은 16개로 소폭 늘어났지만 모두 대기업이었다.

이 순위표를 보면 '중국의 기세가 무섭다'는 생각과 함께 '왜 한국에서는 신생 기업이 나오지 않을까' 하는 아쉬움이 든다. 중국 IT 기업 샤오미가 창업 9년 만에 글로벌 500대 기업에 진입한 것과 비교된다. 4차 산업혁명 시대의 키워드는 혁신경제다. 인공지능(AI)과 데이터 등 기술 발전에 맞춘 혁신경제를 얼마나 빨리 만드느냐가 기업과 국가 경쟁력을 좌우한다. 1997년 직원 수가 614명이었던 미국 아마존은 2018년에는 613만 명의 초대형 기업으로 성장했다. 혁신경제가 얼마나 많은 일자리를 만들어낼 수 있는지를 아마존이 보여준다.

제조 르네상스는 우리 산업의 뼈대를 튼튼하게 만드는 전략이다. 혁신성장은 우리의 뼈를 키우고 몸집을 키우는 전략이다. 이 두 가지 전략이 대한민국의 새로운 성장 전략이 되어야 한다. 혁신성장을 위

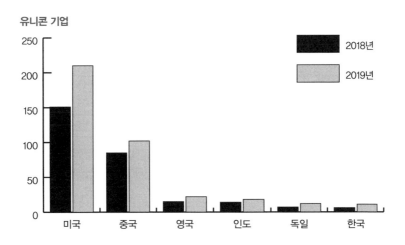

유니콘 기업

해 문재인 정부와 더불어민주당은 많은 노력을 기울였다. 규제혁신 5법을 제정했고 규제 샌드박스를 신설했다. 혁신을 꿈꾸는 기업들이 마음껏 뛰어다닐 수 있는 운동장을 만들어 규제의 짐을 덜어준 것이다.

혁신성장의 성과는 이미 나타나고 있다. 국내 신설 법인은 2012년 7만 4,000개에서 2019년 10만 9,000개로 껑충 뛰었다. 벤처 투자액은 2016년 2조 2,000억 원에서 2019년 4조 3,000억 원으로 두 배 가까이 늘었다. 가장 고무적인 것은 '유니콘 기업'의 증가다. 유니콘 기업은 기업가치 10억 달러 이상인 혁신형 벤처기업(스타트업)을 의미한다.

한국의 유니콘 기업은 2018년 6곳에서 2019년 11곳으로 1년 사이 5곳이나 늘었다. 정부는 2022년까지 이 숫자를 20개로 늘린다는 목표다. 미국은 151곳에서 201곳으로, 중국은 85곳에서 102곳으로 급증했다. 한국의 유니콘 기업은 아직 부족하다. 하지만 계속하여 혁신을 이룰 여건을 유지한다면 더 많은 유니콘 기업을 키울 수 있다.

'한국형 청년보장'으로
청년실업 해결해야

코로나19로 더욱 어려워진 청년

2021년 2월 10일에 발표된 통계청 2021년 1월 고용 동향을 보면 청
년층(15~29세)은 '신종 코로나 바이러스 감염증'에 의한 고용 충격을
심각하게 겪고 있다.

전년 동월 대비 고용률이 2.9퍼센트포인트나 하락해서 41.1퍼센트
에 불과했다. 이것은 다른 모든 연령대의 하락 폭을 능가한 것이다.
주로 학교에 다니고 있는 15~19세의 청소년을 제외한 20~29세만
놓고 보면 고용률의 하락 폭은 4.2퍼센트포인트에 이른다. 특히 주로
대학에 다닐 20대 초반의 고용률은 4.5퍼센트포인트나 떨어져 대면
서비스업 아르바이트 자리가 크게 줄어들어 영향을 받은 것으로 보
인다.

생산가능인구(15~64세)의 고용률 평균 하락률은 2.4퍼센트포인트

였다. 2021년 1월 현재 청년 인구는 885만 6,000명이고, 이 가운데 취업자는 364만 2,000명이었다. 전년 1월과 비교해보면 인구는 13만 2,000명이 줄었고, 취업자는 31만 4,000명이 줄었다.

청년층 고용지표는 2018년 하반기 이후 국내에 코로나19 환자가 처음으로 발생한 2월 10일 이전까지 개선 추세를 유지하고 있었다. 청년 취업자 수는 인구 감소에도 불구하고 전년 동기 대비 꾸준히 늘어나 분기별로 최소 2만에서 최고 7만 명까지 증가했다. 인구 감소에도 불구하고 취업자 수가 증가했고, 이에 따라 고용률도 가파르게 상승했다. 청년 고용률은 2013년 39.5퍼센트로 저점을 찍은 이래 2019년 43.5퍼센트까지 상승했다.

그러나 2020년 3월부터 청년 고용 상황은 급격히 악화되었다. 코로나19의 영향을 가장 크게 받은 연령대가 노동시장에 막 진입하기

연령 계층별 취업자 및 고용률 (단위: 천 명, 퍼센트, 퍼센트포인트, 전년 동월 대비)

| | 2020. 1 | | 2021. 1 | | 증감 | | |
	취업자	고용률	취업자	고용률	인구	취업자	고용률
전체	26,800	60.0	25,818	57.4	303	−982	−2.6
15~64세	24,487	66.7	23,532	64.3	−137	−955	−2.4
15~29세	3,956	44.0	3,642	41.1	−132	−314	−2.9
20~29세	3,751	58.1	3,496	53.9	29	−255	−4.2
20~24세	1,255	43.2	1,113	38.7	−32	−142	−4.5
25~29세	2,496	70.2	2,383	65.9	60	−113	−4.3
30~39세	5,518	76.7	5,245	74.4	−150	−273	−2.3
40~49세	6,455	78.1	6,244	76.2	−65	−210	−1.9
50~59세	6,373	74.5	6,204	72.6	−8	−170	−1.9
60세 이상	4,497	38.6	4,483	36.4	658	−15	−2.2

자료: 통계청. 2021년 1월 고용 동향. 2021. 2. 10.

시작한 20대였다. 코로나19로 인해 채용시장이 얼어붙었기 때문이다.

국제적으로 15~24세 청년실업률의 변화를 비교해보면, 한국의 고용 성적은 그나마 괜찮은 것을 알 수 있다. 2020년 15~24세의 실업률 수준은 한국이 10.5퍼센트로 일본, 독일, 멕시코, 네덜란드 다음이지만, OECD 평균이나 유럽연합의 평균, 미국, 영국, 캐나다 등과 비교하면 낮은 수준에 머물렀다. 2020년 코로나19 위기 때 15~24세 청년실업률은 OECD 전체 국가 평균으로 6퍼센트포인트나 상승

15~24세 청년들의 실업률 국제 비교

	2019년 1년간 15~24세 실업률	2020년 15~24세 실업률				2020년 1년간 15~24세 실업률	2020년 25세 이상 실업률
		1분기	2분기	3분기	4분기		
일본	3.8	3.9	4.7	4.7	5.0	4.5	2.6
독일	5.8	5.7	5.8	6.4	6.2	6.2	4.0
멕시코	7.2	7.2	0.7	8.3	8.0	8.0	3.8
네덜란드	6.7	6.3	9.5	11.0	9.7	9.1	2.8
한국	10.4	9.9	11.2	10.4	10.8	10.5	3.6
영국	11.1	11.6	12.4	14.4	NA	NA	NA
호주	11.7	12.0	15.5	15.1	15.0	14.3	5.0
OECD	11.7	11.7	17.7	15.7	14.3	15.0	6.1
미국	8.4	8.7	24.4	15.6	12.0	15.1	7.0
유럽연합	15.1	14.9	16.4	18.0	17.6	16.8	6.3
캐나다	11.0	12.5	28.0	21.8	17.8	20.0	7.9
프랑스	19.6	18.9	21.1	22.0	22.1	21.0	6.4
스웨덴	19.9	20.1	26.6	26.5	23.5	23.8	6.8
이탈리아	29.2	28.2	28.0	30.4	29.6	29.1	NA
스페인	32.6	32.2	39.3	41.4	40.3	38.3	14.0

자료: OECD. 2021. 2. 10. OECD Unemployment Rates. http://www.oecd.org/sdd/labour-stats /unemployment-rates-oecd-02-2021.pdf

했지만 한국에서는 1.3퍼센트포인트 상승하는 데 그쳤다. 또한 2020년을 통틀어 한국은 15~24세 실업률이 0.1퍼센트포인트 오른 반면, OECD 전체 국가의 평균은 3.3퍼센트포인트 올랐다. 물론 한국에서 코로나19에 대한 대응을 비교적 잘해서 지역 간 이동 금지나 경제활동에 대한 제재 수준이 낮았던 때문이다.

청년실업은 구조적 문제

2020년 기준으로 청년실업률은 9.0퍼센트로 전체 실업률 4.0퍼센트의 2배가 넘는다. 대부분 국가에서도 청년실업률은 전체 실업률의 2~3배에 달한다. 경제가 빠르게 성장하면 청년실업률은 전체 실업률보다 더 빠르게 하락하고, 경제가 위축되면 청년실업률은 전체 실업률보다 더욱 빠르게 상승하기 때문이다. 코로나19 위기 상황에서도 마찬가지로 청년의 고용 상황은 다른 연령대보다 훨씬 빠르게 악화되었다. 그 이유는 무엇일까?

현상적으로는 청년 일자리가 임시적이고 주변적인 일을 중심으로 이루어지기 때문이다. 서비스업의 임시직이 대표적인 사례이다. 이곳은 손쉽게 진입할 수 있지만 위기가 발생할 때 아주 쉽게 일자리가 줄어든다. 특히 사회적 격리로 인한 대면 서비스산업의 위기라는 이번 위기의 성격상 서비스업의 임시직이 가장 큰 타격을 받았다.

하지만 청년 일자리는 왜 임시적이고 주변적이어야 하는가? 기업은 구직자들에게 자신의 회사에 필요한 경쟁력과 숙련도를 요구하지만 이러한 특화된 경쟁력을 청년들이 갖추고 있지 못하기 때문이다. 그 결과 청년들의 취업이 힘들어지고 취업을 한다 해도 임시적이

고 주변적인 일자리에 포진할 수밖에 없게 된다.[15]

2020년과 2021년 고등학교 및 대학(전문대 포함) 졸업자들의 취업 상황은 그 어느 때보다 심각하다. 대면 서비스가 영업 제한, 집합 금지로 인해 어려워지면서 기업들이 인력을 줄이거나 신규 채용을 망설이고 있기 때문이다.

2020년의 반기별 채용 계획 인원과 채용 인원은 전년에 대비해 감소했다. 이러한 현상은 2021년에도 계속될 것이라 예상된다. 2019년의 고교 졸업생은 56만 8,700명으로 이 가운데 진학자는 40만 200명이었고, 취업자는 4만 1,600명이었다. 입대자 1,400여 명을 제외하면 취업이나 진학을 하지 못한 고교 졸업자는 12만 5,500명에 이른다. 2019년 대졸(전문대 포함)자는 55만 300명으로 이 가운데 취업이나 진학 혹은 입대를 하지 못하고 미취업 상태인 인원은 15만 3,600명에 이른다. 말하자면 매년 27만 명 정도의 졸업생이 진학이나 입대를 하지 않은 미취업 상태에 놓여 있는데, 코로나19 상황을 고려했을 때 2020년과 2021년에도 이 수치는 줄어들기 힘들 것이다. 이들은 사실상 취업 암흑 상태에 놓이게 될 것으로 보여서 이들에 대한 특단의 대책이 필요하다.

유럽의 청년보장과 한국형 청년보장

EU는 2014년부터 25~30세 미만 청년을 대상으로 실직이나 정규교육을 마친 시점으로부터 4개월 이내에 양질의 고용, 계속 교육, 직업

---

15 김용기, "[경제 산책] 청년실업률이 높은 이유는", 〈농민신문〉 2020년 7월 22일 자.

훈련 및 실습의 기회를 보장하는 제도를 운용하고 있다. 당초 EU 집행위는 회원국에게 25세 미만의 니트족 청년을 정책 대상으로 권고하였으나, 13개 EU 회원국은 30세 미만 청년으로 대상을 확대하였다. 청년보장제(Youth Guarantee)라 불리는 이 제도는 조기 개입을 통해 청년들이 니트(NEET, Not in Education, Employment or Training: 취업도 교육도 훈련도 받지 않는 상태)화할 가능성을 최소화하는 데 목적이 있다. 청년들이 장기간 실직 상태로 방치되거나 비경제활동 상태에 머무는 것을 최대한 막아보자는 것이다.

한국으로 따지면 고용센터나 일자리센터와 같은 공공고용서비스 기관이 이 정책의 실무를 담당하는데 사정에 따라 지역의 상공회의소나, 협회, 청년센터, 지방자치단체 등이 그 역할을 할 수도 있다. 청년실업자나 NEET가 공공고용서비스 기관 등에 오프라인이나 온라인으로 등록하면 즉시 청년보장제도가 작동하기 시작하는 것이다.

2008년에는 세계 금융위기 및 유럽 재정위기로 인해 EU 차원의 고용 사정이 최악이었고, 특히 NEET 문제가 심각하게 대두되었다. 2013년에는 청년실업률이 무려 24.4퍼센트에 육박했는데, 구체적으로는 청년실업자 중 30퍼센트가 1년 이상 실업 상태에 놓여 있었다. 1년 이상 구직에 실패했다면 평생 실업자로 남아 복지 대상이 될 가능성이 높아지기에 이들을 위한 특단의 대책이 필요했던 것이다.

결국, 인생의 전환기에 놓인 청년들을 대상으로 직업의 경험과 이를 위한 역량을 제고하기 위한 노력이 필요했고, 이것이 조기 개입이라는 형태로 나타난 것이다. 여러 가지 한계를 지적하는 의견도 있지만, 대체로 청년보장은 청년실업을 낮추고 특히 장기 실업 상태에서 탈출하도록 도와주는 중요한 제도로 평가받고 있다.

　나는 한국 정부가 책임의식을 가지고 청년들 문제에 깊숙이 개입해야 한다고 생각한다. 또한, 민간과 역할 분담도 필요하다. 특히 코로나19에 따른 고용 충격이 장기화할 것에 대비해 한국형 청년보장의 실시가 필요하다. 고용보험의 확대와 국민취업지원제도의 도입으로 고용 안전망 토대는 마련되었지만, 이것이 자리 잡기까지 상당한 시간이 필요할 것이다.

　2020년 상·하반기 졸업생 및 향후 신규 졸업자의 상당수는 별도의 대책이 없는 경우 비경제활동자(특히, 쉬었음[16])로 전락할 우려가 크다. 고용보험 대상이 될 수 없는 신규 졸업자를 대상으로 하는 청년구직활동지원금도 그 규모가 그리 크지 않아 조기 소진될 전망이다. 학교 졸업 후 취업 경험이 없는 청년을 위한 '한국형 청년보장'이 빨리 도입되어야겠다.

　청년 특화 전문 인력을 양성하여 정책 대상으로서의 청년을 조기에 발굴하고 그들이 필요로 하는 고용 서비스를 지원해야 한다. 그 과정에서 정책 협업체계를 구축하는 것도 중요하다. 또한, 일자리의 주체인 민간기업과의 파트너십 구축을 통해 민간기업이 전문적이고 현장감 있는 교육·훈련 프로그램을 광범위하게 제공해야 할 것이다.

16　통계청이 경제활동인구를 조사하면서 경제활동을 하지 않는 비경제활동인구 가운데, 육아, 가사, 재학과 수강(학원·기관 수강), 연로, 심신장애, 취업 준비, 진학 준비, 군 입대 대기 등을 제외하고 별다르게 하는 일이 없이 그냥 쉰 사람들을 '쉬었음'으로 분류함.

그린 뉴딜과
에너지 대전환

자연 생태계 위기와 지구온난화

세계적인 석학 제러미 리프킨(Jeremy Rifkin)은 COVID-19 팬데믹의 주요 원인으로 기후변화를 지목했다. 물 순환 교란에 따른 생태계 붕괴, 인간의 과도한 개발, 그로 인한 동식물과 바이러스의 서식지 파괴와 이동이 최근의 에볼라, 사스, 메르스, 지카 그리고 코로나19와 같은 바이러스의 대유행을 초래했다는 것이다. 이렇게 볼 때 기후변화는 앞으로도 또 다른 질병의 대유행을 초래할 가능성이 높다. 이렇듯 자연 생태계가 인류에게 보내는 경고를 심각히 고민해야 한다.

 기후변화에서 우리나라도 예외는 아니다. 우리나라를 포함하여 전 세계적으로 기후위기 시대에 접어들었음을 보여주는 기상청의 '2020년 기후 분석 결과' 발표에 따르면, 2019년 12월~2020년 1월의 겨울이 1973년 이래로 가장 기온이 높았다. 2020년 연평균 기온은 섭씨 13.2도로 역대 다섯 번째로 높았고, 최근 6년간 역대급 기록의 온난화 경향을 보이고 있다. 현재 상태가 유지된다면 30년 뒤 여름에는 3개월 내내 찜통더위를 견뎌야 할 것이다.

지구온난화와 이상기후 등 기후변화는 지구 생태계 파괴의 결과로 예견된 것이며 그 주범은 이산화탄소 배출이다. 화석연료가 연소될 때 연료에 포함된 탄소(carbon) 성분이 배출되고 이 가운데 적정량이 탄소순환 과정을 통해 자연적 흡수원(sinks), 예컨대 삼림 등에 의해 흡수되어 일정한 균형을 유지하게 된다. 2019년 5월 미항공우주국(NASA) 발표에 따르면 1880년 이후 지구 표면의 평균온도가 섭씨 1도 이상 증가하였다. 지구온난화는 폭염과 가뭄, 폭풍, 홍수, 한파의 빈번한 발생을 수반하여 자연 생태계뿐만 아니라 인류 사회에 큰 위협을 초래하게 된다는 점에서 범지구적 차원의 대응이 시급한 것이 사실이다. 기온 상승은 농작물 생산의 감소뿐만 아니라 산림지대 감소로 인한 목재 공급과 흡수원 감소, 해수면 상승으로 인한 육지 면적의 축소와 지하수 오염, 대기오염 악화 등의 피해를 발생시킨다.

화석연료 문명의 종말과 급변하는 에너지 패권

20세기 전 세계 에너지의 중심은 단연 석유였다. 2000년의 전 세계 에너지 수요 가운데 석유의 비중은 37퍼센트, 석탄 23퍼센트, 천연가스가 21퍼센트였다. 21세기에 들어서는 석유 중심의 에너지 구도가 조금씩 바뀌고 있다. 2017년 전 세계 에너지 수요 중 석유 비중은 32퍼센트로, 2040년에는 28퍼센트 정도로 줄어들 것으로 전망되고 있다. 석탄의 비중은 동남아시아 등 신흥국에서의 수요가 늘어나면서

2017년 27퍼센트로 오른 뒤 2040년 22퍼센트가량으로 줄어들 전망이다.

발전 분야에서도 화석연료의 퇴조는 뚜렷하다. 2000년 OECD 회원국의 발전량 중 석탄은 39퍼센트였으나 2017년에는 이 비중이 28퍼센트로 줄었다. 전 세계적으로는 석탄 비중이 2030년 30퍼센트, 2040년 26퍼센트로 줄어들 것으로 전망된다.

현재의 세계적 추세는 뚜렷하다. 원전이 아닌 재생에너지가 새로운 에너지의 패자(霸者)로 올라서고 있다. OECD 회원국의 발전 비중을 보면 석탄은 2017년 28퍼센트로 크게 낮아진 반면, 신재생에너지 비중은 27퍼센트로 껑충 뛰었다. 원전 비중은 2000년 23퍼센트에서 2017년 18퍼센트로 낮아지는 추세다. 특히 유럽에서는 태양광 등 재생에너지 비중이 급등하고 있다. 독일의 에너지 싱크탱크인 아고라 에네르기벤더가 발표한 〈유럽 전력 부문 보고서〉에 따르면 2019년 EU의 재생에너지 비중은 전체 전력 수급량의 35퍼센트로 역대 최고

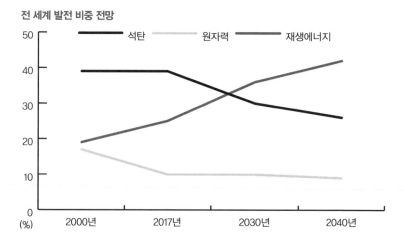

전 세계 발전 비중 전망

치를 기록했다. 또한, 태양광과 풍력발전의 양(18퍼센트)이 사상 처음으로 석탄발전의 양(15퍼센트)을 넘어섰다. 풍력과 태양광은 각각 14퍼센트, 7퍼센트 증가한 반면 석탄은 24퍼센트 줄었다. 결국, 미래의 에너지 시장은 재생에너지 중심으로 재편되는 것이 전 세계적 추세다.

탈원전 또한 세계적인 트렌드이다. 2019년 전 세계 원전 숫자는 417기(31개국)로 2002년에 비해 21기가 줄었다. OECD 36개 회원국 중 75퍼센트인 26개국이 원전이 없거나, 원전 감축을 추진 중이다. 1970년부터 2019년 사이에 전 세계적으로 94기의 원전 건설이 취소되거나 중단되었다.

하지만 우리의 에너지(발전) 구조는 여전히 화석연료와 원전 편향적이다. 2019년 기준 국내 총 발전량 중 석탄 발전량의 비중은 약 51퍼센트로 다른 발전 에너지원 중 가장 높은 수준에 있으며, 외국의 경우와 비교해보면 미국 24퍼센트, 독일 30퍼센트, 일본 32퍼센트에 비해 월등히 높은 수준이다.

에너지원별 발전 비율

(단위: 퍼센트)

	1981	1990	2000	2010	2012	2014	2015	2016	2017	2018	2019
석탄	7.3	17.7	35.3	45.1	43	46.2	48.2	47.5	52.4	52.4	51
석유	78	16.9	8.2	2.9	3.3	1.7	2.1	3	1.1	1.3	0.7
LNG	–	8.6	9.6	17.5	20.4	16.3	11.8	11.8	11.4	14	12.7
원자력	7.6	50.7	44.7	33.1	31.7	34.1	36.6	36.2	33.5	30.6	34.1
수력	7.1	6.1	2.3	1.4	1.6	1.7	1.3	1.5	1.6	1.7	1.5

* 자료: 국가지표체계

물론 천연자원 하나 없는 우리나라의 현실에서 석탄과 원전 중심의 전기 공급은 어쩌면 피할 수 없는 선택이었다. 그러나 원전에 대한 믿음은 지나치다. 결코 값싸지도 안전하지도 않음에도 지난 수십 년간 우리는 원전의 효용에 매혹되었다. 이제 원전 제일주의의 미몽에서 벗어나야 할 때다.

한국은 에너지 수입 의존율이 90퍼센트를 훌쩍 넘는다. 지하자원이 없어 거의 전량을 해외 수입에 의존하기 때문이다. 2018년 기준 한국의 에너지 수입 의존도는 94퍼센트였다. 무려 180조 원이 넘는 돈이 에너지(석유, 석탄 등)를 수입하는 데 쓰였다. 이 가운데 20~25조 원가량은 발전용 연료 수입을 위해 쓰였다.

에너지 안보와 미래, 이 두 가지 키워드가 지금 세계 각국이 가장 고민하는 부분이다. 이미 선진국들은 빠르게 에너지 대전환의 시대를 준비하고 있다. 독일은 지난 10년간 250조 원을 재생에너지 분야에 투자했다. 2050년에는 재생에너지 발전 비중을 80~95퍼센트로 끌어올린다는 게 독일의 목표다. 새로 당선된 바이든 미국 대통령도 온실가스 배출의 감축과 재생에너지로 획기적 전환을 해야 한다고 밝히고 있다.

기후변화 규제 강화와 탄소 전쟁

미국의 바이든 대통령은 파리기후협약 재가입 착수와 동시에 '탄소 조정세(carbon adjustment fee)'를 도입하여 제품 생산 과정에서 탄소를 많이 배출하는 수입품에 대해 관세를 부과하겠다고 밝혔다. 유럽연합은 이미 '탄소 국경세(Carbon Border Adjustment Mechanism)'를 제도화하고 이행 단계에 있다. 2019년 12월, EU 집행위원회는 새로 발표한 '유럽 그린 딜(European Green Deal)'에서 1990년 대비 2030년 이산화탄소 배출량 40퍼센트 감축 목표를 제시했는데 '탄소 국경세'가 이 정책의 핵심이었다.

이 제도는 EU 역내 기업이 탄소 감축을 위해 부담한 추가 비용만큼 수입 상품에 부과금을 매기겠다는 취지다. 수출 의존도[17]가 높은 우리나라로서는 이 같은 기후변화 정책에 대한 대응을 더는 늦출 수 없다. EU의 경우 2023년까지 승용차 등 이산화탄소 배출에 대해 EU 공통의 자동차 생산 전 과정에 걸쳐 환경 규제의 유무를 따지는 LCA 방식의 도입을 확정하고 법제화를 시작했다.[18] 자동차 생산에서 윤활유, 부품 교체, 폐기·재활용에 이르는 자동차 순환의 전 부문이 규제 대상이 될 수 있다.

유럽의 자동차 전문 시장분석 업체인 JATO에 따르면, 현대-기아차가 유럽에 수출한 자동차의 평균 이산화탄소 배출량은 킬로미터당 126.5그램을 기록하여 2021년 EU 도입 배출 기준인 킬로미터당 95그램에서 킬로미터당 31.5그램을 초과한 셈이다. 킬로미터당 1그램에 95유로(약 13만 원)의 벌금을 부과하는 경우, 2019년 유럽 판매 자동차 대수가 대략 53만 6,000대였으므로 벌금액은 약 3조 1,000억 원에 달한다. 이 규모는 현대-기아차의 2019년 영업이익 약 3조 6,000억 원의 약 86퍼센트에 해당한다.

---

17 2019년도 우리나라 무역 의존도는 63.7퍼센트임.
18 2021년 산업 동향 보고서(한국자동차연구원)

자동차 이외에도 탄소 국경세가 도입된다면 EU를 비롯한 미국과 중국 수출에서 탄소 배출량에 따른 대책이 필요하다. 그린피스 서울 사무소의 분석 보고서에 따르면, 우리 기업들이 EU·미국에 탄소 국경세로 지불해야 할 금액인 2023년 탄소 국경세 부과 규모는 EU의 경우 총 25억 2,500만 달러(약 2,900억 원), 미국은 9억 2,700만 달러(약 1,100억 원)이며 2030년께는 각각 6억 1,900만 달러(약 6,770억 원), 2억 9,600만 달러(약 3,237억 원)로 늘 것이라고 추산하였다.

자동차 산업 외에도 탄소 중립 내지 탈탄소 달성을 위해 무역 규제가 동원된다는 점에서 우리의 패러다임 전환이 시급하다. 기후변화 대응은 이제 지구온난화를 늦추는 미래 세대의 생태계 보전뿐만 아니라 경제적 측면에서 파악될 필요가 있다. 단기적으로는 이 같은 환

우리나라의 대EU 수출 품목(2019년 기준) (단위: 100만 달러, 퍼센트)

순위	수출 품목	금액	전년 대비 증감률
1	승용차	7,073	−5.6
2	자동차 부품	4,184	−4.7
3	축전지	2,729	13.6
4	합성수지	2,598	−14.5
5	선박	2,323	−53.5

* 자료: 한국무역협회

탄소국경세 도입 시 주요 수출국에 대한 지불 규모 예측 (단위: 100만 달러)

구분	EU	미국	중국	합계
2023년	252.5 (2,900억 원)	92.7 (1,100억 원)	186 (2,034억 원)	531.2 (6,034억 원)
2030년	619 (6,770억 원)	296 (2,237억 원)	714 (7,810억 원)	1,629 (1조 9,817억원)

* 자료: 그린피스 서울사무소(2020) 자료를 정리

경 규제가 기업 성장의 애로가 될 수 있으나 장기적 관점에서 보면 탄소 규제에 따른 시장과 산업 자체의 재편을 고려한 전략적 접근이 필요하다. 그런 점에서 문재인 정부의 2050년 넷제로(Net Zero) 선언은 하나의 이정표라 할 수 있다. 그 목표 이행 과정에서 '탄소 국경세' 이슈 등을 능동적으로 다루어 대처해 나가야 한다.

탈원전이 답이다 – 원전 강국에서 원자력 강국으로

그동안에는 발전 원가만 놓고 본다면 원전을 꾸준히 짓고, 원전 발전량을 높이는 것이 유리한 것처럼 보였다. 그러나 이제는 발전 단가 면에서도 태양에너지, 풍력발전은 낮아진 반면, 원자력발전 단가는 상승하여 원전은 전혀 효율적이지 않게 되었다. 앞으로 관련 기술의 발전으로 재생에너지의 발전 단가가 계속 하락한다면 원전은 더는 지속 가능한 발전 대안이 될 수 없다.

그뿐 아니다. 원전에는 숨겨진 비용이 많다. 탈원전을 공격하는 원자력 업계 관계자들은 모두 알고 있지만 아무도 이 비용의 존재에 대해 얘기하지 않는다.

먼저 원자력발전 단가에는 방폐장 건설비가 빠져 있다. 경주 방폐장 하나를 짓는 데 건설비용이 1조 5,000억 원, 지역 유치에 따른 인센티브가 3조 5,000억 원가량 투입되었다. 원전 유지를 위해 우리 사회가 부담한 5조 원이라는 돈이 원자력발전 단가에 반영되지 않았다는 말이다.

2004년 국무총리실 시민사회비서관으로 일할 때다. 당시 우리 사회의 최대 현안 중 하나는 방사성폐기물처분시설(방폐장) 부지 선정 문제였다. 방폐장은 원전에서 사용한 핵연료 등 고준위 방사성 폐기물과 원자로 제어봉과 액체 등 저준위 방사성 폐기물을 저장하는 시설이다.

참여정부는 고준위 폐기물과 저준위 폐기물 처분 시설을 분리해 추진하기로 결정했다. 사용 후 핵연료 등 100만 년 이상 보관해야 하는 고준위 방폐장은 뒤로 미뤄두고, 대신 상대적으로 위험성이 덜한 저준위 방폐장부터 건설하기로 한 것이다. 이 결정에 따라 2015년 유치를 신청한 4개 지역 중 경주가 최종 입지로 선정됐다. 입지가 확정되고 저준위 방폐장 시설에 대한 주민들의 불만을 덜어주기 위해 경주 지역에 대대적인 인센티브도 제공했다. 방폐장 특별지원금으로 3,000억 원이 제공되었고, 경주시가 신청한 55건의 지원 사업 예산으로 2035년까지 3조 3,368억 원을 지원하기로 했다. 한국수력원자력이 경주로 본사를 이전한다는 대책도 포함되었다. 이런 과정을 통해 경주 방폐장은 2014년 6월에 완공돼 2015년부터 운영되기 시작했다. 당초 예상보다 지원 규모는 두 배가량 늘었다.

다음으로, 원전 사고 등 재난 발생 비용, 사용 후 연료 보관과 처리 비용, 핵 노후 원전 해체 비용도 원자력발전 단가에 반영되어 있지 않고 있다. 후쿠시마 원전 폭발과 같은 사고가 발생했을 때 우리 사회가 감당해야 할 부담은 상상을 뛰어넘는다. 일본 후쿠시마 원전 사고 처리 과정에서 발생한 위험 비용은 최소 510조 원에서 최대 1,267조 원에 달한다.

노후 원전 해체 비용도 만만치 않다. 2030년 국내에서만 12기의 원전이 수명을 다한다. 이들 노후 원전을 해체하는 데 수십조 원의 비용이 들어갈 것이다. 가장 큰 문제는 사용 후 핵연료 저장을 위한 고준위 방폐장이다. 현재 국내에는 고준위 폐기물만 1만 5,000톤이 있고, 2087년까지 이 폐기물을 관리하는 데 천문학적인 돈이 소요된다. 그런데 아직 우리는 고준위 방폐장 건설 계획조차 수립하지 못하고 있는 실정이다.

이 같은 유·무형의 비용을 따진다면 원전은 더욱 비싼 에너지가 된다. 실제로 각각의 에너지원별 건설비와 운영비, 안전사고 등 사회적 비용을 감안한 균등화 발전 원가를 비교하면 원전은 가장 비싼 에너지다.

지난 3년 탈원전에 대한 비판은, 과거 두산중공업 사례처럼 탈원전 정책으로 원전 업계가 고사당한다는, 즉 '원전이 없으면 망한다'는 게 핵심이다. 하지만 이런 논리는 설득력이 없다. 2009년 아랍에미리트(UAE)에 원전을 수출한 이후 국내 업체가 수주한 해외 원전 사업은 0건이다. 이명박, 박근혜 정부 시절인 지난 10년 동안 단 한 건도 없다. 탈원전을 표방하지 않았던 보수 정부 시절에도 원전 수출이 안 된 것이다. 원전 건설 기술력은 세계 최고 수준인데 왜 해외 원전 수출이 없었을까? 이유는 바로 원전 수주 시장이 갈수록 줄어들고 있기 때문이다.

현재 해외에서 발주할 예정인 원전은 대략 23기 정도다. 사우디, 체코, 영국 등이 원전을 추가로 건설할 예정이나 경제적·정치적 여건에 따라 지연되는 등 사업 불확실성이 많다. 이마저도 두산중공업 등 우리나라 기업이 확보한다는 보장도 없다. 더구나 2017년 기준으로 전 세계 발전 설비 투자 중 원전 비중은 3.8퍼센트 정도에 불과하다. 대신 66.7퍼센트가 재생에너지 투자에 집중되고 있는 상황이다. 점점 사라지는 원전 시장에 언제까지 기댈 수도 없는 노릇이다.

원자력의 영역에는 원전보다 훨씬 큰 시장이 무궁무진하게 펼쳐져 있다. 바로 방사선 산업이다. 방사선을 활용한 의료기기, 계측, 농업, 소재 등 우리가 확장할 수 있는 분야는 너무도 많다. 세계 방사선 산업의 시장 규모는 2011년에만 172조 원, 2020년에는 464조 원으로 급증할 것으로 전망된다. 방사선 산업은 연평균 8퍼센트 이상 성장하는 고성장, 고부가가치 산업이다. 방사선 의료기기만 하더라도 2015년 35조 원이었던 시장 규모가 2030년에는 80조 원으로 급증할 것으로 전망되고 있다.

우리가 원전에만 집중하는 사이 미국과 유럽 등 선진국은 방사선 의료와 산업 분야의 기술 개발과 인력 양성에 집중해왔다. 우리의 원전 대 방사선 비중이 8 대 2 수준인 데 반해 미국은 2 대 8 정도로 방사선 산업의 비중이 압도적으로 높다. 유럽도 마찬가지다. MRI 등 방사선 의료기기 시장의 90퍼센트를 필립스, 지멘스, GE가 차지하고 있는 비결이 이것이다.

원전이 아닌 원자력이라는 거대한 시장으로 눈길을 돌려야 한다. 그러자면 인력 양성 체계부터 손봐야 한다. 국내 4년제 대학의 원자력 관련 학과는 16곳, 학생 수는 3,000여 명이다. 지금은 대부분 원전 관련 교육을 진행한다. 이 학과에서 실시하는 교육을 방사선 관련 커리큘럼으로 바꾸는 것부터 시작하자. 방사선 관련 과목을 대거 늘리고, 원자력 연구원과 원자력 의학원 등 국책 연구기관과 연계해 산학 융합형 모델로 바꿔야 한다. 이를 통해 방사선 산업과 인력을 지금의

2배 이상으로 키워야 한다.

그린 뉴딜에 미래가 있다

새로운 도전은 늘 두렵다. 어떤 결과가 있을지 장담할 수 없기 때문이다. 그러나 에너지 대전환은 피할 수 없는 대세다. 세계 각국이 새롭게 다가올 미래를 위해 속속 에너지 전환을 시도하고 있다. 한국형 그린 뉴딜은 우리가 반드시 가야 할 미래다. 저탄소 중심 경제·사회 구조로의 전환을 기반으로 그린 뉴딜로부터 신성장 동력을 창출해야 한다. 그린 뉴딜의 핵심은 탄소 의존 경제로부터 탄소 중립 경제로의 대전환이다.

그동안 석탄발전이 높은 원가 경쟁력을 가졌으나 탄소세가 부과된다면 이야기가 달라질 것이다. 이제는 태양광 등 재생에너지를 확대해 94퍼센트에 달하는 에너지 수입 의존도를 낮추고, 에너지 자립 국가로 발돋움해야 한다. 국가 차원의 과감한 투자를 통해서 자동차와 조선 등 의 산업 구조도 에너지 대전환에 맞춰 신속히 추진해야 한다. 이미 전 세계적으로 화석연료와 원전을 대체할 재생에너지 개발을 위해 2050년까지 110조 달러의 투자가 진행 중이다. 이는 글로벌 GDP의 약 2퍼센트 수준이다.

에너지 대전환과 우리나라 GDP의 0.6퍼센트인 300조 원 프로젝트를 위해 향후 30년간 에너지 전환에 집중 투자할 것을 제안한다. 300조 원 그린 뉴딜을 통해 에너지 수입 의존도를 현재의 94퍼센트에서 2050년 40퍼센트로 낮추고 원전의 비중을 서서히 줄이면서 태양광·풍력발전 비중을 60퍼센트로 높인다면 충분히 달성 가능한 목표다.

현재 24기가와트(GW)인 태양광발전 설비를 300기가와트로 늘린다면, 킬로와트(kW)당 발전 단가를 2050년에는 38원까지 낮출 수 있다고 에너지기술평가원은 전망했다.

그린 뉴딜은 환경보호만을 위한 정책이 아니다. 경제성장과 일자리 창출을 위한 디딤돌이다. 에너지기술평가원에 따르면 전기차와 수소 산업 투자를 늘리고, 방사선 산업 등 신규 산업을 집중 육성한다면 2050년에는 270만 개의 일자리 창출도 가능하다. 친환경 차량 및 에너지로 2050년이면 연간 300조 원의 수출도 할 수 있다.

에너지 대전환의 또 다른 한 축은 재생에너지다. 많은 이들이 궁금해한다. 원전의 빈자리를 태양광 등 재생에너지로 완벽하게 대체할 수 있을까? 독일이 이미 2018년 전체 발전 비중의 41퍼센트를 재생에너지로 충당하고 있다는 사실이 그 답이라고 생각한다. 재생에너지는 먼 미래의 에너지가 아니다. 이미 선진국에서는 중요한 에너지원으로 자리 잡고 있다.

각국의 재생에너지 발전 목표치는 깜짝 놀랄 정도다. 독일은 2050년까지 재생에너지로 발전 수요의 80~95퍼센트를 공급한다는 목표

한국에너지기술평가원의 에너지 대전환 기대 효과

구분	현재	2030년	2040년	2050년
추가 DGP 증가율(%)	–	+1.5	+2.0	+2.5
에너지산업 수출액(원)	44조	120조	200조	300조
고용 창출 (명, 누적)	(55만)	90만	180만	270만

* 자료: 그린피스 서울사무소(2020) 자료를 정리

를 세웠다. 재생에너지 발전 비중을 중국은 2050년까지 79퍼센트, 프랑스는 2030년까지 40퍼센트로 각각 높인다는 계획이다. 우리도 현재 7.9퍼센트인 재생에너지 발전 비중을 2030년까지 20퍼센트로 높인다는 중장기 전략을 추진 중이다.

태양광 모듈의 효율은 지난 10년 동안 매년 0.5퍼센트씩 향상되어 현재 고효율 태양광 모듈의 효율은 20퍼센트가 넘으며, 향후 지속적으로 개선되어 30퍼센트까지 향상될 것으로 전망된다. 지금까지의 태양전지 기술의 발전 추세를 감안하면 이 정도의 고효율 패널이 상용화될 날도 멀지 않았다는 게 전문가들의 전망이다. 게다가 우리나라는 태양광발전을 하기에 좋은 조건을 가지고 있다. 독일, 영국뿐 아니라 일본보다도 좋다. 풍력 자원도 일본보다 풍부하다.

대용량 저장 장치 등 에너지 저장 기술의 발달로 전 세계적으로 이 문제는 더는 재생에너지의 단점으로 꼽히지 않는 수준까지 올라왔다. 가격도 갈수록 낮아지는 추세다. 미국의 2018년 태양광발전 단가는 1메가와트(MW)당 36달러로 석탄 67달러, 가스 40달러, 원자력 94달러보다 낮다.

재생에너지의 미래는 밝다. 문재인 정부는 2030년까지 재생에너지 발전 비중을 전체의 20퍼센트로 확대한다는 목표를 세웠으나 2050년까지 재생에너지 발전 비중을 60퍼센트로 높이는 정도의 획기적 전략이 필요하다. 현재 12기가와트인 재생에너지 설비를 2030년 55기가와트, 2040년 200기가와트로 확대하면 이 같은 목표는 충분히 달성 가능할 것이다. 계획대로만 된다면 2050년 국내 전기 수요의 100퍼센트를 태양광과 풍력만으로 충족할 수 있게 된다.

지방의 부활,
활력 있는 방방곡곡

지방이 살아남는 법

2020년 12월 기준 세종시 인구는 36만 1,098명이다. 10년 전인 2010년 12월 '세종시 설치 등에 관한 특별법'이 공포될 당시 세종시 인구는 11만 7,000명이었다. 10년 만에 인구가 3배로 늘었다. 해를 거듭할수록 어엿한 행정도시의 면모를 갖춰가는 중이다. 젊은 공무원과 공공 부문 직원들 가운데 상당수가 세종시에 안착하는 추세다. 도시 평균연령은 36.7세(2018년)로 전국 17개 광역시도 가운데 가장 젊다. 당연히 출산율도 전국 1위다. 2019년에 세종시에서 태어난 신생아는 3,800명이었다. 합계출산율은 1.47로 전국 최고 수준이다. 전국 평균 합계출산율(0.92)보다 월등히 높다.

노무현 대통령의 의지로 시작한 전국의 10개 혁신도시는 지난 10년 동안 지방의 소멸 속도를 늦추는 방파제 역할을 했다. 10개 혁신도시에 사는 인구는 2020년 6월 말 기준으로 21만 3,817명이 넘는다. 2017년 17만 4,880명보다 약 4만 명가량이 더 늘었다. 노무현 대통령의 뜻을 계승해 문재인 정부는 국토균형발전의 깊이를 더하는 정책을 추진하고 있다. 연방제에 준하는 수준의 지방분권 시대를 열겠다는 것이 문재인 정부의 목표다.

그런데도 여전히 지방의 인구 감소와 인구 유출이 맞물리면서 지방의 위기감은 더욱 고조되고 있다. 더 많은 사람이 지방에 유입되고, 더 많은 산업과 기업이 지방으로 가기 위해서는 더 크고 원대한 전략이 필요하다.

이제는 지방의 자생력을 키워야 한다. 인위적인 지방 살리기 노력과 함께 자체적으로 활기를 되찾을 수 있는 마중물을 만들어줘야 한다.

상생형 지역 일자리

지방의 위기는 인구의 문제만은 아니다. 변변한 산업이 없다는 것도 지방의 위기를 키우는 요인이다. 지방에 거주하는 젊은이들이 일자리를 구하고 싶어도, 마땅한 일자리가 주어지지 않으면 고향을 떠날 수밖에 없다. 지방의 일자리 문제는 심각하다. 2020년 12월 전국 고용률(OECD 비교 기준)은 65.3퍼센트였다. 그러나 부산, 대구, 광주, 울산, 강원, 경남 등 지방의 고용률은 이보다 낮다.

이 문제를 해결하기 위해 문재인 정부는 상생형 지역 일자리를 추진했다. 사실 상생형 일자리는 내가 오랫동안 천착했던 문제이기도 했다. 내가 한때 몸을 담았으며, 또 나의 지역구에 있던 한국GM이

'철수설'이 나올 정도로 어려움을 겪었던 것이 계기였다. 한국GM의 경영환경은 유럽 철수를 선언한 2013년 이래 수출량이 급감하면서 극도로 나빠졌다. 그러나 근본적으로는 세계 자동차 산업이 구조적 한계에 봉착하면서, 경쟁 심화와 구조조정의 압력이 커진 탓이었다.

한편으로 혁신을 통해 자동차 산업의 경쟁력을 높이고, 다른 한편

상생형 지역일자리 협약체결 추진 현황(2021. 1. 28. 현재)

지역	협약 체결일	투자액 (억원)	고용 (명)	투자 내용
광주	19.1.31	5,754	1,000 (간접 11,000)	• 노사 상생형 • 광주시 – 현대차 – 지역기업 등 주주로 참여 • 독립 신설법인 설립 • 국내 완성차(경형 SUV, 연 10만대) 공장 신설
밀양	19.6.24	3,403	505	• 지역민 상생형 • 뿌리기업 26개사가 사업자 협동조합 결성 • 밀양 하남일반산업단지로의 이전 및 공장 신 · 증설 합의(친환경 · 스마트 뿌리산단)
대구	19.6.26	2,258	1,200	• 원하청 상생형 • 자금확보에 어려움 겪던 지역 대표기업 이래 AMS에 대한 금융지원 • 신규일자리 창출 및 부품업계와의 상생
구미	19.7.25	5,000	1,000	• 대중소기업간 상생형 • LG화학 2차전지 양극재 공장 신설 • 첨단소재산업 국내 생산기반 마련 및 양질의 일자리 창출 기대
횡성	19.8.13	742	503	• 중소기업 상생형 • 초소형 전기완성차 업체 ㈜디피코 등 7개 기업 이 자동차 생산조합을 결성 • 초소형 전기 화물차 생산. 중소기업형 모델
군산	19.10.24	5,171	1,900	• 기업 간 상생형 • 명신 등 5개 기업이 GM군산공장, 새만금산단 에 전기차 클러스터 조성 • 최초로 양대노총이 참여, 노동자 경영참가
부산	20.2.6	7,600	4,300	• 중소기업간 상생형 • (주)코렌스가 전기차 사업 신규법인(코렌스 EM) 설립 • 협력사 20여개 기업이 미래차부품단지 조성

* 자료: 2021. 1. 대통령 직속 일자리위원회의 자료를 가공함.

으로는 지역의 일자리를 지키는 새로운 해법이 절실했다. 한국GM 같은 공장이 문을 닫으면 공장 하나가 없어지는 문제로 끝나지 않는다. 해당 공장이 위치한 지역경제의 붕괴로, 다시 해당 지역에 거주하는 청년들의 대규모 유출로 이어진다. 그야말로 악순환이었다. 2016년 이후 나는 기아차 등 노조와 긴밀하게 접촉했다. 그 과정에서 대기업 노조 조합원들이 예상과 달리 상대적으로 낮은 임금의 일자리가 대거 창출되는 것에 거부감이 낮다는 점을 알게됐다. 취업할 자녀를 둔 부모였던 조합원들은 적정임금을 지급하는 상생형 일자리 창출에 지지를 보냈고, 그런 공감대를 바탕으로 상생형 일자리는 발을 뗄 수 있었다.

상생형 지역일자리는 기업이 지역에 신규 투자를 하는 대신, 노·사·민·정 간 합의를 통해 적정 임금을 지급하는 새로운 일자리 창출 모델이다. 상생형 지역일자리사업 지원을 위한 '지역균형발전특별법 일부 개정안'이 2020년 1월 국회를 통과했다. 상생형 지역일자리에 지방의 관심은 뜨겁다. 2019년 1월 광주를 시작으로 밀양, 대구, 구미, 횡성, 군산 등 6개 지방정부가 상생형 지역일자리 만들기로 노·사·민·정 협약을 맺었다. 2020년 2월에는 부산도 상생형 일자리를 추진하기로 했다. 광주의 경우 광주시와 현대차가 5,700억 원을 투입해 경형 SUV 연 10만 대 규모의 완성차 생산 공장을 짓고 있다.

2019년 양대 노총이 최초로 참여하여 체결한 노사민정협의회 상생협약을 통해 시작된 군산형 일자리도 착착 진행 중이다. 지역 내 9개 중소·중견기업이 공동으로 4,000억 원을 투자해 초소형 전기차를 만드는 사업이다. 2022년 공장이 신설되면 2,000여 개의 일자리가 만들어지고 전기차 17만 7,000여 대가 매년 군산에서 생산된다. 또한, 2019년 7월 상생형 일자리 투자협약을 체결한 구미에서도 LG 화학이 2차 전지 양극재 공장을 신설할 계획이다. 첨단 소재 국산화와 함께 지역 내 양질의 일자리 1,000개가 만들어질 전망이다.

상생형 지역일자리는 더 확산되어야 한다. 현재 대통령 직속 일자리위원회가 군산 등 7개 상생형 지역일자리 모델에 이어 원주(레저), 오송(바이오), 논산(식품), 충남(바이오), 대덕(산단 첨단화), 포항(2차전지), 영주(베어링), 김천(자동차 튜닝), 통영(LNG), 울산(자동차 부품), 울주(산림), 신안(해상풍력), 익산(식품), 전주(탄소) 등 14개 지자체에 상생형 지역일자리 모델을 추가로 발굴하기 위해 체계적으로 지원해오고 있어 기대된다.

더 큰 미래, 메가시티

지역 상생형 일자리, 지역 재생 모델만으로 지방의 위기를 극복하고 국토균형발전을 완벽하게 이룰 수는 없다. 더 큰 그림을 그려야 한다. 지방분권의 최종 목표는 연방제에 준하는 수준이어야 한다. 그것이 서울과 수도권의 경쟁력을 유지하면서 지방의 자생력을 높일 수 있는 방법이다.

내가 생각하는 연방제 수준의 지방분권은 '메가시티'다. 메가시티는 우리 국토를 크게 4개 권역으로 나눠 자생력 있는 광역 경제 공동체로 바꾸는 구상이다. 사실 메가시티는 김경수 경남도지사가 먼저 제안했다. 인구 2,500만 명의 수도권과 별도로 부산·대구 중심의 동남권(인구 800만 명), 광주·전남·전북의 호남권(인구 500만 명) 그리고 충청·강원권(인구 600만 명) 등 광역 경제권으로 재편하자는 것이다.

광역 경제권, 즉 메가시티는 단순히 행정구역을 나누는 것 이상의 의미다. 생각해보자. 대한민국 대기업의 80퍼센트는 지금도 서울과 수도권에 밀집되어 있다. 벤처기업도 대부분 서울과 수도권 인근에 위치하고 있다. 경남 창원, 전남 고흥에 있는 청년이 벤처기업에 가고 싶어도 지역 내에는 갈 만한 곳이 없다. 서울과 수도권이 인력의 블랙홀이 되고, 이 때문에 젊은 청년들은 점점 더 서울과 수도권으로 몰릴 수밖에 없다.

좋은 인재가 서울과 수도권에 있으니 기업들이 지방으로 가지 않는 것이라는 주장도 마찬가지다. 지방에 양질의 일자리가 없으니, 좋은 인재들이 서울과 수도권으로 몰리는 것이지 애초에 지방에 인재가 없었던 것이 아니다.

메가시티로 가기 위해서는 많은 걸 바꿔야 한다. 먼저 중앙의 권한을 지방에 과감하게 이전하는 것부터 시작해야 한다. 중앙정부 부처의 기능 중 상당수를 지방에 이양할 필요가 있다. 교육 부문도 그중 하나다. 지금은 교육부가 모든 대학의 예산 및 감독을 맡는데, 이런 업무는 지방정부에 맡겨야 한다. 그러면 메가시티를 구성하는 지방정부들이 지역 실정에 맞는 대학을 재편하는 것이 가능해진다.

예를 들어보자. 경남 창원은 전자·기계 산업이 발달해 있다. 그런데 지금은 부산대도, 경상대도 지역의 산업 실정과는 무관하게 종합대학 체제를 유지하고 있다. 메가시티가 작동된다면 지역 특성에 맞게 지방정부가 대학의 합종연횡을 주도하고, 지역 맞춤형 교육을 설계할 수 있다.

교통 인프라도 재설계할 필요가 있다. 고속철도 지선화 사업부터 검토해야 한다. 지금 KTX는 경부선과 호남선 중심으로 서울·수도권과 지방 대도시를 잇는 정도다. 고속철 건설로 서울과 수도권의 접근성은 높아졌지만, 상대적으로 지방 내 이동 편의는 나아지지 않았다. 서울에서 부산까지 거리는 400킬로미터로 KTX로는 2시간 30분이면 갈 수 있다. 반면 경남 창원에서 부산까지 50킬로미터를 자동차로 출퇴근하려면 1시간 30분이 넘게 걸린다.

'메가시티'로 나아가려면 과정과 역량을 축적해야 한다. 지자체는 경제·산업 활동에서 긴밀하게 연계되어 있는 인접 지자체들이 공동으로 사업을 추진하고 그 이익을 공유할 수 있는 방안이나 서로 협력해 시너지를 낼 수 있는 사업을 공동으로 추진해야 한다. 중앙정부는 인센티브제를 통해 적극 지원하면 좋겠다. 또한, 지자체 통합을 통해 인적·물적 규모를 키우려는 노력도 필요하다. 오래전부터 인접한 중소 규모 도시들이 통합을 통해 중대 규모 도시로 거듭나려는 움직임이 있었고, 실제 통합에 이른 사례도 있다.[19]

---

19 2010년 7월, 마산·창원·진해시가 통합했다. 2009년 40만 6,307명인 마산시, 50만 8,984명인 창원시, 17만 3,911명인 진해시가 통합하여 108만 9,202명인 새 도시가 되었다. 사업체 수는 2009년 7만 3,029곳(종사자 39만 3,872명)에서 2018년 8만 6,694곳(종사자 44만 9,870명)으로 되었고, 지역 총생산액은 2009년 28조 3,858억 원에서 2018년 38조 8,381억 원으로 되었다. 2014년 7월에는 청주시와 청원군이 통합했다. 2013년 12월 인구 67만 9,301명인 도시가 올해 1월 84만 5,710명의 도시로 변모했다. 2013년 12월 사업체 수는 5만 6,243곳, 종사자 26만 6,025명에서 2018년 6만 2,273곳, 종사자 35만 648명으로 되었다.

특단의 대책은 없을까?

과거 여러 정부가 국가균형발전특별법의 제정, 혁신도시와 기업도시 지정, 공공기관의 지방 이전 등을 통해 지방 회생을 위해 노력했으나 지방소멸의 흐름을 막지 못했다. 이제 특단의 대책과 실행이 따라야 한다. 중앙정부와 지자체는 지방의 부활을 위해 종합적이고 체계적으로 접근할 필요가 있다.

먼저 제도적 정비가 필요하다. 국가와 지자체의 책무, 인구감소지역 활력 증진을 위한 계획과 실행계획 수립, 계획 수립과 정책 조정을 담당할 위원회 설치, 인구감소지역 지정과 지원 대책, 재원 마련 및 운용 등에 관한 정책을 담아야 한다.

둘째, 재정적 기반을 튼튼히 하는 것이다. 2017년 기준 소멸위험지역의 평균 재정자립도는 16.6퍼센트, 소멸고위험지역은 13.2퍼센트로 소멸저위험지역의 45.9퍼센트보다 훨씬 낮았다. 또 강원연구원의 보고에 따르면 2018년 전국의 재정자립도는 53.4퍼센트인데 재정자립도 20퍼센트 이하의 시·군은 2015년 99곳, 2016년 95곳, 2017년 89곳, 2018년 91곳이다.

이는 소멸위험지역에 살면 의료, 복지, 교육, 일자리, 문화·체육 등 삶의 질 수준이 낮고 주민의 경제적 부담이 훨씬 크다는 의미다. 젊은 층의 유입은 당연히 곤란하다. 마을에서 아이를 낳고 기르며 삶을 이어가기가 어렵다.

셋째, 기존의 지역발전전략을 재평가하고, 새로운 전략을 고민해야 한다. 그동안 우리는 국내외 대기업의 적극적인 투자 유치를 통해 지역 산업발전과 일자리를 창출하는 전략을 주로 추진했다. 이 전략은 효과가 빠르게 나타나고 비교적 단순한 방식이라는 점에서 장점이 있으나 대기업들의 투자 유치가 매우 어렵고, 대기업의 투자에도 불구하고 지역 내의 협업과 분업을 통한 전후방 효과는 적어 지역 내 확산 효과가 낮은 단점이 있다.

그래서 지역 내에 이미 존재하는 주요 산업·업종의 중소기업들이 집단적 발전과 혁신을 추구하는 '내생적 발전 전략'을 동시에 채택하자는 것이다. 이 전략은 다소 시간이 걸리고 시행착오의 가능성이 있으나 전후방 효과, 수익의 역내 확산, 혁신역량 축적, 중장기적 투자 유치 가능성이라는 장점이 있다.

넷째, 창조적이고 효과적인 지역 발전과 혁신의 모범 사례를 전파하고 공유하는 것이다.

다섯째, 4차 산업혁명과 기술진보가 지방 친화적으로 추진되도록 고려해야 한다. 일반적으로 4차 산업혁명과 기술진보, 일자리의 양적·질적 변화는 지방에 친화적이지 않은 것으로 보인다. 시작 단계에서부터 지방 친화적 일자리 모델을 만들지 않으면, 기술 발전에 따라 단순 반복 업무부터 자동화 기술로 대체될 것이며, IT와 AI 등과 관련된 네트워크 기술은 수도권이나 대도시에 더 집중될 것이다.

Chapter 2

더 담대한 진보
협의와 합의를 위한 우리의 발걸음

2020년 4월 총선에서 더불어민주당은 압승을 거뒀다. 국민들은 180석이라는 지금껏 단 한 번도 없었던 지지를 민주당에 보내주셨다. 180이라는 숫자. 솔직히 나는 두려웠다. 그 이면에 숨은 국민의 준엄한 명령과 막중한 책임감의 무게를 알기 때문이다.

지금껏 정치가 우리 사회의 걸림돌로 여겨지지 않은 적이 없다.

세계와 우리 사회는 눈이 핑핑 돌 정도로 빠르게 변하고 있는데 정치는 그대로다. 만나기만 하면 싸우고, 서로를 향해 헐뜯고 막말을 퍼붓는다. 여당도 야당도 똑같다. 특히 20대 국회는 두 가지 측면에서 '최악'의 기록을 남겼다. 최악의 식물국회와 최악의 동물국회라는 오명을 얻었다. 20대 국회의 한복판에 있었던 나로서도 국민들 보기가 부끄러웠다. 상생과 통합을 해보려 했으나 역부족이었다.

20대 국회의 바통을 이어받은 21대 국회는 어느새 1년을 다 채워가고 있다. 20대 국회 때보다는 낫다고 하지만 여전히 국회에서의 갈등과 대립은 잦다. 코로나19라는 미증유의 위기인데도 여야는 힘을 모으지 못하고 있다. 어쩌면 다음 대선 때까지 이런 모습은 더 심해질 것이다. 그 책임은 여당인 우리 민주당에도 있고, 야당에도 있다고 본다.

하지만 어제까지의 정치는 이제 사라져야 한다. 국민의 외면을 받는 분열과 막말, 증오와 혐오의 정치를 종식시켜야 한다. 그것이 우리 정치에 주어진 오래된 숙제다. 이제부터는 상생과 통합의 정치로 나아가야 한다. 통 큰 협치도 필요하다. 정치는 모름지기 그래야 한다.

민주주의의
위기

세계 민주주의의 슬럼프

미국 스탠퍼드 대학의 래리 다이아몬드(Larry Diamond) 교수는《불길한 바람(Ill Winds)》이라는 책에서 "세계 민주주의가 침체기로 들어섰다"고 진단했다. 2006년을 정점으로 '자유민주주의'와 그 아래 단계인 '선거 민주주의'로 분류되는 국가들의 비중이 모두 줄어들었다고 분석했다. 심지어 민주주의와 거리가 먼 권위주의 체제도 더 억압적으로 변모했다.

　다이아몬드 교수의 지적이 아니더라도 우리는 전 세계 곳곳에서 민주주의의 후퇴를 지켜보고 있다. 냉전 종식과 함께 '역사의 종언'을 선언한 민주주의의 승리는 잊힌 지 오래다. 민주주의의 후퇴와 쇠락, 심지어 민주주의 사망을 경고하는 목소리도 커지고 있다. '불길한 바람'은 전 지구적 현상이다. 다이아몬드 교수에 따르면 인구 100

만 명 이상 국가 가운데 '적어도 선거는 치르는' 민주국가의 비중이 냉전 시대 이후 처음으로 50퍼센트 아래로 떨어졌다. 2019년 한 해에만 다섯 개 나라가 민주국가로서의 지위를 잃었다. 세계에서 가장 인구가 많은 15개 나라 가운데 오직 여섯 나라만 민주주의 체제를 유지하고 있다.

현시점에서 민주주의 체제에서 살고 있는 전 세계 인구 비중은 1993년 이후 처음으로 절반 이하로 추락했다. 세계 인구의 6분의 1을 차지하는 인도도 민주국가와 독재국가 사이의 위태로운 경계선에 서 있다. 민주주의를 누리는 인구가 조만간 더 줄어들게 된다는 것이 다이아몬드 교수의 지적이다. 민주주의의 위기는 다른 조사에서도 확인할 수 있다. 영국의 시사주간지 〈이코노미스트〉 산하에는 '이코노미스트 인텔리전스 유닛(EIU)'이란 곳이 있다. 여기서는 매년 '민주주의 지수(Democracy Index)'를 조사해 발표한다. 2019년 1월 발표된 보고서의 제목은 '민주주의의 후퇴와 대중 저항'이었다. 조사 대상인 167개국의 민주주의 수준을 평가한 평균 점수는 5.44였다. 해당 조사가 시작된 2006년 이후 가장 낮은 점수였다. '완전한 민주주의'로 분류된 국가는 22개국(13.2퍼센트), '흠결 있는 민주주의'는 54개국(32.3퍼센트), '혼종 체제'는 37개국(22.2퍼센트), '권위주의 체제'는 54개국(32.3퍼센트)이었다. 미국의 인권 단체 '프리덤하우스' 조사에서도 민주주의에서 퇴행하는 국가의 숫자가 급증하고 있는 것으로 나타났다.

코로나19 이후 민주주의의 위기는 더욱 가속화될 수 있다. 민주주의를 표방하는 수많은 국가가 위기 속에 허둥대면서, 정치 시스템에 대한 불만도 커져가는 추세다. 코로나19 위기 대응 과정에서 전체주의와 민주주의 가운데 어떤 시스템이 더 나은지에 대한 비교가 나오는 것은 상징적이다. 나라 대 나라, 인종 대 인종 간 혐오가 커지는 것도 우려되는 대목이다. 코로나19라는 전대미문의 위기는 불평등 문제를 초래하고, 그로 인한 정치적 위기에 편승해 더 많은 극단의 정치를 불러올 것이다. 역사학자 유발 하라리 교수는 코로나19 이후의 세계는 '국수주의적 고립주의' 대 '글로벌 연대'의 갈림길에 설 수 있다고 경고했다. 코로나19 이후 세계는 어디로 갈 것인가.

극단의 정치를 부른 원인

민주주의의 후퇴 혹은 죽음은 불평등에서 촉발된다.

1989년 베를린 장벽의 붕괴를 시작으로 민주주의 물결이 지구촌 곳곳으로 밀어닥쳤다. 그 물결은 민주주의의 가치나 제도만을 실어 나른 것이 아니었다. 그 시기는 세계화의 시대이기도 했다. 상품과 자본 그리고 노동력이 세계화가 열어젖힌 국경을 넘나들었다. 역사상 유례없는 수준의 '자유'무역은 그 과정에 참가한 일부에게는 막대한 부를 안겼다. 그러나 세계화의 낙수(落水)는 고르지 않았다. 일부는 아예 소외됐다. 노벨상 수상자인 조셉 스티글리츠 교수가 말한 '세계화의 불만'이 싹텄다. 그리고 2008년 글로벌 금융위기를 계기로 쌓여 있던 불만이 한꺼번에 폭발했다.

2008년 리먼브라더스 사태로 촉발된 글로벌 금융위기는 '계획에 없던 희생자(collateral damage)'를 낳았다. 바로 민주주의와 자유무역이었다. 은행가, 기업인, 규제정책 담당자, 정치인 등 탐욕과 오만, 부주의로 이러한 사태를 초래한 장본인들은 하나같이 나 몰라라 하며 빠져나갔다. 금융시장의 붕괴는 세계경제의 대침체(Great Recession)로 이어졌다. 소득 감소와 지긋지긋한 긴축이 시작됐고, 파괴적 영향은 자유 시장경제의 맨 밑단을 받치고 있던 이들에게 집중됐다. 세계화로 인한 누적된 불만과 엘리트들의 고통 떠넘기기는 미국과 유럽 전역에서 '우리 대 그들(Us vs. Them)'이라는 새로운 반감과 정치적 균열을 만들었다. 그리고 2011년 자본주의의 심장부 뉴욕에서 "월가를 점령하라(Occupy Wall Street)!"는 구호가 터져 나왔다. 동시에 미국에서는 우파들의 티파티(Tea Party) 운동도 나타났다. 티파티 운동은 극우파와 결합된 우파들의 트럼프(Trump) 지지운동으로 발전했다.

2015년 1월 그리스에서 알렉시스 치프라스가 이끄는 급진좌파연합 시리자(SYRIZA)가 집권에 성공했다. 비슷한 시기 스페인에서는 포데모스(Podemos)라는 극좌파 정당이, 이탈리아에서는 반체제 정당인 '5성 운동'이 제도권에 안착했다. 극우 포퓰리스트도 득세했다. 2017년 프랑스 대선에서 르펜의 국민전선(Front National)은 지지율이 두 배로 뛰었고, 2017년 독일 총선에서는 반유대주의를 앞세운 극우 정당(AfD)이 13퍼센트의 지지율을 확보했다. 이에 앞서 2016년 6월 23일 영국은 국민투표로 '유럽연합 탈퇴(Brexit)'를 결정했다. 독일 태생 미국 존스홉킨스대학 교수이자 정치이론가인 야스차 뭉크(Yascha Mounk)는 저서 《위험한 민주주의》에서 "서구 사회는 이제 '포퓰리즘 모멘트(populism moment)'에 들어섰다"고 말했다.

밀레니얼 소셜리즘

불평등 문제를 해결하지 못하는 정치는 위태롭고 그것은 민주주의의 위기로 이어진다. 최근 유럽과 미국 청년들 사이에서 사회주의가 인기를 끄는 이유도 여기에 있다.

2019년 2월 영국 〈이코노미스트〉 지는 '밀레니얼 소셜리즘(millennial socialism)'을 집중적으로 조명했다. 해당 기사에서 소련 붕괴 후 30년 만에 일어난 사회주의의 화려한 귀한은 서구 사회가 잘못되어 가는 데 대한 예리한 문제의식을 담고 있기 때문으로 평가했다. 특히 이 잡지가 주목한 것은 신규 사회주의자의 다수가 이른바 밀레니얼 세대(1980년대 이후 출생 세대)라는 점이었다. 갤럽 조사에 따르면 18~29세 미국 청년 중 절반 이상(51퍼센트)이 사회주의에 대해 긍정적 견해를 가지는 것으로 조사됐다. 또 다른 조사(YouGov poll)에 따르면 무려 70퍼센트의 청년들이 사회주의 정당 또는 후보를 지지할 의사를 밝혔다.

1941년에 태어난 78세 최고참 사회주의자 버니 샌더스(Bernie Sanders)와 밀레니얼 세대를 연결하는 끈은 불평등이다. 날이 갈수록 악화되는 경제적 불평등과 환경 위기, 그리고 엘리트에 편향된 정치권력을 교체해야 한다는 요구였다. 그들은 미국 사회의 불평등이 시간이 지날수록 통제 불능 상태에 빠져들고 있으며, 경제는 기득권에만 유리한 구조로 변해간다고 보았다. 따라서 정부가 나서서 격차를 줄이는 방향으로 소득과 권력을 재분배해야 한다고 주장했다. 또한, 정부의 근시안적 정책과 기업의 로비가 기후 재앙을 초래할 것이라고 우려했다. 아울러 미국 사회와 경제를 지배하는 권력층이 더는 보통 사람들의 이익을 위해 복무하지 않고 있다고 주장했다.

극단의 정치는 먼 나라의 일이 아니다. 우리 사회에서도 그 가능성은 감지되고 있다. 불평등 문제는 청년들을 좌절하게 만들고 냉소 짓게 한다. 그들의 불만을 정치가 해결하지 못하고 있다. 사회를 향한 불만을 부추기는 극단의 정치 세력도 나오고 있다. 우리 내부에서도 위기의 그림자가 짙게 드리우기 시작했다.

정치의
실패

최악의 비토크라시

1995년 "기업은 2류, 행정은 3류, 정치는 4류"라는 모 재벌 회장의 발언이 사회적 파장을 일으킨 적이 있다. 나는 예나 지금이나 우리 국민은 1류라고 생각한다. 세계에서 가장 힘없고 못살던 나라가 여기까지 올 수 있었던 것은 순전히 국민 덕분이다. 이번 코로나19 대응과정을 지켜보며 행정과 기업도 1류로 올라서고 있다고 생각한다. 전 세계의 생각도 다르지 않을 것이다. 그러나 현직 국회의원으로서 아무리 팔을 안으로 굽혀보려 해도, 정치에 대해서만은 높은 점수를 줄 수 없을 것 같다. 1류는커녕 2류도 어렵지 않겠나 하는 생각이 자꾸만 든다.

민주주의는 '야당(The opposition party)'이 있는 정치체제다. 영어로 야당은 반대당을 뜻한다. 야당의 존재 이유는 반대에 있다고 해도 과언이 아니다. 그러나 그 방향은 건설적이어야 한다. 또 당파적 이익보다는 국가와 국민의 이익을 우선한다는 전제가 있어야 한다. 물론 야당이 제기하는 모든 문제 제기를 검증해야 한다는 얘기가 아니다. 그럴 방법도 없다. 결국은 신뢰의 문제이다. '여야는 경쟁자이지 적이 아니다'라는 믿음의 문제다. 그러나 여의도에서는 내 편이 아니면 모두가 적이다. 정쟁만 있을 뿐 타협은 없다. 오로지 비난과 모욕만이 존재한다. 서로를 향해 서슬 퍼런 증오와 혐오의 말을 서슴지 않는다. 갈등을 풀어낼 리더십은 없고 극단적인 대립만 난무한다.

프랜시스 후쿠야마(Francis Fukuyama) 스탠퍼드대학 교수가 미국 정치의 가장 큰 문제로 지적한 것이 '비토크라시(vetocracy)'다. 상대 정당의 정책과 주장을 무조건 거부하는 극단적인 당파 싸움으로 인해 아무것도 할 수 없는 정치다. 나는 전 세계에서 가장 극심한 비토크라시는 미국이 아닌 여의도에 있다고 생각한다. 아무리 야당의 존재 이유가 반대하는 데 있다고는 하지만, 정부와 여당의 정책에 대해 무조건 반대하는 행태는 정말 심각한 수준이다. 물론 우리 당이 야당이었을 때도 그랬다. 우리도 박근혜 정부 때의 규제 개혁을 '재벌 봐주기'라며 반대했다. 인정할 것은 인정해야 한다.

특히 20대 국회는 최악의 비토크라시를 보였다. 역대 최악의 식물 국회였다. 20대 국회 입법 성적만 봐도 그렇다. 지난 4년간 20대 국회에서 의원 발의 법안은 2만 1,500여 건으로 역대 국회 중에서 가장 많았다. 하지만 처리된 법안은 6,500여 건에 불과했다. 법안 처리율은 30퍼센트를 약간 넘긴 수준으로 역대 가장 낮았다. 나 또한 20대 국회의 일원이었기에 국민께 죄송할 따름이다.

가장 최악의 모습은 2019년 봄이었다. 정치개혁과 사법개혁 법안을 패스트트랙에 올리는 과정에서, 제1 야당은 폭력과 불법을 자행했다. 국회선진화법은 있으나 마나였다. 법에 정한 절차에 따라 추진한 패스트트랙을 제1 야당은 왜 그렇게까지 극단적인 방법으로 막아야 했는지 나는 아직도 이해할 수 없다. 이 일로 20대 국회는 최악의 식물국회에 이어 최악의 동물국회라는 오명을 자초했다. 자유한국당(미래통합당) 의원 60명을 비롯해 110명이 고소, 고발되어 입건되었고 이 가운데 29명이 기소되었다. 부끄러운 20대 국회의 자화상이다.

비토크라시는 코로나19 위기 속에서도 계속되었다. 20대 국회 내내 비토크라시 때문에 답답했는데, 바이러스와 싸우는 과정에서도 그럴 줄은 생각지도 못했다. 보수 정당은 '중국발 입국 금지'를 정쟁화하고 소모적 논쟁으로 몰고 갔다. 아무리 선거 시즌이었다고 하지만, 제1 야당의 행태는 이해 못 할 수준이었다. 전쟁 중에 정부를 공격하고, 컨트롤 타워인 질병관리본부를 흔드는 행위를 보면서 저렇게까지 해야 하나 싶은 생각이 들었다. 4월 총선의 결과는 비토크라시에 대한 심판이다. 3류 정치는 그만둬야 한다.

사소함의 정치

한국행정연구원이 2019년 실시한 조사에서 국회는 어김없이 '국민들이 가장 신뢰하지 않는 기관'으로 꼽혔다. 4점 만점에 1.9점으로 대기업(2.2), 경찰(2.2), 검찰(2.1)보다도 낮았다. 국민 신뢰도 꼴찌라는 불명예는 어제오늘의 일이 아니다. 한국종합사회조사에서도 국회는 2006년 이후 일관되게 꼴찌였다. 물론 입법부에 대한 불신은 한국만의 현실은 아니다. 그러나 국제적으로 비교해도 유독 낮다. 2018년 월드밸류서베이(World Value Survey)에 따르면 세계적으로 평균 45.1퍼센트의 국민이 자국의 국회를 신뢰하는 것으로 나타났지만, 우리 국회 신뢰도는 25.5퍼센트에 불과했다. 국회는 민주주의 체제를 지탱하는 핵심 제도이다. 의회의 신뢰는 단순히 국회의원에 대한 호불호의 문제를 넘어 정치적 안정성과 민주주의 체제에 대한 신뢰에 결정적인 역할을 한다.

국회 불신 요인의 압도적 1위는 "싸움만 한다"라는 것이다. 뒤를 이어서 "일을 하지 않는다"라는 것도 문제로 꼽힌다. 이런 평가는 국회의원으로서 조금 억울하다. 한국의 국회의원들은 무척 바쁘다. 본회의와 상임위에 들어가는 시간도 적지 않을뿐더러 당 차원에서 열리는 회의나 토론회, 간담회 등도 참석해야 한다. 회의에 들어가기 위해서는 자료 검토 시간도 필요하다. 지역구 의원들의 경우 지역 주민을 만나는 데도 상당한 시간을 할애해야 한다. 지역 주민 외에도 만나야 할 사람이 많다. 정부 부처 공무원, 교수와 연구자, 법안이나 현안 등을 들고 찾아오는 민원인까지, 하루가 어떻게 가는지 모른다.

'너무 바쁜 국회의원'과 '일하지 않는 국회의원'은 사실 양립하기 어렵다. 그런데 왜 국민은 바쁜 국회의원들이 팽팽 논다고 생각하는 걸까. 오랫동안 나를 사로잡았던 수수께끼였다. 이것은 결국 국민이 원하는 일을 하지 않기 때문에 만들어진 간극이다. 국민은 국회를 불신하면서도 늘 국회를 바라본다. 어떤 안 좋은 일이 터지거나 국가적 문제가 불거질 때마다 국민의 시선은 국회로 향한다. 입법권이라는 민주 정부의 가장 중요한 문제 해결 수단이 국회에 있기 때문이다.

정치는 '각자도생'의 반대말이다. 국민 개개인이 혼자서는 어쩌지 못하는 문제를 함께 해결하는 것이 정치의 존재 이유다. 민주주의의 실력이 여기에 달려 있다고 해도 과언이 아니다. 개인이 어쩌지 못하는 문제, 공동체 차원의 관여가 없다면 각자도생과 그 결과로써 야기될 아비규환(요즘 말로 '헬')을 막는 것이 국회의 일이다. '일하지 않는 국회'라는 국민의 고정관념은 국회가 중요한 문제에서 답을 제때 내지 못하거나, 아예 외면함으로써 오는 답답함과 실망감이 누적된 결과라고 생각한다.

이것이 내가 생각하는 우리 정치의 두 번째 문제 '사소함의 정치(the politics of smallness)'다. 정작 어렵고 중요한 문제는 외면하는 정치, 국민이 혼자서는 어쩌지 못하는 문제에 답을 주지 못하는 정치, 시급을 다투는 사안을 두고 시간을 끌다가 때를 놓치는 정치, 그러면서 일한다는 시늉을 내려고 고만고만한 '무쟁점' 법안들만 무더기로 털어내는 정치. 이것이 바로 사소함의 정치이고, 바로 우리 정치를 점점 더 작게 만든다고 생각한다. "국회의원은 일 안 하고 논다"라는 국민의 불신을 키우는 원인이 여기에 있다. 국회는 20년 넘게 국민연금 개편을 방치하고 있다. 김용균법, 민식이법, N번방 방지법 등과 같이 사건이 터지고 국민의 질책이 쏟아진 뒤에야 법을 만드는 '사후약방문' 입법 관행도 여전하다.

20대 국회를 '반면교사'로

영국의 정치학자 제리 스토커(Jerry Stoker)는 "정치는 누가 옳은지 결정하는 것이 아니다. 더불어 살아가는 건설적 방법이다"라고 했다. '나만 옳다'는 사고는 위험하다. 상대도 인정해야 한다. 그러기 위해서는 토론과 협상을 통해 최선의 타협을 모색해야 한다. 이것이 의회 민주주의다. 20대 국회는 '정치의 실패'의 전형이다. 최악의 식물국회, 최악의 동물국회의 모습을 국민에게 보여주었다. 여의도 정치는 사회문제를 해결하는 대신 '병목 지대'로 전락했다. 수많은 현안과 갈등이 여의도 정치판에 넘어오는 순간, 꼬인 매듭이 풀리기는커녕 더욱 꼬여버린다. 2018년 연말 카풀 서비스 관련 갈등 속에서 택시 노동자들이 분신한 사건은 여의도 정치가 갈등 조정에 실패해서 빚어진 비극이다. 정치의 실패로 고통받는 건 국민이다. '정치가 고장 난 나라'에서 국민이 행복하기를 기대할 수는 없다. 정치가 제 역할을 못 하고 잘못된 길로 갈 때, 대한민국은 늘 위기를 맞았다. 우리가 외세에 나라를 빼앗긴 것은 구한말 정치의 무능 탓이었다. 해방 이후 분단을 고착시킨 가장 큰 원인도 정치였다. 군부독재와 쿠데타도 정치의 혼란과 갈등을 틈타 일어났다.

21대 국회는 달라야 한다. 그것만이 20대 국회가 남긴 최악의 오명에서 벗어나는 길이다. 그러기 위해서는 국회의 일하는 방식부터 바꾸어야 한다.

민주당은 지난해 4월 총선의 민의를 받들어 그 작업에 착수했다. 시작은 '일하는 국회법'이다. 우리 당은 지난해 12월 9일 21대 정기 국회 마지막 본회의에서 국회법 개정안을 통과시켰다. 개정안의 골자는 상시 국회 체제를 갖추는 것이다. 이전까지는 2·4·6·8월에 임시회를 집회하고, 9월부터 100일간 정기국회를 열었다. 여기에 더해 매년 3월과 5월에도 임시국회를 추가로 열 수 있도록 명문화했다. 이로써 1, 7월을 제외한 모든 달에 국회가 입법 기능을 할 수 있게 됐다.

상임위원회 회의도 정례화했다. 상임위는 매월 2회 이상, 법률안을 심사하는 소위원회는 매월 3회 이상 열도록 의무화했다. 국회의원의 상임위 회의 출석률도 공개한다.

나는 이것으로 국회의 일하는 방식을 바꾸는 개혁이 끝났다고 생각하지 않는다. 아직도 많은 과제가 남아 있다. 그 가운데 두 가지는 21대 국회에서 여야가 머리를 맞대고 해법을 찾아야 한다고 본다.

첫째, 국회선진화법 개정이다. 2012년 여야는 합의를 통해 국회선진화법을 제정했다. '동물국회'를 막기 위해 만든 법이다. 그러나 어느 순간 국회선진화법은 '식물국회'를 만드는 법이 되고 말았다. 국민 대다수가 바라는 법안이어도 특정 정당이나 국회의원 한 명이 반대하면 처리하지 못한다. 이 문제를 해결하려면 패스트트랙 규정을 고쳐야 한다. 패스트트랙에 안건을 상정해도 최장 1년이 걸리는 문제를 바로잡아야 한다. 특정 정당, 특정 개인의 반대로 시급한 민생 법안이 발목 잡히는 현행 선진화법을 이대로 방치할 수는 없다.

둘째, 법제사법위원회(법사위)의 월권 방지다. 전 세계 어느 나라에서도 법사위가 위헌이나 다른 법률과의 충돌 여부, 법률 용어가 명확하고 적합한지 등을 검토하는 '체계 자구 심사'를 명분으로 무소불위의 권한을 휘두르는 사례는 없다. 그러나 우리 국회의 법사위는 '상원'처럼 군림한 지 오래되었다. 법사위원 한 명이 반대하면, 멀쩡한 법안도 본회의에 오르지 못한다. 20대 국회에서 법사위에 6개월 이상 계류된 법안만 1,000건이 훨씬 넘는다. 특히, 상임위에서 여야가 만장일치로 합의한 법안도 법사위가 제동을 걸면 국회 문턱에 오르지 못한다.

'직장 내 괴롭힘 방지법'이 대표적이다. 이 법은 직장 내 우월한 지위를 악용해 상습적으로 직원들을 괴롭히는 행위에 대해 처벌 조항을 명문화하는 것이다. 2016년 10월 발의되고 환경노동위원회에서 만장일치로 통과되었으나 이 법안이 국회 본회의를 통과하기까지는 무려 800일이라는 시간이 걸렸다. 야당의 법사위원 한 명이 반대했기 때문이다. 법사위의 월권을 제한할 수단이 필요하다. 법사위의 의사결정 방식을 합의가 아닌 다수결로 바꾸는 것이 방법이다. 또한, 법사위의 법안 심사 기간을 제한하거나, 체계 자구 심사 권한을 아예 폐지하는 것도 검토해야 한다.

셋째, 일하는 국회법이다. 20대 국회 들어 정쟁으로 국회가 멈춰선 것이 20번에 달한다. 특정 정당이 보이콧하면, 국회는 작동 불능 상태에 빠져버린다. 국민을 위한 법을 논의하고 만들어야 하는 국회가 정쟁으로 시간을 보내서는 안 된다. 각 상임위 법안심사소위를 일주일에 한두 번씩 정례화해야 한다. 이를 통해 국회 파행 기간에도 법안 심사는 정상적으로 이루어지도록 하는 장치를 마련해야 한다.

민심은 새로운 정치를 갈망한다. 그 갈망을 정치가 또다시 외면하는 일이 있어서는 결코 안 된다. 21대 국회는 20대 국회의 과오에서 교훈을 배워야 한다.

협치 그리고
개헌

선거제 개혁에 대한 단상

"일하는 국회가 되어야 한다." 모든 정당과 정치인은 이 말을 입에 달고 산다. 국회와 정치개혁을 위한 토론회도, 보고서도, 법안도 넘쳐난다. 그런데 왜 정치는 안 바뀔까?

사람의 문제일까, 아니면 제도의 문제일까? 정치를 바꾸려는 노력이 없었던 것은 아니다. 양적으로 따지면 그런 노력이 과하면 과했지 부족하지는 않다. 우리의 국회의원 교체율은 선진국과 비교해 무척 높다. '젊은 피 수혈', '전문가 등용' 등의 이름으로 선거 때마다 대규모 물갈이가 일어난다. 제도 개혁도 다르지 않다. 매번 국회마다 정치개혁특위는 사실상 상설 기구로 운영되고, 선거법을 비롯한 각종 정치관계법을 꾸준히 바꿔왔다. 그런데도 정치가 좋아졌다는 신호는 찾아볼 수 없다. 우리 정치를 위한 치료제나 백신은 없는 걸까?

우리 정치의 고질적 문제점을 바꿀 수 있는 방법 중 하나가 선거제 개혁이다. 기존의 소선거구제에서는 발생하는 문제점이 너무도 많았다. 승자독식의 구조 탓에 민의가 의석수에 제대로 반영되지 못했다. 지역주의에 뿌리내린 토착 정치의 문제도 낳았다. 이런 문제를 해결하기 위한 고민에서 준연동형 비례대표제가 도입되었다.

나는 선거법 개정안이 만들어지고 패스트트랙에 올리는 시기에 더불어민주당의 원내 사령탑이었다. 또 심상정 정의당 대표의 뒤를 이어 정개특위 위원장도 맡았다. 300명의 국회의원 중 준연동형 비례대표제 도입 과정에서 가장 큰 영향력을 행사했던 정치인임에 틀림없다.

사실 나의 고민은 극한 대립으로 치닫는 양당 구조 혁파였다. 지난 수십 년 동안 우리는 양당 정치로 인해 벌어지는 극단적인 갈등과 대립을 지켜봤다. 집권 정당이 단독 과반을 차지해도 대립과 갈등은 그대로였다. 2004년 열린우리당, 2008년 한나라당이 단독 과반을 차지했음에도 국정은 안정되지 않았다. 소수 정당이 많아져야 다양성을 발휘할 수 있는 구도가 만들어진다. 더구나 현대사회는 갈수록 복잡하고 다양해지고 있다. 이런 사회의 다양성을 정치가 수용해야 한다. 준연동형 비례대표제 도입에 내가 적극적으로 나선 이유이다.

물론 2019년 12월 27일 국회 본회의에서 통과된 선거법 개정안은 미흡한 측면이 없지 않다. 득표수와 의석수의 구조적 괴리를 해결하는 가장 좋은 방법은 비례의원 비중을 높이는 것이다. 그러나 국회의원 증원은 국민이 반대하고, 지역구 정원의 축소는 본회의를 통과하기 어렵다는 것이 우리의 현실이다. 국민의 신뢰를 얻지 못한 우리 정치의 책임이다. 그런 상황에서 준연동형 비례대표제를 통해 조금이나마 비례성을 강화하고 소수 정당의 국회 진출을 돕는 것이 당시에는 최선의 방법이라 여겼다.

선거제 개혁을 위한 첫걸음을 정말 어렵게 내디뎠다. 지난해 말 선거법 개정안이 국회에서 통과되는 순간, 나는 이제 우리 정치도 승자독식이 아닌 대화와 타협의 새로운 변화를 맞이할 줄 알았다. 그러나 자유한국당이 위성 정당을 만드는 순간 그 기대는 무너졌다. 법을 만드는 국회의원들이, 소위 공당이라는 세력이 법 개정 취지를 완전히 무력화하는 꼼수를 부릴 것이라곤 생각지도 못했다. 정치적 상대를 너무 몰랐고 철저하지 못했다.

우리로서는 비례 정당에 참여할 수밖에 없었다. 그래서 다들 곤혹스러워할 때, 어떤 형태가 되었든 비례 정당의 창당이 필요하다고 동료 의원들을 설득했다. 물론 원칙을 지키는 것도 중요하다. 그러나 유권자 40퍼센트를 책임지는 정당이 상대 지지층에게는 두 장의 투표용지가 주어지는데, 우리는 한 장으로 만족하라고 할 수 없었다. 그건 무책임한 행동이다. 게다가 선택의 결과는 향후 4년간 개인이나 당의 문제로 끝나지 않을 터였다. 국민의 삶에 지대한 영향을 끼치게 돼 있었다. 그 불확실성을 알기에 '나 몰라라' 할 수는 없었다. 10퍼센트 정당의 책임감과 40퍼센트 정당의 책임감은 다를 수밖에 없다. 원내대표로서 또 정개특위 위원장으로서 선거제도 개편을 주도했던 내가, 꼼수라는 비판에도 불구하고 비례 정당의 필요성을 설득해야 했던 이유이다.

현행 선거법은 어떤 식으로든 개선이 불가피하다. 원점으로 돌릴 수도 없고, 비정상을 방치할 수도 없다. 21대 국회에서 이른바 위성 정당, 또는 비례 전용 정당을 허용하지 않는 '원 포인트' 법을 개정하는 것이 최선의 방법이다. 제1 야당도 전향적으로 협조해야 한다. 선거제도 개혁을 통해 소수 정당의 진입이 용이하도록 하는 한편, 양당제로 인한 비토크라시를 줄여야 한다. 지난 선거 과정에서 확인된 문제를 진지하게 검토하고, 국회와 정치를 바꾸는 선거제 보완이 필요하다.

더 큰 협치의 길

정치에 입문한 이후로 내 오랜 꿈은 '정치의 복원'이었다. 국회는 사회적 갈등과 대립을 완화하는 곳이어야 하며, 그러기 위해서는 대화와 타협으로 문제를 풀어낼 수 있어야 한다. 이상주의자라 할 수도 있다.

하지만 국민을 위한 정치의 모습은 그래야 한다는 게 내 생각이다. 그래서 겉으로는 상대를 향해 고함을 칠 수도 있지만, 늘 상대를 배려한다는 것을 원칙으로 삼았다. 이 때문에 원내대표 시절 종종 "막말하는 야당에 너무 소극적인 것 아니냐"는 당내 비판도 많이 받았다. 2018년 6월, 20대 후반기 국회 원구성 협상 때는 우리 당 지지자들로부터 문자폭탄도 많이 받았다. "너무 많이 양보하는 것 아니냐"라는….

그래도 흔들리지 않았다. 오히려 그럴수록 극단적인 대립의 정치를 넘어서기 위해서는 협치(協治)를 해야 한다고 생각했다. 원내대표 시절 '협치의 제도화'를 제안한 것도 이 때문이다. 내가 꿈꾸는 협치는 간단하다. 싸울 때 싸우더라도, 적어도 국민과 국익을 위해서는 손을 맞잡는 모습을 보이자는 것이다.

돌이켜 봤을 때 우리 국민은 정치가 협치를 했을 때 박수를 보내주었다. 많이 부족했지만 나는 2018년 협치의 가능성을 엿봤다. 그해 8월 청와대에서 문재인 대통령과 여야 5당 원내대표가 마주 앉아 '여·야·정 국정상설협의체'를 가동했다. 우리 헌정 사상 처음 있는 일이었다. 이 협의체를 통해 수많은 민생 법안을 처리할 수 있었다. 그해 7월에는 여야 5당 원내대표가 초당적 의원외교에도 나섰다. 북핵 문제와 한반도 평화체제 안착을 위해 함께 미국에 가자는 나의 제안에 고 노회찬 의원 등 다른 당 원내대표들이 흔쾌히 응해주었다.

사실 정치개혁과 사법개혁도 협치를 통해 풀어낼 수 있었다. 2018년 말, 나는 자유한국당을 비롯한 야 4당에 개혁 법안을 함께 논의하자고 제안했다. 당시 김성태 자유한국당 원내대표에게도 그런 뜻을 전했다. 김성태 원내대표도 선거제도 개혁의 필요성에 공감했었다.

하지만 자유한국당 의원총회에서 거의 모든 의원이 반대했다. 이후 자유한국당은 어떠한 논의도 거부했다. 어쩔 수 없이 4+1 협의체를 구성할 수밖에 없었다. 미완의 협치였다. 그래도 그 정도 수준의 협치를 이룬 것도 대단한 성과라고 평가하고 싶다. 21대 국회는 코로나19라는 엄중한 위기 상황에서 출발했다. 이전과 같은 갈등과 분열의 정치로는 이 위기를 이겨낼 수 없다.

지난해 4월 선거의 결과 21대 국회는 지난 20대 국회보다 양당 체제가 더욱 강화되었다. 우리 더불어민주당은 전보다 더 많은 의석을 확보해 확실한 원내 1당이 되었다. 하지만 여당의 힘만으로 국정을 뒷받침할 수는 없다. 우리는 더 겸손해야 한다. 그리고 야당에 더 많은 것을 양보해야 한다. 특히 코로나19라는 비상한 상황인 만큼 협치는 필수불가결한 요소다. 필요하다면 거국 내각을 구성하는 방안도 적극 고려해야 한다는 것이 내 입장이다. 이미 2018년에도 그런 논의를 한 적이 있었다. 비록 성사되지는 못했지만, 야당이 국정에 일부 동참하는 방안을 청와대와 논의했었다. 코로나19를 위한 과감한 양보, 이를 통한 초당적 협치. 우리 민주당이 그 길을 앞장서서 열어야 한다.

개헌, 21대 국회의 의무

협치의 제도적 틀을 완성하려면 개헌도 적극 검토해야 한다. 헌법은 민주주의를 담아내는 그릇이다. 나라를 운영하는 근본적인 이념과 원리가 헌법에 녹아 있다. 우리가 지향할 목표 지향점도 헌법에 포함되어 있다.

그런데 지금 우리의 헌법은 변화한 현실을 제대로 담아내지 못하고 있다. 지금의 헌법은 1987년 6월 항쟁을 통해 분출하는 민주화의 열망을 반영했다. 벌써 34년 전이다. 그사이 우리 사회에서는 국가의 책임과 역할, 국민의 권리에 대한 인식이 변화했고, 권력 구조의 문제점 등에 대한 수정과 보완 요구가 많았다. 30년 전의 그릇에 급변하고 있는 우리의 현실을 다 담아낼 수 없다.

2018년 3월, 문재인 대통령은 이러한 정치·사회적 변화를 고려해 개헌안을 발의했다. 국민의 기본권을 확대하고 실질적인 지방자치를 강화하는 내용이 여기에 담겼다. 또 경제적 불평등 해소와 비례성을 강화하는 정치개혁의 목표도 제시했다. 대통령의 권한을 분산하고 일관되고 연속성 있는 국정 과제의 추진을 위해 4년 연임제를 도입하자는 제안도 했다. 하나같이 곱씹어볼 만한 내용들이다. 그러나 대통령의 개헌 발의에 대한 충분한 검토와 사회적 논의를 해야 함에도, 정치권은 그 책임을 지려 하지 않았다.

개헌은 '블랙홀'이다. 개헌 논의가 이루어지는 순간 모든 정치·사회 이슈를 빨아들인다. 이 때문에 그동안 개헌을 정치적 이해득실을 따져 정략적으로 이용하려는 시도도 많았다. 국정농단이 터졌을 때 박근혜 정부가 뜬금없이 개헌을 추진하겠다고 나선 것이 대표적이

역대 개헌안과 대통령 개헌안 비교

	2014년 국회 자문위	2018년 국회 자문위	문재인 대통령 헌법 개정안
전문	제헌헌법 전문 게시	6·10항쟁 추가	부마민주항쟁, 5·18민주화운동, 6·10항쟁 추가
기본권의 주체	사람	사람	사람
노동권 관련	현행과 비슷	'근로' 대신 '노동' 용어 사용 직접노동, 동일임금 명시	'근로' 대신 '노동' 용어 사용 국가의 동일노동 동일임금 보장 노력 명시
공무원 노동3권	현행과 비슷	군인, 경찰을 제외한 공무원 노동3권 인정	'현역 군인 등'을 제외한 공무원 노동3권 인정
생명권	신설	신설 및 사형제 폐지 명시	신설
정보기본권	신설	신설	신설
혼인의 기초	'성평등'	'개인의 평등'	'양성의 평등'
권력구조	대통령 6년 단임 내각제 양원제	대통령 6년 단임 이원정부제 양원제 대통령 결선투표제	대통령 4년 연임 단원제 대통령 결선투표제
대통령 권력 견제	하원에서 총리 선출 예산법률주의 정부 법률안 발의 가능	하원에서 총리 선출 예산법률주의 대통령 법률안 제출 불가	법률안 제출 시 국회의원 10인 이상 동의 필요 대통령에 대한 총리의 자율성 강화 예산법률주의 헌법재판소·감사원에서 대통령 영향력 축소
국민소환제	없음	대통령, 국회의원 국민소환제	국회의원 국민소환제
국민발안제	없음	법률안, 헌법개정안 국민발안제	법률안 국민발안제
토지 공개념	현행과 비슷	기존 조항에 토지 공개념 포함	토지 공개념 조항 신설
지방분권	상원 신설 나머지는 현행과 비슷	헌법 1조에 지방분권 명시 지방정부의 법률 제정권 신설 자치재정권 보장(법률)	헌법 1조에 지방분권 명시 지방정부의 조례 제정권 확대 자치재정권 보장(조례)

다. 오직 정략적 목적을 위한 개헌이라면 하지 말아야 한다. 그러나 대한민국의 미래를 재설계하기 위한 개헌은 꼭 필요한 작업이다. 물론 헌법을 바꾸는 것은 국민적 공감대와 절실함이 있을 때 가능하다. 사회 구성원 모두의 합의도 필요하다.

그렇다면 지금이 바로 개헌을 고민해야 할 때다. 불평등 문제는 임계점을 넘어설 정도로 심각해졌다. 소멸 위기에 처한 지방에 활기를 불어넣기 위해서는 연방제에 가까운 지방분권이 이루어져야 한다. 5년 단임제의 현행 대통령제로는 국가의 미래를 위한 지속적이고 연속성 있는 정책 추진이 어렵다.

대통령에게 주어진 과도한 권한의 집중 문제도 개선해야 한다. 이 모든 문제에 대해 국민은 심각함을 느끼고 있다. 그렇다면 정치권이 책임지고 개헌 논의를 시작해야 한다. 각자의 유불리를 따지지 말고, 새로운 대한민국 100년을 위한 기틀이 될 뼈대를 다시 짜야 한다. 21대 국회는 그 책임을 회피해서는 안 된다.

더 담대한
진보

진보, 더 담대하게

"보수는 정체성을 지키기 위해 개혁한다." 보수의 원조로 불리는 영국의 정치가 에드먼드 버크(Edmund Burke)의 말이다. 변하지 않는 원칙을 고수하면서 때로는 변화를 수용해 과감한 개혁을 하는 것이 진정한 보수라는 의미다. 나는 버크의 명언을 지금 대한민국 진보 진영이 귀담아들어야 한다고 생각한다. 1970년대와 80년대 진보는 독재에 맞서 민주화를 향한 국민의 열망을 대변했다. 자유와 민주주의를 위해 헌신했고 죽음을 감수하며 맞섰다. 1990년대의 진보는 서민과 약자의 편이자 통일의 꿈을 국민에게 제시하였다. 그 꿈을 통해 사상 첫 정권 교체를 이루어냈다. 김대중 대통령과 노무현 대통령은 남북 정상회담을 통해 평화의 안착을 주도했다.

그러나 보수 정권 10년 동안 진보는 방황했다. 정권 창출에 실패한 책임 속에 진보는 한동안 길을 잃었다. 서민과 약자를 위한 경제민주화는 보수 진영이 선점했다. 민주화 이후의 담론을 진보 진영은 만들어내지 못했다. 그렇게 2012년 대선에서 패배했다. 오랜 방황 끝에 진보는 촛불혁명을 이룬 국민의 힘으로 부활했다. 더 나은 나라를 만들어달라는 것이 촛불을 들었던 국민의 기대였다. 이러한 국민의 기대를 지난 3년 동안 진보 진영은 과연 얼마나 충족시켰을까? 진보는 자만을 경계해야 한다. 지난 총선은 잊어야 한다. 총선의 승리는 코로나19라는 위기를 이겨내라는 국민의 채찍으로 받아들여야 한다. 이 위기를 통해 우리는 다시 국민에게 희망을 주는 진보로 거듭나야 한다.

그러기 위해 진보는 더욱 유연해져야 한다. 지난 3년간 나는 이념에 경도된 진보의 경직성을 보았다. '인터넷 전문 은행법'을 둘러싼 논란은 그 단면 중 하나다. 4차 산업혁명 시대를 대비한 혁신을 위해 법과 제도를 고치려는 노력을, 재벌을 위한 특혜라고 할 수 있을까? 이중 삼중의 안전장치를 만들어 놓았는데도 과거의 논리와 기준에 맞춰 반대하는 건 지나친 교조주의다. 진보 진영 그리고 우리 더불어민주당은 집권당이다. 집권당으로서 더 당당하고 더 유연해야 한다. 그동안 우리는 너무 경직되어 있었다. 과거 운동권이나 소수 야당 시절의 사고에 머물러 있어서는 안 된다. 지지층뿐만이 아니라 5,000만 국민을 대표하는 집권 정당이어야 한다.

진보는 또한 실력을 갖춰야 한다. "보수는 부패했지만 능력이 있고, 진보는 도덕적이지만 실력이 없다"라는 말을 더는 들어서는 안 된다. 경제 분야에서 실력을 보여야 한다. 그러기 위해서라도 과도한 이념적 자기 고립에서 벗어나야 한다. 기업을 위한 특혜는 없어야 하지만 기업의 기를 살리는 정책은 필요하다. 진보의 정체성을 지키기 위해서라도 우리 스스로 더 유연해져야 한다.

영국 보수당이 주는 교훈

2016년 미국 대선에서 민주당의 힐러리는 공화당의 트럼프에 큰 표차로 패배했다. 대부분 여론조사는 힐러리의 우세를 점쳤으나 결과는 딴판이었다. 민주당이 도덕적으로 더 우위에 있고, 환경과 불평등 등 정치적 담론에서도 우위를 차지했으며, 인구통계학적으로도 정권 재창출이 가능하다고 여기고 있었다. 그런데도 민주당은 졌다. 왜일까?

미국의 유명한 정치 논객 토머스 프랭크(Tomas Frank)는 2016년에 펴낸 《민주당의 오만과 착각》에서 민주당 패배의 원인을 "착각과 오만"이라고 지적했다. 책 내용의 상당 부분에는 동의하기 어려워도 이 대목만은 곱씹어볼 만했다. 즉 민주당의 패배는 사람과 세계를 선과 악의 이분법으로 접근하고 엘리트와 능력주의에 의존한 결과라는 지적이다. 정치를 도덕화했다는 얘기다. 도덕적 우월에 빠진 민주당과 달리 트럼프와 공화당은 현실에 집중했다. 비록 포퓰리즘이라는 비판을 받긴 했어도 저소득 노동자들의 불만을 건드렸다.

물론 트럼프식의 편 가르기식 국정 운영은 미국을 분열시키는 등 많은 문제점을 노정했다. 그 결과가 지난 대선에서의 패배였다.

다시 프랭크의 책 얘기로 돌아가자. 《민주당의 오만과 착각》은 미국 민주당만의 얘기는 아닐 것이다. 우리 더불어민주당에 대한 지적일 수도 있다. 많은 사람이 '100년 정당'을 얘기하는데 현실에서는 '5 년 정당'도 찾아보기 힘들다. 민주당 또한 수없이 많은 분열과 변화, 재구축의 과정을 겪어왔다. 선거에 질 때마다, 정권 재창출에 실패할 때마다 우리는 많은 반성을 하고 쇄신을 약속한다. 하지만 어느 순간 또 과거의 실패를 답습한다.

더불어민주당은 더 강해져야 한다. 지난해 말 영국 시사주간지 〈이 코노미스트〉에는 이런 기사가 실렸다. "전 세계에서 가장 성공적인 정당은 어디인가?" 〈이코노미스트〉는 '토리(Tories)'로 불리는 영국 보수당을 꼽았다. 영국 보수당은 1832년에 창당했다. 세계에서 가장 오랜 역사를 지닌 정당이다.

188년 동안 보수당은 영국 정치의 중심이었다. 윈스턴 처칠, 마거 릿 대처, 에드워드 히스(Edward Heath) 등 스타급 정치인도 대거 배 출했다. 19세기와 20세기에 걸쳐 대부분 집권당으로서 권력을 잡았 다. 즉 1997년 토니 블레어(Tony Biair)의 노동당에 패배하기 직전까 지 123년 동안 무려 84년을 장기 집권했다. 21세기 들어서도 보수당 은 여전히 영국의 집권당이다.

〈이코노미스트〉는 보수당의 경쟁력으로 세 가지를 꼽았다.

첫째는 유연함이다. 모든 정당의 제1 목표는 정권의 획득이다. 보 수당은 이 목표 달성을 위해 유연하게 당 조직을 운영했다. 필요하다 면 원칙에 대한 과감한 수정도 가했다. 둘째는 애국심이다. 보수당은 다른 어느 정당보다 앞장서서 나라를 위한 애국심을 실천했다. 두 차 례의 세계대전, 아르헨티나와의 전쟁에서 국민을 지키는 역할을 자 임했고 또 해냈다. 국가와 국익을 위한 일에는 발 벗고 나섰다.

셋째는 재미다. 영국 보수당은 한국과 일본의 보수 정당과는 달리 국민에게 재미있고 친근한 이미지를 갖추고 있다. 그렇다고 해서 가볍지도 않다. 반면 영국 노동당은 진지함으로 가득하다.

변화를 두려워하지 않는 유연함, 국익과 국민을 먼저 생각하는 애국심, 그리고 진지함과 무거움을 대신하는 친근한 이미지. 이 세 가지가 영국 보수당이 오랜 기간 국민의 지지를 받는 집권 세력이 된 비결이다.

대한민국의 진보 진영, 그리고 우리 더불어민주당도 영국 보수당을 벤치마킹해야 한다. 이념에 스스로를 가두는 경직성을 경계해야 한다. 도덕적 우월함보다 현실에 기반한 리얼리즘을 갖춰야 한다. 이런 변화를 통해서 우리는 강한 집권 여당으로 거듭날 수 있다. 해방 이후 지금껏 대한민국에는 '성공한 대통령'이 단 한 번도 나오지 못했다. 비극으로 끝난 경우가 더 많다.

우리도 이제는 '성공한 대통령'을 가질 수 있어야 한다. 그러기 위해서는 집권 여당이 강해야 한다. 집권 여당이 더 유연하고 탄탄한 실력을 갖춰야 국정이 안정된다. 국정이 안정되어야 국민이 편안하다. 이제 그 길로 가자.

더불어민주당이 가야 할 길

1년 전 우리는 거대 여당이 되었다. 이제는 "야당이 발목 잡아서"라는 핑계를 더는 댈 수 없다. 국회에서의 입법과 국정 운영의 결과는 오롯이 민주당이 감당해야 할 몫이다. 우리 당을 향한 여론의 시선이 갈수록 차가워지고 있는 것도 결국은 우리의 책임이다. 앞으로의 상황이 더 두렵다. 그 두려움을 알기에 우리 더불어민주당은 바뀌어야 한다. 힘으로 야당을 억누르겠다는 생각은 버려야 한다. 분열과 갈등의 정치가 국회에서 재연되는 것도 우리 민주당의 책임이다. 더 크고 넓은 집권 정당으로 가야 한다. 그러려면 당내 민주주의를 먼저 강화해야 한다. 더불어민주당은 다양한 사고를 담아낼 수 있는 더 큰 용광로가 되어야 한다. 배척하는 대신 포용해야 한다. 그 방법이 협치의 제도화여야 한다고 나는 확신한다. 국가와 국민을 위해 모든 걸 내줄 수 있다는 각오로 야당을 대해야 한다. 정책 역량도 강화해야 한다. 미국과 유럽의 정당은 탄탄한 정책 역량을 갖추고 있다. 미국 공화당은 헤리티지 재단을 통해 보수의 복음을 알릴 지식과 메시지를 지속적으로 공급받는다. 미국 민주당의 외연에는 브루킹스연구소가 있다. 우리 더불어민주당도 미래를 위한 투자에 나서자. 진보의 경제정책과 산업정책, 노동정책, 복지정책을 짜임새 있고 설득력 있게 만들 수 있는 싱크탱크를 갖춰야 한다. 지금 수준으로는 안 된다. 역량 있고 참신한 아이디어를 갖춘 인재들을 확보하고 이들을 위한 싱크탱크를 새로 구축해야 한다.

불행의 얼굴을 한 축복(The disguised blessing). 1998년 IMF 총재였던 미셸 캉드쉬(Michel Camdessus)가 한 말이다. "한국이 지금 겪고 있는 외환위기는 '불행을 가장한 축복(disguised blessing)'일지 모른다"라는 그의 말은 당시 우리 국민의 복장을 뒤집어놓았다. 그런데 요즘 이 말을 자꾸 되뇌게 된다. 인류를 위협하는 코로나19 위기 속에서 전 세계가 한국에 주목하고 있다. 가장 효과적으로 방역에 성공했으며, 모든 나라가 멈춰 선 순간에 우리는 선거까지도 성공적으로 치러냈다.

세계적 베스트셀러 《디커플링》의 저자인 탈레스 테이셰이라(Tales Teixeira) 전 하버드대 교수는 "한국은 전 세계에 열린 민주주의국가로 뚜렷하게 인식됐다"며 "코로나19 사태가 진정되면 '놀라운 기회'를 잡게 될 것"이라고 말했다.

코로나19 대응 과정에서 높아진 대한민국 브랜드 가치는 측정이 안 될 정도다. 천문학적 홍보비를 쏟아부어도 얻을 수 없는 값진 성과다. 제조·IT 강국, BTS와 〈기생충〉에 이르기까지 경제와 문화 등에서 대한민국은 이미 훌쩍 성장해 있다. 집단 면역을 조기에 완성하고, 경제 회복의 기틀을 보다 더 탄탄히 다진다면 코로나19 이후 한국의 위상은 이전보다 더 높아질 것이다. 우리는 한 번도 강대국의 꿈을 꾸어본 적이 없다. 이제는 꿈을 조금 더 키워봐도 좋지 않을까? 매력적이고 스마트한 '강대국'으로 도약하는 꿈 말이다.

우리 더불어민주당이 그런 미래를 만들어갈 역량을 갖춰야 한다. 닫힌 정당이 아닌 열린 정당, 경직된 진보가 아닌 유연한 포용의 진보, 이념이 아닌 실력으로 국민과 경제를 지키는 정당의 길로 가야 한다. 새로운 대한민국의 100년을 이끌, 100년 정당의 꿈을 함께 만들어가자.

패스트트랙 보고서
정치적 상상력에서 시작된 새로운 민주주의

국회선진화법에 있는 패스트트랙은 국회의원들도 잘 모르고 있던 절차였다. 하지만 나는 2017년에 박주민 의원이 발의한 '사회적 참사의 진상 규명 및 안전 사회 건설 등을 위한 특별법'이 패스트트랙을 통과해 본회의에서 의결되고, 같은 해 12월 12일 제정·시행되는 일련의 과정에 깊이 관여했었기 때문에 그 절차와 내용을 누구보다도 정확히 알고 있었다. 패스트트랙은 법안의 국회 논의를 강제하는 법이다. 패스트트랙은 공수처법과 선거법 개정안, 그리고 검·경 수사권 조정을 위한 불가피한 선택이었다.

패스트트랙과
그 의미

2018년 5월 11일 더불어민주당 원내대표로 선출된 후, 나는 우선 1년이라는 재임 기간에 해야 할 국정 과제들부터 점검했다. 그런데 대통령의 1호 공약인 공수처 설치와 검·경 수사권 조정에 관한 법률안들이 준비조차 되어 있지 않다는 사실을 알게 되었다. 촛불 혁명으로 새로운 정부가 들어선 지 1년이라는 시간이 흘렀고, 70퍼센트의 국민이 찬성하고 있는 법안에 대해 아직 제대로 된 논의조차 않고 있었다니 너무 의아했다.

나는 당시 청와대 민정수석이던 조국에게 바로 전화를 걸어 자초지종을 물었다. 조 수석은 탄식하면서 검찰의 반발로 지연되고 있고, 정부 내에서도 이견이 존재한다고 답했다. 이유가 어찌 되었든 손 놓고 지켜보기만 해서는 결코 안 될 일이었기 때문이다.

공수처 설치에 대한 정부와 여당 안부터 서둘러 만들어야 했다. 나는 곧바로 정부 관련 부처 간 합의문부터 만들도록 했다. 이후 당·정·청 협의를 이끌며 우리 당과 행안부, 법무부의 안을 조율해 나갔다. 그해 10월 초쯤 성안(成案) 작업이 마무리되었고, 정기국회를 통해 관철하겠다는 의지를 대외적으로 밝혔다. 덧붙여 국회 통과를 위한 물밑 작업도 진행했다. 심상정 의원에게 정개특위 위원장 자리를 제안한 것 역시 같은 맥락에서였다.

민주평화당과 정의당 소속 국회의원들이 만든 원내교섭 단체의 대표였던 고 노회찬 의원은 원래 환경노동위원회 위원장 자리를 원했었다. 하지만 연동형 비례제 도입을 원하는 정의당의 의중을 파악한 나는 역으로 정개특위 위원장을 권했다. 패스트트랙 절차를 활용해 입법을 완수하리라는 전략을 그때부터 염두에 둔 것이었다.

국회선진화법에 있는 패스트트랙은 국회의원들도 잘 모르고 있던 절차였다. 하지만 나는 2017년에 박주민 의원이 발의한 '사회적 참사의 진상 규명 및 안전 사회 건설 등을 위한 특별법'이 패스트트랙을 통과해 본회의에서 의결되고, 같은 해 12월 12일 제정·시행되는 일련의 과정에 깊이 관여했었기에 그 누구보다도 절차와 내용을 정확히 알고 있었다. 패스트트랙은 법안의 국회 논의를 강제하는 법이다. 활용만 잘한다면 모든 상황을 반전시킬 수도 있었다. 정치권을 지배하고 있던 '공수처법을 과연 통과시킬 수 있겠어?'라는 비관론을 말이다.

당시 또 하나 국민적인 열망은 대표성과 비례성을 담보한 선거법 개혁이었다. 그런데 선거법 개혁에는 거대 양당보다는 정의당과 바른미래당을 비롯한 군소 정당들의 요구가 더욱 거셌다. 선거법을 개혁하지 않으면 그들 당의 존립 자체가 위험한 상황이었다. 나는 더불어민주당 소속이었지만 현행 선거제도의 문제점을 깊이 인식하고 있는 국회의원 중 한 사람이었다. 공수처법과 선거법 개정을 함께 묶어 패스트트랙에 태우면 뭔가 새로운 역사가 만들어질 수도 있겠다는 생각을 하게 된 배경이었다.

누가 정치를 생물이라고 하였던가? 하지만 원하는 대로 순조롭게 진행되지는 않았다. 선거법 개정을 요구하며 바른미래당의 손학규 대표와 정의당의 이정미 대표가 단식에 들어갔고, 나는 당시 김성태 자유한국당 원내대표에게 선거법 개정에 대한 당의 의견을 물었다. 그런데 자유한국당 의원총회에서 연동형 비례제 도입을 골자로 한 선거법 개정에 대해 절대적인 다수가 반대했다.

이대로라면 선거법뿐만 아니라 공수처법 역시 통과를 장담할 수 없는 절망적인 상황이었다. 내가 낙담하고 있을 때 뜻밖의 반전이 일어났다. 김성태 원내대표 후임으로 새롭게 선출된 나경원 원내대표가 자기 방으로 와달라고 청해서 찾아갔더니 야당 원내대표들이 모여 있었다. 나 의원은 내게 연동형 비례제 검토에 합의하겠다고 했다. 나는 놀라긴 했으나 재빨리 사인을 했다. 전혀 예상치 못한 곳에서 물꼬가 터진 것이다. 물론 그 후에 나 대표는 원내대표 간 합의문에 대해 부정하고 변명하는 듯한 태도로 바뀌었다. 그렇다면 무슨 이유로 합의에 임했는지 알 수 없었다. 돌이켜 생각해보면 시대적 요구란 그런 것이 아니겠는가? 정치적 상상력으로 깔아두었던 포석을 따라 정치·사법개혁 열차는 그렇게 움직이기 시작했다.

정치·사법개혁 열차는
떠나네

패스트트랙 일지 1

2018. 10. 24: 1차 정개특위 ~ 2018. 11. 28: 6차 정개특위

　　　　선거법 개정안 다각적 검토 (① 300 유지 + 권역별 연동

　　　　형 비례 ② 300 유지 + 도·농 복합형 소선거구 + 권역별

　　　　비례 ③ 의원 수 확대 + 권역별 연동형 비례 등등)

2018. 12. 06: 손학규, 이정미 단식 시작

2108. 12. 13: 더불어민주당 정책조정회의(홍영표, 자유한국당 제외 선

　　　　거법 개정 논의 시사)

2018. 12. 15: 원내 5당 연동형 비례제 도입 검토 합의, 손학규·이정미

　　　　단식 중단

2018년 12월 6일: 손학규, 이정미 단식 시작
─선거제도 개혁의 필요성

바른미래당, 정의당, 민주평화당은 대표성과 비례성이 강화된 선거제 도입을 지속적으로 요구했다. 이들 야당은 2016년에 치러진 20대 총선에서 정당의 득표율보다 훨씬 적은 수의 의석을 얻었다. 그때문에 야당들은 선거법 개정이 절실했다. 야당들은 거의 모든 정치현안에 대한 참여 조건이 여당의 선거법 개정 약속 및 이행이었다.

그러던 중 2018년 12월 6일 더불어민주당과 자유한국당은 선거법개정의 구체적인 약속 없이 2019년도 예산안에 합의했다. 이에 손학규 바른미래당 대표와 이정미 정의당 대표가 무기한 단식 농성에 돌입했다. 민주평화당도 선거제도 개혁을 요구하면서 로텐더 홀에서농성을 시작했다.

2018년 12월 11일: 홍영표 발표
─국민의 대표성과 비례성을 반영한 선거법 동의

당시 더불어민주당 원내대표였던 나는 민주당은 선거법 개정에 결코 반대하지 않는다며 단식 중단을 촉구했다. 원내대책회의에서 후반기 원구성을 할 때 이례적으로 소수 정당에게 정치개혁특별위원장도 맡긴 사실을 상기하면서 대표성과 비례성을 반영한 선거법 개정에 대한 입장에는 변함이 없다고 밝혔다.

나는 12월 8일 여야 3당 원내대표 논의 때, 바른미래당 김관영 원내대표가 작성한 합의문 초안인 연동형 비례대표제 도입에 공감한다고 했다. 또한, 구체적 개편 방안을 정치개혁특별위원회(이하 정개특위)에서 논의해 결정하자고 했고, 민주당은 이를 위해 정개특위 활동 시한을 연장해 그 이상의 연동형 비례대표제 도입에도 원칙적으로 동의한다고 설명했다.

2018년 12월 13일: 더불어민주당 정책조정회의
―야 3당과 더불어민주당만이라도 논의

나는 이날 국회에서 열린 당 정책조정회의에서 자유한국당 내에서 선거법에 대한 논의가 아직 충분하지 않고 연동형 비례대표제에 대해 굉장히 부정적인 분위기가 있는 것 같다며 합의 도출을 시도는 해보겠지만 여의치 않으면 야 3당과 더불어민주당만이라도 연동형 비례대표제를 중심으로 한 선거법 개정에 대해 정치개혁특별위원회를 가동해서 논의를 활성화하는 것이 필요하다고 밝혔다.

2018년 12월 15일: 나경원, 연동형 비례제 검토 합의
―원내 5당 연동형 비례제 도입 검토 합의

야 3당이 요구해온 선거제도 개편과 관련하여 여야가 연동형 비례대표제 도입을 적극 검토하기로 합의했다. 더불어민주당, 자유한국당, 바른미래당, 민주평화당과 정의당 등 여야 5당 원내대표는 "연동형 비례대표제 도입을 위한 구체적인 방안을 적극 검토하고, 관련 법안은 1월 임시국회에서 합의 처리한다"는 내용의 합의문을 발표했다.

여야 5당은 비례대표 확대와 의원 정족수 등 구체적인 내용은 정개특위 활동 시한을 연장해 논의하기로 하고, 선거제 법안 개정과 동시에 권력구조 개편을 위한 개헌 논의도 시작하기로 합의했다. 선거제 개혁 합의에 따라 바른미래당 손학규, 정의당 이정미 당대표는 9일 만에 단식을 중단했다.

2018년 12월 19일: 자유한국당 의총 연동형 비례제 부정적

국회 정치개혁특별위원회 자유한국당 간사인 정유섭 의원은 연동형 비례제가 '민심 그대로 선거', '사표를 방지하고 승자독식을 없애는 제도'가 아니라 실은 군소 정당이 살아남기 위한 제도이며 손학규, 이정미 대표가 사활을 걸고 단식을 했던 이유도 마찬가지라고 주장했다. 이처럼 자유한국당은 나경원 원내대표가 검토하겠다고 말했던 연동형 비례제에 대해 대체로 부정적으로 보고 있었다.

패스트트랙 일지 2

2018. 12. 20: 7차 정개특위

2019. 01. 21: 민주당 협상 방침안 결의(200+100, 권역별/준연동형, 공천제도 개혁)

2019. 01. 22: 나경원, 권력구조 개편(국회 추천 총리제) 연계 선거법 개정 주장

2019. 01. 23: 야 3당 선거법 개정 공동안 제시(220+110, 연동형, 석패율, 이중 등록제)

2019. 01. 24: 8차 정개특위(민주당–준연동형, 야 3당–연동형, 자유한국당–당론 없음 / 각당 원내대표 간 정치 협상 병행, 소위원회 운영 결정)

2019. 03. 11: 국회의장, 여야 4당 원내대표 선거법 개정안 및 패스트트랙 추진 합의(나경원 불참)

2019. 03. 12: 나경원 기자간담회(권력구조 개편 / 비례대표제 폐지 + 지역구 의원 수 10퍼센트 감축 제안)

2019. 03. 17: 여야 4당 합의안 초안 공개(225+75 / 1인 2표 / 권역별 준연동형(정당 득표율 우선 배분, 연동 50퍼센트 + 병립) / 석패율 / 18세 / 3퍼센트 봉쇄)

2019. 04. 22: 여야 4당 선거법+공수처법 패스트트랙 지정 합의

2019. 04. 24: 선거법 개정안(심상정 외 17인) 의안 등록

2019. 04. 26: 9차 정개특위(바른미래당 의원 불참)

2019. 04. 29: 11차 사개특위, 백혜련 안 및 권은희 안 패스트트랙 지정

2019. 04. 30: 10차 정개특위(선거법 개정안 패스트트랙 지정)

2019년 4월 22일: 여야 합의

—여야 4당 선거법+공수처법 패스트트랙 지정 합의

여야 4당(민주-바른-평화-정의)의 원내대표(홍영표, 김관영, 장병완,

윤소하)가 국회 정론관에서 선거제 개편, 공수법안 등을 패스트트랙으로 지정하는 데 전격 합의한다는 내용의 기자회견을 했다.

이날 합의 내용은 지역구 225석, 비례 75석의 준연동형 비례대표제로 했고, 공수처는 기소권을 제외한 수사권과 영장청구권, 검찰의 불기소처분에 대해 법원에 재정신청 권한을 부여하기로 했다. 다만 공수처의 수사 대상 중에 판사, 검사, 경찰의 경무관급 이상이 기소 대상에 포함된 경우에는 공수처에 기소권을 부여했다.

2019년 4월 24일: 17인 발의
—선거법 개정안(심상정 외) 의안 등록

정치개혁특별위원회에서 공직선거법 일부 개정안 심상정 등 17인 발의. 의안과 접수 완료. 의안 번호 2019985. 김관영 바른미래당 원내대표는 SNS를 통해 패스트트랙 지정에 반대의 뜻을 밝힌 국회 사법개혁특별위원회 간사인 오신환 의원을 사보임(교체)하겠다고 했다. 사보임은 사임(辭任, 맡고 있던 일자리를 그만두고 물러남)과 보임(補任, 어떤 직책을 맡도록 임명함)이 합쳐진 말이다. 국회 상임위원회나 특별위원회 위원의 사임과 보임을 묶어서 지칭하는 용어였다. 국회법 48조에 의하면 상임위원은 교섭단체 소속 의원 수의 비율에 따라 각 교섭단체 대표의원의 요청으로 의장이 선임하거나 개선한다. 교섭단체의 대표가 사보임을 국회의장에게 신청하고, 국회의장이 이를 승인하면 위원의 사임과 보임이 완료된다.

오 의원은 사법개혁특별위원회(이하 사개특위) 위원 18명의 위원

중 1명이었다. 공수처 법안이 위원회를 통과해 패스트트랙에 실리려면 위원의 60퍼센트가 찬성해야 한다. 지금 상황으로는 사개특위 위원인 바른미래당 오신환, 권은희 의원의 찬성표가 필요했다.

패스트트랙에 반대하는 자유한국당 의원들이 오 의원의 교체를 막기 위해 국회의장실로 찾아가 고성을 지르며 달려들어 문희상 의장을 겁박했다. 그 바람에 문희상 의장이 '저혈당 쇼크' 증세를 보여 병원으로 실려 갔다.

2019년 4월 25일 목요일
—패스트트랙과 전운이 감도는 국회

대치 국면

국회 안은 소란스러웠다. 자유한국당 의원들은 정개특위와 사개특위가 열릴 예정인 회의장들을 이미 점거한 상태였다. 유승민, 오신환 의원 등 바른미래당 관계자들은 국회 의사과 안에 진을 치고 있었다.

전날 오전 바른미래당 김관영 원내대표는 오신환 의원을 사개특위에서 사보임을 하겠다는 의사를 밝혔다. 패스트트랙에 반대하는 야당 의원들이 국회의장실로 항의 방문했을 때보다 격앙돼 보였다.

원내대표 사무실에 도착하자마자 나는 일단 정개특위와 사개특위 위원들에게 비상대기를 요청했다. 곧이어 바른미래당 김관영 원내대표가 사개특위 오신환 의원에 대한 사보임 신청서를 의사과에 팩스로 제출했다는 소식이 들려왔다. 신청서가 접수되자 현장에 있던 유승민계 의원들은 위법하다고 강력하게 반발하며 사무실을 빠져나갔다고 했다. 병원에 입원해 있는 문희상 국회의장을 만나려고 하는 듯했다. 문 의장은 전날 있었던 일로 충격을 받아 저혈당 쇼크에 빠졌던 건데, 그를 찾아가 사보임 결재를 막으려는 의도였다.

전날 자정 무렵 바른미래당 소속 권은희 의원이 회의장을 박차고 나갔다. 공수처(고위공직자 수사처) 설치법 내용에 동의할 수 없다며 사개특위에서 빠지겠다고 했다. 4월 26일까지 공수처법을 신속 처리 법안으로 상정하겠다고 국민께 약속한 상황이었다. 패스트트랙에 필요한 정족수는 11명. 사개특위 소속 자유한국당 의원들을 제외하고, 단 한 명의 이탈도 있어서는 안 되는 상황이었다. 그때 김관영 원내 대표가 다른 의원을 대기시켜놓을 테니, 성안 작업을 마무리하자고 제안했다. 사개특위 위원들이 남아서 백혜련 의원이 대표 발의한 '공수처 설치 및 운영에 관한 법률안'의 초안을 완성한 시각은 새벽 4시 무렵.

나는 송도에서 오전 7시에 개최된 인천경영포럼 조찬 강연회에 참석 후 국회로 돌아왔으니 한숨도 자지 못한 셈이었다. 곧이어 바른미래당 채이배 의원이 의원실에 갇혀 있다는 소식이 들려왔다. 채이배 의원은 오신환 의원을 대신해서 바른미래당 사개특위 간사로 보임하겠다고 김관영 원내대표가 밝혔던 인물이다.

나는 김관영 원내대표에게 전화를 걸었다. 수화기에서 들려오는 김 대표의 목소리에도 당황한 기색이 역력했다. 채이배 의원이 사개특위에 합류하는 것을 막기 위해 몇몇 자유한국당 의원들이 의원실로 찾아갔다는 것이다. 그러고는 집기류로 출입문을 막아버렸다고 했다. 결국, 입원해 있는 문희상 의장이 오신환 사개특위 간사에 대한 사보임 신청서에 결재했다는 소식이 들려왔다. 오신환 의원은 사보임이 부당하다며 헌법재판소에 효력정지가처분을 신청할 것이라고 했다. 패스트트랙을 둘러싼 대치 국면이 점점 확대되는 형국이었다.

사보임, 그리고 또 사보임

바른미래당 김관영 원내대표로부터 전화가 걸려왔다. 김 원내대표는 권은희 의원이 사개특위 사퇴 의사 번복을 피력했다고 설명했다. 오신환 의원의 사보임에 대한 반향이 예상치를 훨씬 웃돌았다. 계속 밀어붙일 수만은 없는 상황. 김 원내대표의 정치적 입장도 곤란한 처지였다. 나는 일단 운영위원회 회의실에서 만나자고 한 뒤 전화를 끊었다.

김관영 원내대표는 자신이 세운 원칙 아래 매우 분명하고 간결하게 결정할 줄 아는 인물로 평가되었다. 김 원내대표와는 국회 의안과 업무가 마감되는 오후 6시 전까지 공수처 관련 법안에 대해 최종적인 합의를 시도해보기로 했다. 나는 사개특위 위원장 이상민 의원에게 전화를 걸어 상황을 전달했다. 그는 알았다면서 공수처법 대표 발의자인 백혜련 의원과 함께 가겠다고 했다. 오전에 비상대기를 부탁해 놓은 상태라 의원들이 빨리 모일 수 있었다. 권은희 의원도, 감금에서 풀려난 채이배 의원도 속속 합류했다. 일각을 다투는 최후의 협상이 시작됐다.

백혜련 의원과 권은희 의원이 서로 언성을 높였다. 논의는 격렬했고 다툼도 있었다. 이상민 위원장이 분위기를 부드럽게 만들어 마냥 지루한 회의는 아니었으나 전날 밤처럼 권은희 의원과 접점을 찾기란 쉽지 않았다. 공수처 법안을 두고 회의가 진행 중이라는 소식을 듣고 몰려온 야당 의원들이 회의실 앞을 가득 메웠다. 그들이 외치는 반대 구호가 회의장 안까지 들려왔다. 권은희 의원과의 마지막 협상은 난항을 거듭하고 있었다.

그때 유승민 의원과 오신환 의원이 회의장 안으로 들어섰다. 그는 나타나자마자 사보임을 문제 삼았다. 사보임에 관한 논란은 헌법재판소에 심판을 청구했다고 하니 답변을 기다리면 되는 것이고, 만약 헌재에서 인용한다면 나 자신이든 김관영 원내대표든 문희상 국회의장이든 그에 대해 정치적 책임을 져야 했다.

나는 유승민 의원에게 공수처는 의원님의 대선 공약이기도 하니 우리를 도와주어야 하는 게 아니냐고 물었다. 유승민 의원은 말없이 돌아갔다. 오후 6시까지 얼마 남지 않은 시각이었다. 결국, 권은희 의원이 제안했던 법안 내용 중 대부분을 추가 반영해서 마무리하는 것으로 정해졌다. 법안 작성을 끝내고 의안과에 접수하는 일만 남았다. 혹시라도 마감 시간을 놓칠까 모두 분주히 움직였다.

그런데 권은희 의원이 제2장 공수처 조직에 관한 부분을 다시 논의해야 한다고 했다. 그렇지 않으면 동의하지 않겠다는 것이었다. 나로서는 법안 상정을 지연시키려는 의도가 아니고서는 도무지 이해가 되지 않는 행동이었다. 김관영 원내대표는 약속을 지키겠다고 설명했다. 권은희 의원도 사임시키겠다는 의미였다. 오신환 의원에 이어 권은희 의원마저 사임한다면 후폭풍이 만만찮을 것이었다.

또한, 사보임을 한다면 당장 대신 들어올 의원이 필요했다. 그럴 준비가 되어 있는지도 알 수 없었다. 김 원내대표는 전날 밤 권은희 의원이 사개특위에 사퇴 의사를 밝혔을 때부터 임재훈 의원을 후임으로 대기시켜 두었다고 했다. 그것은 큰 승부수였다. 자신의 정치 인생을 건 결단이었다. 보좌관 한 명이 법안이 든 서류 봉투를 들고 나갔다.

일은 거기서 끝나지 않았다. 법안을 접수하러 갔던 보좌관이 내게 의안과를 점거하고 있던 자유한국당 사람들에 의해 밀려났다고 보고했다. 법안을 전달조차 못 한 것이다. 우리는 팩스를 이용해 접수를 시도했으나 그마저도 실패했다. 자유한국당 이은재 의원이 전송된 법안을 직원의 손에서 빼앗아 찢어버렸다고 했다. 아예 팩스가 망가져서 검·경 수사권 조정안은 발송조차 못 한 상황이었다. 다만 이메일 접수는 완료한 상태였다.

국회에서는 야당이 몸싸움으로 상정된 법안의 통과를 저지하긴 했어도 의안 접수 자체를 방해하는 일은 없었다. 국회 본관 7층에 법안의 행정 절차를 다루는 의안과가 있다. 그곳은 법안 처리를 돕는 국회의 행정 처리 기관이다. 그런데 의안과를 봉쇄해버린 것은 국회선진화법 때문에 회의를 방해할 수 없으니 택한 차선책인 셈이다. 여야합의로 처리한 국회선진화법 때문에 몸싸움으로 법안 통과를 저지할 수도 없는 것이다. 그런 행동을 하면 의원직을 잃을 수도 있었다.

국회 본관 안에는 수십 대의 방송 카메라가 자리하고 있었다. 전날 자유한국당 사람들이 국회의장실을 점령했던 상황도 그대로 방송을 탔다. 의원들과 당직자들의 일거수일투족이 모두 실시간으로 중계되고 있었다.

나는 자유한국당 나경원 원내대표에게 원내대표실에서 만나자고 요청했다. 아울러 패스트트랙 안건 4개 법안은 의안과 메일로 접수 완료했으니까 특위 표결만 남았다고 기자들에게 설명하라고 지시했다. 더불어민주당 의원들과 당직자들이 의안과로 몰려가면 자유한국당 사람들이 결사적으로 막을 게 뻔했다. 무슨 사고라도 생기면 책임은 고스란히 여당 원내대표인 내 몫이었다. 국정을 책임지고 있는 여당이라 책임이 훨씬 무거울 수밖에 없었다. 무엇보다도 우리가 의안과로 간다고 해도 문을 열 수 없을 것이다. 여야가 격렬하게 충돌하는 모습만 국민에게 보여줄 뿐이다. 이럴 때일수록 여야가 이성을 찾아야 했다.

권투선수와 국회의원의 공통점

자유한국당은 패스트트랙이 더불어민주당 원내대표가 야당들을 구슬려 시작한 정치 공작이라고 주장했다. 그러나 대표성과 비례성을 담보한 선거법 개혁은 국민의 요구였다. 2018년 7월 26일 국회에서 열린 본회의에서는 비상설 특별위원회 구성안이 처리되고, 정치개혁특별위원회의 구성이 완료되었다. 사법개혁특별위원회도 함께 본회의를 통과했었다. 얼마 뒤 당시 김성태 자유한국당 원내대표도 대표성, 비례성이 강화된 선거제 개편에 적극 나서겠다고 말했다. 이런 시대적 요구로 정치개혁특별위원회가 출범한 것이었다. 나는 나경원 원내대표와 대화할 수 있도록 장철민 실장에게 연락해 달라고 얘기했다.

2018년 12월 15일 나경원 원내대표가 서명한 여야 5당 연동형 비례제 도입을 적극 검토 처리한 합의문은 그냥 나온 것이 아니었다. 나경원 원내대표와 나는 선거법 개정이나 공수처 법안 문제로 자주

한 테이블에 앉았다. 심지어 중국 상해에서 열린 대한민국 임시의정원 개원 100주년 기념행사에 가서도 원내대표들끼리 모여 밤새도록 이 문제를 논의했을 정도였다.

내가 원내대표가 됐을 때부터 대통령의 핵심 공약인 정치·사법개혁을 실천할 방법을 모색했다. 그것이 패스트트랙이었다. 이후 선거법 협상에서 자유한국당을 배제할 생각은 전혀 없었다. 선거법은 제1야당과 반드시 협의해야 했다. 공수처법이나 검·경 수사권 조정안도 마찬가지였다.

나는 방으로 들어가 윗도리를 의자에 걸쳐놓고 자리에 앉았다. 절로 감기는 눈을 억지로 떴다. 벌써 며칠째 제대로 잠을 못 자고 있었다. 2012년에 처음 제정된 국회선진화법 덕분으로 국회는 동물국회라는 오명을 벗을 수 있었다. 나는 합의하는 모습을 국민께 다시 보여줘야 하지 않겠냐고 나경원 의원을 설득할 생각이었다. 자유한국당이 반대해도 결국에는 선거법, 공수처법, 검·경 수사권 조정 등의 법안들은 패스트트랙에 실릴 것이었다.

나는 협의 정신을 지키면서 자유한국당을 최대한 배려할 생각이었다. 또한, 자유한국당에서 원하는 현안 문제에 대해서도 적극 협조하겠다고 말할 참이었다. 원내대표직을 걸고 약속할 수 있었다. 나경원 원내대표가 현실적인 사람이라 제의에 응할 것으로 생각했다. 여야 5당 합의안에 나경원 원내대표가 사인한 것도 국민적인 요구 때문에 더는 선거법 개정을 미룰 수 없다고 판단했기 때문이었다. 우리가 협의를 하기 위해서라도 여야의 대치 상황이 확대되면 안 된다. 이런 식으로 달려가면 멈출 수가 없다. 당장 국회 본연의 모습으로 돌아가야 했다.

주머니에서 알림이 울렸다. 문자를 확인하고 핸드폰을 책상 위에 놓았다. 더불어민주당 보좌진이 다시 법안 제출을 위해 의안과를 방문했다가 자유한국당 보좌진과 충돌이 일어난 모양이었다.

패스트트랙은 내가 주도한 일이었지만 원내대표가 싸움을 진두지휘할 순 없었다. 원내대표는 싸우는 사람이 아니라 타협하고 파국을 막는 사람이었다. 국회에서 노동운동을 하던 젊은 시절처럼 싸울 수는 없었다. 솔직히 말하면 국회에 들어온 보수당 의원은 내가 싸울 상대가 아니었다. 그들 중에는 나라를 위해 헌신한 사람도 많았다. 도덕적으로 아주 깨끗한 분들도 적지 않았다. 다만 나와 세상을 보는 관점이 다를 뿐이었다. 그리고 어느 순간, 싸움으로는 문제를 풀 수 없다는 사실을 깨달았다.

인천에 있는 한 중학교에서 강연할 때 학생들에게 질문을 던진 적이 있었다. 권투선수와 국회의원의 공통점이 무엇인지 아느냐고 묻자 아이들은 "싸워요!"라고 답했다. 그래서 재차 물었다. "그럼 차이점은 뭘까요?" 아이들은 머뭇머뭇 쉽게 답을 찾지 못했다. "권투선수는 글로브를 끼고 싸우는데 국회의원은 그냥 싸워요. 맞으면 더 아픕니다." 그 말에 박장대소가 터졌다. 깔깔거리며 웃는 아이들을 보며 나도 덩달아 웃었다. 하지만 마음 한구석이 몹시 아렸다. 장철민 실장에게서는 아직 연락이 오지 않고 있었다.

칼의 양면, 국회선진화법

18대 때 국회의장이 직권상정으로 올린 법안을 두고 여야가 정말로 추하게 싸우는 통에 국회가 한계점에 도달한 적이 있었다. 심지어 국회 안에서 최루탄을 터뜨리는 바람에 의원들은 양복이 찢어져 와이셔츠 바람으로 싸웠다. 그때 상대 당의 의원이 주먹을 날리는 현장을 눈앞에서 목격했다. 아주 덩치가 큰 의원이었는데 작은 체구의 야당 의원 얼굴을 사정없이 친 것이었다. 그 야당 국회의원은 이제 이름만 말하면 모두가 아는 유명한 정치인이 되었다. 여도 야도 말할 수 없는 자괴감을 느꼈다.

그래서 국회의장의 권한을 대폭 줄이는 국회선진화법이 여야 합의로 만들어졌다. 의원들이 동물로 돌변하는 것은 의장이 상임위의 심의를 생략한 채 직권으로 본회의에 안건을 올리는 과정에서 발생했다. 날치기로 법안을 통과시키려는 여당과 그것을 몸으로 저지하려는 야당. 둘은 죽기 살기로 싸웠다. 국회선진화법은 회의를 방해하는 의원들에게 제재가 뒤따랐다. 그런 행동을 하는 사람은 의원직을 잃을 수도 있고, 국회의원에 출마를 못 할 수도 있었다. 정말로 막강한 법이었다.

국회선진화법이 생겨난 배경은 자신들이 정글 속의 동물이 아니라는 것을 국회의원 스스로 증명할 필요가 있었기 때문이다. 한때 의원들이 국회선진화법 때문에 일을 못 하겠다며 법을 없애려 시도한 적도 있었다. 그런데도 이 법은 여전히 건재하다. 그 이유는 국회선진화법이 여야 합의로 만들어졌고, 더 본질적인 이유는 국회의원들 마음속에 자리한 두려움 때문이다. 국회선진화법이 없다면 어느 순간 자신이 동물로 변할 수도 있다는 공포. 많은 의원이 그런 공포, 혹은 공황 상태를 국회에서 직접 경험했다.

내가 선거법 개정안과 공수처 설치 법안을 패스트트랙에 싣고자 했던 데에는 여러 가지 이유가 있었다. 그중 하나가 국회의 여야 대치 상황을 근본적으로 줄일 수 있는 정치 생태계를 조성해보자는 것이었다. 사실 국회의원들이 동물로 돌변하는 진짜 이유는 이해관계가 첨예하게 충돌하기 때문이다. 그것을 담는 그릇이 법안이었다. 그러니까 여야의 싸움은 엄밀히 말하면 밥그릇 싸움이었다. 그런데 만일 우리의 국회에 큰 여야만 있는 것이 아니라면 어떨까? 다양한 가치를 추구하는 군소 정당이 어느 정도의 의석을 가지고 원내로 진출한다면 어떨까? 흑과 백의 논리는 사라지고, 국회는 다양한 색채를 띠게 된다. 극단적인 싸움을 구조적으로 피할 수 있는 여건이 마련될 것이다. 유럽의 정치 선진국 의회들이 그런 모습이었다.

국회선진화법은 여야의 대립을 근본적으로 해결하진 못한다. 다만 국회의장의 직권상정을 제한하고, 몸싸움을 못 하도록 법으로 강제하고 있을 뿐이다. 그 때문에 또 다른 문제가 발생했다. 18대 동물국회를 피하려고 제정된 국회선진화법 때문에 19대 국회는 엉뚱하게 식물국회로 변했다. 이제는 구더기 무서워 장을 담글 수 없는 꼴이 되었다. 20대는 역대 최악의 식물국회였다. 그것은 국회 입법 성적을 보면 금방 알 수 있다. 20대 국회에서 4년간 의원 발의 법안은 2만 1,500여 건으로 역대 국회 중에서 가장 많았다. 그러나 처리된 법안은 6,500여 건에 불과했다. 법안 처리율은 30퍼센트를 약간 넘긴 수준이었다. 역대 가장 낮은 수치였다.

동물국회와 식물국회를 오가면서 여전히 여야는 이해관계가 달려 있는 모든 사안에 대해 숨겨놓은 욕망을 드러낼 기회를 노리고 있었다. 실제로 그런 욕망의 극단을 패스트트랙 과정에서 유감없이 보여준 것이다. 회의를 방해할 수 없으니까 절차를 막고 나섰다. 자유한국당 의원들은 절차의 정당성을 강변하고 있지만 그들이 물러서지 않는 진짜 이유는 제 잇속 때문이었다. 연동형 비례제는 자신들에게 아주 불리한 선거법이기 때문이다. 그들은 공수처법이나 검·경 수사권 조정안보다 자신의 선출과 관련이 있는 법의 변화를 두려워했다. 상당수 국회의원이 지역구를 자기 주머니로 여기고 있었다.

핸드폰이 울렸다. 내가 서둘러 전화를 받자 장철민 실장의 목소리가 튀어나왔다. 그가 무슨 말을 하려는데 요란한 소리가 귀청을 때렸다. 이어 전화가 끊어졌다. 패스트트랙을 반대하는 사람들과 싸움이 시작된 모양이었다. 장 실장으로서도 어쩔 수 없는 상황이 발생한 것 같았다. 의안과 앞에서 큰 충돌이 일어났다는 문자가 여럿 날아들었다. 이런 상황이라면 나 원내대표를 만나봐야 할 말이 없었다. 아주 짧은 순간 상황이 파국으로 치달았다.

나는 서둘러 윗도리를 챙겨 입었다. 싸움에 관성이 붙으면 멈추기 쉽지 않은 법이었다.

촛불의 시대정신,
그리고 대표성과 비례성

왜 패스트트랙이었을까

"2017년 5월 10일 제19대 대통령으로 더불어민주당 문재인 후보가
당선되었습니다!"

그것은 촛불 혁명의 결과였다. 그야말로 김대중, 노무현 대통령 뒤
를 잇는 새로운 역사가 이루어졌다. 더구나 시민이 촛불을 들어 낡은
질서를 허물고 헌법에 정해진 합법적인 절차에 따라 문재인 정권이
탄생했다. 나는 20대 국회에서는 야당 의원으로 시작해 '촛불' 덕분
에 여당 의원이 되었다. 다음 해 2018년 5월에는 더불어민주당의 원
내대표로 선출되었다. 정치인으로 촛불 시민들에게 큰 빚을 졌고, 당
에도 중책을 맡아 무한한 책임감을 느꼈다.

나는 촛불 시민들의 열망인 '나라다운 나라, 정의로운 대한민국'
을 보여주고 싶었다. 그래서 모질고 당차게 마음먹었다. 3선의 더불

어민주당 원내대표로서 평소의 소신을 실천하기로 했다. 나라가 제대로 되려면 정치가 변해야 한다. 시민들은 촛불 혁명과 선거 과정을 통해 정치인들에게 그런 명령을 내렸다. 정치가 국민의 의식 수준에 발맞춰 가야 했다. 촛불을 들어 정권을 심판한 국민의 수준에 걸맞은 정치 현실을 조성해야 할 것 같았다.

문재인 정권은 정치적 약자와 중산층을 대변하고 있었다. 하지만 우리 사회는 힘 있는 자들의 권리를 더 많이 옹호하고 있었다. 그것은 내가 대학을 포기하고 노동운동에 뛰어들었을 때나 지금이나 별반 다르지 않았다. 다만 가진 자들의 방법이 노련해져 약자들을 착취하는 구조가 눈에 잘 보이지 않을 뿐이었다.

정치에서도 국민의 지지를 덜 받은 정당은 약자로 소외되었다. 가령 20대 국회에서 민주당이 받은 정당 득표율은 25.5퍼센트에 의석률은 41퍼센트였고, 새누리당은 득표율 33퍼센트에 의석률은 40.6퍼센트였다. 그런데 국민의당은 득표율 26.7퍼센트에 의석률은 12.6퍼센트였다. 정의당은 득표율 7.2퍼센트에 의석률은 2퍼센트였다. 다시 말해서 힘 있는 정당은 자신이 얻은 표보다 훨씬 많은 의석을 가져간 것이다. 군소 정당은 자신들이 얻은 표만큼의 의석도 가지지 못했다. 20대 총선에서 전체 유권자 중에서 58퍼센트가 투표에 참가했는데, 그들의 표 중에서 상당수가 사표가 된 것이다. 정확히 말하면 20대 국회는 유권자의 29퍼센트의 지지로 이루어졌다. 물론 20대 국회는 정치적 상황이 좀 독특해 그것을 바탕으로 유권자의 표심이 국회 의석에 제대로 반영되지 않았다고 단정할 수는 없었다. 하지만 국회 의석이 득표와 비례하는 것은 아니었다.

독일의 경우는 지역구 의석이 299석이고, 비례가 299석이다. 비율이 1 대 1로 같다. 2017년 독일 총선 결과를 보면 득표율과 의석수가 거의 일치한다. 그래서 기민당이나 사민당이 의석수를 독점하지 않고 독일대안당, 자민당, 좌파당, 녹색당도 적잖은 의석수를 가졌다. 이들은 각기 다른 가치를 내세운 당들이다. 그러다 보니 싸우기보다는 서로의 가치를 존중하면서 연대와 연합, 혹은 연정이 자연스럽게 이루어진다. 이런 국회는 김대중과 노무현 두 대통령의 꿈이었다. 그것은 나의 꿈이기도 했다. 그런 국회로 나아가려면 연동형 비례제가 도입되어야 했다. 이는 더불어민주당의 당론이자 문재인 대통령의 뜻이었다.

실제로 선관위에서는 한국의 경우 지역구 200석과 비례 100석, 즉 2 대 1을 권장하고 있었다. 2018년 정치개혁특별위원회 설치가 본회의를 통과해 10월 24일 1차 정개특위를 시작한 것도 대표성과 비례성 강화의 선거 개혁을 이루기 위해서였다.

선거법을 고쳐 강자가 모두 차지하는 정치 생태계를 변화시켜야 한다. 한국의 다른 분야에서는 강자와 약자가 공생 공존을 시작하고 있는데, 유독 정치에서만 승자독식의 논리가 그대로 적용되고 있었다. 만일 강자만 살아남는 정치 환경이 개선된다면 아직 우리 사회에 남아 있는 승자독식의 문화도 차츰 사라지는 계기가 될 것이다. 정치에서 공생 공존의 모델을 만들자. 정치는 그런 일을 해야 한다.

막상 결심하고 나자 머릿속에 공수처와 검·경 수사권 조정안이 떠올랐다. 우리 사회에서 소위 힘 있는 집단은 고위공직자들이고, 특히 무소불위의 권력을 가진 집단이 검찰이었다. 실제로 범죄를 저질렀음에도 법의 심판을 제대로 받지 않은 검사가 종종 있었다. 온 나라를 떠들썩하게 만든 김학의 전 법무부 차관의 사건은 검찰이 얼마나 막강한 권력 집단인지 여실히 말해주었다.

그것은 검찰의 기소 독점주의 때문이었다. 수사권은 경찰도 가지고 있으므로 검사의 범죄를 인지했으면 수사를 할 수 있었다. 하지만 경찰에는 기소권이 없어 사건을 사법부로 넘길 수가 없었다. 오직 검찰만이 기소 권한을 가졌고, 그 때문에 검찰의 제 식구 감싸기 수사가 가능한 것이다. 그렇기에 범죄 행위가 명백함에도 기소 자체를 하지 않아 처벌을 받지 않을 수 있다.

또한, 검찰은 기소만이 아니라 수사권도 가지고 있다. 이것은 필요에 따라 특정 사건을 수사하지 않을 수도 있다는 뜻이다. 특정 집단의 권력 집중 현상은 바람직하지 않은 일이다. 검찰과 경찰의 수사권이 조정되어야 했다. 그뿐만 아니라 공수처를 통해 대통령의 친·인척을 비롯한 검찰, 고위공직자들의 권력을 견제하는 장치를 마련해야 했다. 특정 정치 세력에게 힘이 편중되지 않는, 특권이 사라진 대한민국. 모두가 평등한 세상이 촛불 시민의 열망일 것이다.

2017년 대선 당시 공수처 설치는 대통령 후보들의 공약이었다. 문재인, 안철수, 유승민 후보가 모두 약속했다. 대통령으로 당선된 문재인 후보의 경우에는 1호 공약이었다. 집권당의 원내대표인 내가 정치력을 잘 발휘하면 선거법과 공수처법을 동시에 얻을 수 있겠다는 생각이 들었다. 촛불 혁명 이후 사람들의 생각이 예전 같지 않았다. 보수 쪽으로 심각하게 기울어져 있는 정치 환경이 많이 개선되었다. 더구나 선거법 개선도 공수처법도 대선을 통해 국민의 동의를 받은 셈이었다.

2018년 5월, 내가 원내대표로 당선된 뒤에 야당 대표들을 만나보니 공수처에 관해 도무지 관심이 없었다. 선거법도 별반 다르지 않았다. 그 때문인지 여론도 좋지 않았다.

"공수처를 만들려고 하면 검찰이 가만있겠어요? 선거법은 자유한국당이 반대할 테고요. 둘 다 불가능한 일입니다."

정치인들의 태도도 비슷했다. 하지만 득표수와 비교해 의석을 적게 받은 바른미래당, 정의당, 민주평화당은 선거법 개정을 절실히 원했다. 문제는 민심은 아직도 여야의 거대 정당으로 견고하게 양분되어 있어 지역구를 기대하기 힘든 야 3당에게는 선거법 개정이 꼭 필요했다. 시대적 요구인 대표성과 비례성을 담을 그릇은 정치권에서 만들어야 했다. 정의당은 선거에서 매번 7~8퍼센트 내외의 지지를 받고도 의석수는 거기에 훨씬 못 미쳤다. 야 3당으로서는 선거법이 당의 존립에 관한 문제였다. 거대 정당과는 태도가 완전히 달랐다. 그러자 집권당 원내대표가 정치력을 발휘한다면 출구를 찾을 수도 있겠다는 생각이 들었다.

대의보다 실리를 좇으려는 의원들

내가 원내대표로 취임하고 20대 국회 후반기 상임위원회를 구성할 때였다. 정의당의 노회찬 의원이 나를 찾아와 자신들에게 환경노동위원장 자리를 달라고 요청했다. 이것은 상임위 배분의 관례상 무리한 요구였다. 하지만 나는 역으로 더 큰 제안을 했다. 심상정 의원에게 정치개혁특별위원회 위원장을 맡아 달라고 한 것이다. 심상정 의원은 뚝심이 있어 선거법 개정을 힘차게 몰아붙일 수 있을 것이었다. 그것은 정의당의 숙원 사업이었다.

또한, 국회는 대표성과 비례성이 강화된 선거제도 개혁이란 숙제를 안고 있었다. 그렇다고 해도 정의당에 정개특위 위원장을 배정하는 것은 파격적이었다. 당시 나는 자유한국당이 선거법 개정에 응하지 않으면 야 3당과 함께 추진할 생각이었다. 자유한국당이 나서지 않는다고 방법이 없는 것은 아니었다. 그런데 당시 자유한국당 원내대표였던 김성태 전 의원은 심상정 위원장을 반대했다.

정개특위 위원장은 독단으로 무엇도 할 수 없었다. 그리고 선거법 개정은 여야 합의 처리가 원칙이었고, 특히 제1 야당은 제외할 수가 없었다. 그 때문인지 자유한국당에서는 선거법에 별로 관심이 없었다. 더불어민주당 역시 선거법보다는 대통령 공약인 공수처법에 더 관심이 많았다. 선거법이 개정되면 지역구가 사라지는 국회의원도 있으니 말이다. 이래저래 선거법은 뜨거운 감자였다.

2018년 12월 초, 바른미래당 손학규 대표와 정의당 이정미 대표가 연동형 비례제를 촉구하는 단식으로 인해 정치권이 움직였다. 그러나 모두 원론 수준의 말들뿐이었다. 나는 자유한국당을 빼고 선거법 개정 논의를 하자고 제안했다. 그러면서 군이 자유한국당이 연동형 비례제에 대해 굉장히 부정적인 분위기가 있는 것 같다고 덧붙였다.

기다렸다는 듯이 내 말을 받은 사람은 김관영 바른미래당 원내대표였다. 그가 새로 선출된 자유한국당 나경원 원내대표를 찾아가 시대적 요구인 선거제 개혁에 선도적 역할을 해달라고 부탁했다. 또 손학규 대표가 연세도 있고 해서 단식을 계속하면 위험해질 수도 있다고 했다. 그것은 사실이었다.

그러자 나경원 의원이 태도 변화를 보였다. 사실 나 원내대표도 시대적 요구에 마냥 귀 막고 있을 수는 없었을 것이다. 전임 김성태 원내대표도 선거법 개정의 필요성을 피력한 바 있어, 나 원내대표는 무슨 답이든 내놓아야 할 상황이었다. 여야 5당의 연동형 비례 선거제 도입 검토 합의안에는 이런 시대적인 배경이 있었다. 이 합의문을 자유한국당에서 거부했다고 해도 이는 선거법 개정의 큰 산을 넘은 쾌거였다.

자유한국당의 태도와 상관없이 여야 5당 합의문이 작성됨으로써 선거법 개정은 그 가능성이 활짝 열리게 되었다. 이후 선거법 개정 논의의 고비 때마다 여야 5당 합의문이 등장한다. 하나의 중요한 기준점이 된 것이다.

나는 선거법을 고리로 야 3당을 설득하면 공수처법을 받을 수 있겠다는 확신이 들었다. 둘을 하나로 묶어 패스트트랙에 올리면 된다. 당시만 해도 의원들은 국회선진화법에 나와 있는 패스트트랙을 잘 알지 못했다. 다만 나는 2017년에 박주민 의원이 발의한 '사회적 참사의 진상 규명 및 안전 사회 건설 등을 위한 특별법'이 패스트트랙을 통과해 본회의에서 의결되고, 같은 해 12월 12일 제정·시행되는 일련의 과정에 깊이 관여했었다. 그렇기 때문에 나는 그 법안의 내용을 누구보다도 정확히 알고 있었다. 패스트트랙은 법안의 국회 논의를 강제하는 법이기 때문에 태우기만 한다면 모든 상황을 반전시킬 수도 있었다. 우선 야당 중에도 정의당과 민주평화당은 적극적이라 굳이 설득할 필요도 없었다.

문제는 바른미래당이었다. 이들이 바른미래당의 간판을 달고 독자적으로 살아남으려면 선거법 개정에 나서야 했다. 그 당의 최대 주주는 안철수와 유승민 대표였다. 안철수는 선거법 개정에 관심이 많은 정치인이었다. 더구나 공수처법은 두 사람의 대선 공약이었다. 또 원내대표인 김관영 의원과 2018년 이후로 당을 이끌어온 손학규 대표역시 선거법 개정을 간절히 원하고 있었다. 그들에게 공수처를 매개로 한 선거법 개정은 꿩도 먹고 알도 먹는 제안이었다.

실제로 안철수 대표는 여야 협상에서 연동형 선거법 개정을 제1과제로 삼으라고 김관영 원내대표에게 당부했다고 한다. 하지만 유승민계 의원들은 다른 생각을 하는 것 같았다. 실제로 2019년 4월 23일 새벽에 오신환 의원이 SNS에 패스트트랙 반대 의사를 내비치면서 김관영 원내대표와 충돌했다. 바른미래당이 자강을 원한다면 모든 것을 내주더라도 연동형 비례제 선거법을 얻어야만 했다.

그런데 오신환 의원의 태도는 무슨 뜻을 담고 있었을까? 유승민계는 당을 떠날 각오를 하고 있었던 것일까? 아니면 그보다 더한 생각을 하고 있었는지도 모른다. 이미 비슷한 얘기들이 정가에서 들려왔다. 여의도에는 호사가들이 많아 정치적 의도를 숨길 수가 없었다. 안철수계 의원의 일부가 패스트트랙에 반대로 돌아선 데는 자유한국당의 유혹이 한몫했을 것이다.

바른미래당의 유승민계나 태도를 바꾼 안철수계 의원들은 패스트트랙의 절차적인 문제를 내세우면서 반대하고 있었다. 그것은 복심을 숨기기 위한 논리일 뿐이다. 그들은 바른미래당의 손학규와 자강파를 가리켜 민주당 2중대라고 욕했다. 하지만 그들의 속내는 패스트트랙을 좌초시켜 당권을 장악해 여차하면 자신의 자리를 담보로 바른미래당을 자유한국당과 통합할 생각이었다. 이것은 당시 여의도에 파다하게 퍼진 소문이었다. 협상 과정에서 김관영 원내대표가 한숨을 내쉬면서 툭툭 던지는 말에 유승민계의 속내가 그대로 묻어 있었다.

노무현의 선물,
국회전자입법발의 시스템

2019년 4월 26일 금요일
─야당과 함께하는 협치의 제도화

2019년 4월 26일 새벽 1시경.

국회는 대낮처럼 환했다. 원내대표실로 들어갔을 때 의자에 널브러져 잠든 보좌관들이 보였다. 격렬한 몸싸움에 지친 듯 죄다 흐트러진 모습이었다. 한쪽 구석에서 이철희 의원이 핸드폰을 들여다보고 있었다. 그는 원내 수석부대표라서 항상 곁에 있었고, 이런저런 문제를 편하게 상의하는 후배 의원이었다.

사개특위와 달리 정개특위는 4월 24일에 이미 선거법 개정안을 발의해 놓은 상태였다. 패스트트랙에 태우기 위한 표결만 남아 있었고, 자유한국당과 바른미래당 반대파 의원들의 회의 방해는 25일 내내 계속되었다. 어떻게 알아냈는지 회의장을 옮길 때마다 그들은 매번 문을 막았다. 정개특위 위원 중 한 사람인 이철희 의원도 숨바꼭질 개회를 위해 밤늦게까지 국회 곳곳을 배회하면서 소리쳐 항의했을 것이다.

나는 핸드폰을 들여다보고 있는 이철희 의원에게 다가갔다. 인기척을 느낀 이 의원이 천천히 뒤돌아섰다. 그가 보여주는 핸드폰에는 바른미래당 비당권파 의원들이 늦은 밤 긴급회의를 했다는 내용의 문자가 있었다. 어느 정도 짐작은 했으나 저쪽에서 예상보다 빨리 움직였다. 사보임 문제를 당 차원에서 논의했을 것이다. 이철희 의원은 김관영 원내대표에 대한 불신임을 추진할 것 같다고 했다. 이어서 그는 한숨을 내쉬며 자리에서 일어나 창가로 다가갔다. 그의 목 부위가 빨갛게 부어 있었다. 몸싸움을 한 모양이었다.

나는 이철희 의원이 무엇을 걱정하는지 짐작하고 있었다. 대쪽 선비인 바른미래당 김성식 의원의 태도 때문이었다. 정개특위 위원들은 김 의원이 토로했다는 불만을 전해주었다. 김동철 의원도 언짢은 반응을 보였다고 했다. 그들이 의원을 사보임시킨 원내대표에게 할 수 있는 저항은 특위 불참이었다.

두 의원이 돌아서면 선거법의 정개특위 의결은 요원해질 것이다. 덩달아 사개특위도 멈출 수밖에 없을 것이다. 그러면 패스트트랙은 물 건너간다. 지금 벌어진 소란은 홍영표가 주도한 한낱 해프닝으로 끝날 테다. 정신을 다잡아야 했다. 까닥 잘못하면 공수처와 선거법이 여기서 멈춰 설 수도 있었다.

"김성식, 김동철 의원은 괜찮을 거요. 쉽게 마음 변할 분들이 아닙니다. 우리는 우리가 할 수 있는 만큼 차분히 해나갑시다."

이철희 의원이 역시 특유의 미소를 짓고는 창밖을 바라보았다. 사실 나도 불안했다. 패스트트랙 때문에 살얼음판을 걷는다는 표현을 새삼 알게 되었다. 뭔가 하나라도 예정대로 돌아가지 않으면 그냥 물속으로 추락하게 될 것이다. 김성식, 김동철 의원도 나를 침몰시킬 수 있는 사람들이었다. 하지만 나는 믿고 있었다. 그들은 김관영 원내대표가 왜 두 번에 걸쳐 사보임을 선택했는지 충분히 이해할 것이다. 무엇보다 선거법 개정을 원하고 있기 때문이었다. 패스트트랙은 이해관계가 서로 다른 야 3당과 더불어민주당이 함께하는 작업이었다. 야 3당을 믿고 갈 수밖에 없었다. 그들에 대한 믿음 없이는 애초 시작도 할 수 없었을 일이다. 야당에 대한 믿음이 괜히 생긴 것이 아니다.

2018년 5월 내가 원내대표로 선출되면서 야당과 함께 산적해 있는 정치 현안이나 법안들을 처리하려고 야당 원내대표들을 수시로 만났다. 특히 그해 6월에 치러진 지방선거에서 더불어민주당은 압승해 정국 주도권을 손에 쥔 상태였다. 나는 이럴 때일수록 여당이 겸손해져야 한다고 여겼다.

그래서 내 나름으로 세운 정국 구상이 바로 협치의 제도화였다. 그 구체적인 내용이 협치 내각이었다. 나는 문재인 대통령을 독대해 야당과 함께 정국을 운영하는 방안을 말씀드렸다. 대통령도 야당과 함께 국정을 이끌어가길 바라고 계셨다. 우선 바른미래당 김관영 원내대표에게 뜻을 전했고, 김성식 의원을 만났다. 그에게 산업자원통상부 장관 자리를, 유승민과 함께 이종훈 전 의원을 만나 고용노동부

장관 자리를, 평화민주당에는 농림수산부 장관을, 각각 제의했다. 일부 야당은 노무현 대통령 시절의 한나라당과의 대연정을 들먹이면서 거부 의사를 밝혔다. 야당은 협치 내각보다는 선거법 개정을 더원했다. 당시 나왔던 말이 정책 연합이었는데, 그것은 내각에 들어와할 수 있지 않을까? 시작으로 모든 것을 얻을 수는 없다. 그러나 일단 시작하면 뜻하지 않은 것들을 얻게 될 수도 있다. 그것은 내가 살아오면서 얻은 진리였다. 진보 정권이 하는 일은 무엇이든 색안경부터 끼고 보는 언론 환경에서 협치 내각은 참으로 쉽지 않은 일이었다.

나는 의회를 통해 정치 현안을 풀어야 한다고 믿는 의회민주주의자다. 다행히 제1 야당의 김성태 원내대표는 노동운동을 함께했던경험 때문인지 서로 통하는 구석이 많았다. 어쨌든 협치 내각의 시도로 여야 간에 쌓인 신뢰 덕분에 큰일을 할 수 있었다. 당시는 문재인·김정은 정상회담, 김정은·트럼프 정상회담 등으로 남북 화해 분위기가 한껏 조성된 상태였다. 그런데 미국의 민주당이나 조야에서는북한에 대한 부정적인 생각이 팽배해 있었다. 이에 여야 5당 원내대표단은 미국 방문에 합의했다.

여야가 국정과제를 이런 식으로 협력하는 경우는 드물었다. 더불어민주당 홍영표, 자유한국당 김성태, 바른미래당 김관영, 민주평화당 장병완, 정의당의 노회찬이 함께 태평양을 건너 워싱턴 정가로 향했다. 원래 야당의 역할은 비판과 반대에 있고, 여당은 정부를 성공으로 견인하고 국정을 이끌어가는 데 있다. 그래서 국회는 늘 치열하다.

그러나 대의와 민의, 국익, 한반도 평화와 같은 역사적 과제와 관련된 문제들에는 초당적 협력이 필요하다. 적이지만 육지에 닿을 때까지는 공동의 이익을 위해 협력한다는 오월동주 정신도 필요하다. 그렇기에 이런 정신을 떠나기 전부터 어느 정도 공유했다. 출발 전에 나는 국정원에 요청해 원내대표들에게 당시 한반도 정세와 특히 남북 관계에 관한 브리핑을 부탁했다. 내용을 정확히 알아야 협력할 수 있을 것이었다.

2018년 7월 18일부터 23일까지 미국 의회를 이끄는 주요 인사들을 만났다. 한반도 정세를 바라보는 미국의 민주당과 유력 싱크탱크를 포함한 미국 조야의 시선은 싸늘했다. 트럼프 행정부가 한반도 평화를 위한 대북정책의 기조를 유지하고, 일관된 외교정책을 추동하기 위해서는 민주당을 포함한 미국 의회를 설득해야 했다.

미 하원 공화당 원내대표를 필두로 에드 로이스 하원 외교위원장, 테드 요호 하원 외교위 아·태소위원장, 에드워드 마키 상원 동아·태소위 민주당 간사들과의 면담은 만만찮았다. 미국 조야의 반응은 생각 이상으로 냉담했다. 북한에 대한 깊은 불신은 쉽사리 달라질 수 있는 상태가 아니었다. 우리는 미국 민주당 인사들을 상대로 한반도 평화의 필요성을 연일 설파했다. 여야 대표가 한뜻으로 움직이는 모습에 미국 조야도 상당히 놀라움을 표시했다. 미국도 여야가 죽기 살기로 싸우는 나라였으니 그럴 만도 했을 것이다.

당시 미국은 자국 산업 보호를 명목으로 한국산 자동차에 고율 관세 적용을 저울질하고 있었다. 원내대표 방미단은 윌버 로스 미 상무장관을 찾아 한국산 자동차에 대한 무역 확장법 232조 예외를 요청했다. 한미 FTA 개정 협상에서 미국 자동차 관련 요구가 많이 반영된 만큼 232조를 또 적용하는 일은 한국에 이중 부담이 된다는 취지였다. 로스 상무장관은 국회 방미단의 의견에 동조를 표했다. 스티븐 멀 국무부 정무차관보 대행 역시 우리의 의견에 동의하는 모습이었다.

사실 원내대표 방미단은 미국에서의 성과보다 국회에서 여야가 협력하는 정치의 모델을 만드는 데 기여했다. 나는 여야 협력의 경험을 바탕으로 '초당적 협력을 위한 여·야·정 국정상설협의체'를 만들었다. 이것이 구성될 당시 여야가 청와대에서 대통령과 만났는데, 야 3당은 대통령과 만남에 대한 조건으로 선거법 개정을 요구했었다. 그들에게는 선거법 개정이 절실했다. 이에 문재인 대통령은 수용 의사를 밝혔다.

모처럼 만들어진 여야의 신뢰를 바탕으로 오랫동안 묶여 있던 법안들을 처리할 수도 있었다. '규제 샌드박스'에 포함된 신성장 산업 융합촉진법, ICT 융합촉진법, 인터넷전문은행특례법을 비롯해 문재인 정부가 중요한 국정과제로 내세운 정책들을 실행할 수 있는 틀을 마련한 것이었다. 이 법안들 중 일부는 더불어민주당 의원들이, 일부는 자유한국당 의원들이 애초부터 극력 반대했던 것들이었다. 이 일을 계기로 문재인 정권은 혁신성장을 주도할 수 있었다.

나는 여야 협력으로 산적한 법안들을 통과시키는 과정에서 국회가 무엇을 하는 곳인지 새삼 느꼈다. 여야가 뭉치면 국회선진화법 때문에 만들어진 식물국회, 아무 일도 하지 않는 국회를 벗어날 수 있겠다는 생각을 했다.

특히 여야 합의·처리 과정에서 소수 정당의 가치를 알게 되었다. 만일 거대 여야만 참여해 법안 통과를 시도했다면 싸우느라 법안이 상임위를 벗어나지 못했을 것이다. 소수 정당은 거대 양당의 완충제 역할을 했다. 이미 알고 있는 사실들을 온몸으로 경험하자 새로운 상상력이 생겼다.

나는 한국 정치를 구조적으로 바꿔야겠다고 마음먹었다. 대표성, 비례성을 가진 선거법 개정은 촛불 혁명 이후 거부할 수 없는 시대적인 흐름이었다. 선거법이 이런 시대정신을 반영해 개정된다면 다양한 정치 세력이 국회에 들어올 수 있을 것이다. 그동안 품어왔던 생각을 완전히 굳혔다. 선거법 개정이 대통령 1호 공약인 공수처법을 얻기 위한 단순한 거래 법안은 아니었다. 이런 확신과 믿음 없이 정치 공학적 계산으로만 접근했다면 패스트트랙은 아마 중간에 좌초했을 것이다.

되살아난 동물국회

이철희 의원은 나에게 엊저녁 기자회견에서 "패스트트랙 4개 법안을 의안과로 이메일 발송하였으니 이미 접수된 것으로 간주한다"라고 말한 이유를 물었다. 특위 위원들이 회견 내용을 믿고 의결만 하면 되겠다고, 저녁 내내 빈방을 찾아다녔다고 했다.

사실이었다. 국회에서 발의되는 안건을 확인할 수 있는 의안정보 시스템이라는 전산망 서비스가 있었다. 그곳에는 4월 24일 발의되던 선거법 개정안만 정확히 등록되어 있을 뿐이었다. 다만 공수처법 안 하나가 접수되어 있긴 했다. 그러나 그 내용을 확인할 수 없었고,

대표 발의자도 우리가 접수했던 것과 달리 표창원 의원이었다. 역시 접수를 시도했던 검·경 수사권 조정안은 찾아볼 수가 없었다.

의안과 직원과 어렵사리 연락이 닿아 문의한 바에 의하면, '국회 사무 처리 규정집'에 정보통신망을 이용해 사무 처리를 할 수 있다고 적혀 있다는 원론적인 답변만 들을 수 있다고 했다. 다시 말해 팩스나 이메일 발송이 확인된 것만 가지고 접수 여부를 답변하기 어렵다는 뜻이었다.

충분히 짐작이 가능한 상황이었다. 팩스 용지를 빼앗고 기기를 부수었다는 소리가 의안과 밖까지 들릴 정도이니, 컴퓨터 사용도 못 하게 막고 있을 것은 불 보듯 뻔했다. 게다가 어서 확답을 달라고 의안과 직원을 닦달할 수도 없는 상황이었다.

솔직히 의원들은 의안 접수 절차에 관해서 깊이 알지 못한다. 나도 그랬다. 접수는 대개 보좌관들의 업무이기 때문이었다. 하지만 지금 의안 절차가 문제의 중심이 되었다. 평소에는 사소한 절차였는데 극한 상황이 되자 제일 중요한 일로 변한 것이다. 그 일로 우리 당에서도 의견이 분분했다. 의안정보 시스템에 법안이 정확히 등록되지 않았고, 의안과 담당자로부터 구체적인 답변을 듣지도 못했으니 법안 상정이 완료되었다고 확신할 수 없는 일이었다. 맞는 말이었다. 이철희 의원의 물음은 그렇게 불확실한데 왜 표결에 부치려고 했냐는 것이었다. 하지만 딱히 접수가 안 됐다는 답변이 있던 것도 아니었다. 그렇다면 밀어붙여볼 만한 일이었다. 그것이 내 본능적인 판단이었다. 그러자 이철희 의원이 그 특유의 미소로 화답했다.

정치개혁과 사법개혁에 대한 우리의 열망과 의지를 보여줄 수 있었고, 자유한국당과 바른미래당 반대파 의원들의 부당함과 무모함도 드러낼 수 있기 때문이다. 실패의 리스크에 비해 성공했을 경우 취할 수 있는 이득이 막대했다. 물러서야 할 이유는 어디에도 없었다. 또 나는 됐다, 안 됐다, 혹은 긍정과 부정이 난무할 때는 자신이나 내가 속한 집단에 유리한 쪽을 믿는 사람이었다.

이철희 의원은 정개특위에서 오란다고 하면서 자리에서 힘겹게 일어났다. 나는 의안과로 가보기로 했다. 원내대표실 보좌관들이 그곳으로 갔는지 보이지 않았다. 내가 복도를 돌아 승강기로 다가가자 사람들이 바닥에 앉아 있었다. 국회 경위들도 보였다. 쑥대머리가 된 경위 하나가 꾸벅 인사를 하고는 고개를 돌렸다. 평소 잘 알고 지내는 경위였다. 의안과나 회의실을 막고 있는 한국당 관계자들과 경위들이 다투는 장면을 TV로 보았다. 동물국회가 되살아났다. 예전처럼 의원들끼리 싸우는 것이 아니라 보좌관까지 합류해 난장판이 벌어졌다. 나는 사무총장에게 국회에서의 불법에 단호히 대처해달라고 당부했다. 사무실을 점거하고 문을 막는 불법을 자유한국당이 저질렀다.

저만치 복도에 보좌관이나 비서로 보이는 친구들이 바닥에 앉아 있었다. 서희철 비서관이 보였다. 그는 벽에 등을 기대고 멍하니 앉아 있었다. 손에는 생수병을 쥐고 있었다. 그의 얼굴이며 옷이 땀으로 젖어 엉망이었고, 넥타이는 어디로 갔는지 보이지 않았다.

사람들이 모여 있는 승강기 앞으로 다가갔다. 승강기는 위층에서 멈춰 선 채 도무지 아래로 내려오지 않았다. 앞에 젊은 친구 둘이 각자의 핸드폰에 머리를 박고 있었다. 보좌관들 같았다. 젊은 친구 둘이 속삭였다. 그들의 말이 또렷이 들렸다. "김관영 대표가 민주당으로 갈 수 있다, 라고 나경원 대표가 말했다"는 것이다. 그런 지라시가 버젓이 기사로 났다고 했다.

그것은 정치 공작이었다. 손학규 대표와 김관영 원내대표는 선거법을 개정해 바른미래당을 살리려고 혼신을 기울였다. 김 원내대표가 의원들을 사보임시켜 공수처 법안을 패스트트랙으로 지정하려는 것은 선거법 개정에 대한 간절함 때문이었다. 야 3당이 원하는 바는 단순했다. '공수처를 줄 테니 선거법을 다오.' 작년 연말 예산안 정국에서는 '예산안을 줄 테니 선거법을 다오'였다. 예산안이 통과된 마당이라 지금은 그 단어가 공수처로 바뀌었을 뿐이다.

원래 사보임은 없을 거라고 말했던 김관영 원내대표가 의원을 둘이나 교체했다. 그로 인해 김 대표는 당에 미운털이 박혔고, 의원들은 자유한국당으로 가서 공천을 받고 싶어 했다. 그런 와중에 원내대표가 더불어민주당으로 가려고 한다는 말이 제1 야당의 원내대표 입에서 나온 것이다. 게다가 그것을 언론이 받아 적었다.

그 때문에 풍문이 아니라 사실로 들렸다. 지라시도 누구 입에서 나왔는지, 누가 전했는지가 아주 중요했다. 의도가 거울처럼 분명했다. 김관영 원내대표를 불신임으로 전격 해임하고, 원내대표를 새로 세운다면 패스트트랙 안건 지정은 심각한 위기에 봉착할 수 있었다. 자유한국당은 가능하다면 뭐든 하려고 들 것이었다. 바른미래당은 우리가 협상할 때 이미 사분오열되어 있었다. 그것 때문에 소통이 무척 힘들었다. 누가 지금 바른미래당을 통제할 수 있을까? 빨리 의안 번호를 받아야 했다. 나를 알아본 기자들이 득달같이 달려들어 의안 절차가 마무리됐는지 따지듯이 물었다. 나는 아무런 대꾸도 하지 않았다. 그 순간 승강기가 열렸다. 나는 재빨리 승강기 안으로 들어갔다.

기자들을 밀치는 나경원 원내대표의 모습이 잠시 보였다가 사라졌다. 누가 다가와 승강기 문을 잡았다. 그 때문에 문이 다시 열렸다. 나경원 원내대표의 모습이 분명히 보였다. 나는 고개를 돌렸다. 나 원내대표를 만나봐야 할 말이 없었다. 그러나 협상의 문은 항상 열어두어야 했다. 하지만 모든 협상에는 때와 원칙이 있다. 지금은 때도 아니고, 협상의 원칙을 지킬 수도 없었다. 엊저녁에 만났으면 좋았을 것을, 지금은 원내대표가 멈출 수 있는 상황이 아니었다.

자유한국당 의원 중 상당수가 선거제의 문제점을 인정했다. 사석에서는 개정에 동의하는 사람도 많았다. 김성태 의원도 반대하지 않았고, 오히려 취지에 공감했다. 심지어 의총에 선거법 개정 문제를 올렸다.

그럼, 누가 이 법을 막고 있는가?

무산된 휴전 협정

국회의사당 7층 의안과 앞이 사람들로 웅성거렸다. 나는 사람들에게 밀려 쓰러질 것 같았다. 뒤에서 누가 대표님, 하고 부르면서 내 몸을 붙잡았다. 그가 누구인지 확인할 수도 없었다. 그러다가 잠시 넓은 공간이 생겼다. 알람이 울려 핸드폰을 꺼냈다. 2층 사개특위 회의장에서 대치 상황이 발생했다는 내용이었다. 4층 정개특위 회의장 앞에서 김종민, 심상정 의원 등의 의원들이 복도 바닥에 앉아 농성 중이란 문자가 이미 와 있었다.

나는 꽤 오래 한자리에 그대로 있었다. 움직일 수가 없었다. 윤소하 원내대표가 옆에 있었다. 그가 옆에 있는 줄도 몰랐다. 정의당, 민주평화당 의원들은 패스트트랙의 든든한 버팀목이었다. 그들까지도 몽니를 부렸다면 진작 포기했을지 모른다. 갑자기 대열의 균형이 깨졌다.

사진기자가 다가왔다. 사람들이 그를 밀어냈다. 비켜달라는 사진기자의 아우성이 구호에 묻혔다. 마이크를 들고 다가와 말을 걸려던 기자도 사람들 속에 묻혔다. 국회 본관은 아수라장이었다.

서로의 구호들이 요란했다. 구호 대결, 욕설, 멱살잡이가 난무했다. 멱살잡이하는 사람들 주위에서 구호가 터져 나왔다. 아군과 적군이 뒤섞여 싸웠다. 나는 사람들에게 밀려 앞으로 나아갔다. 저쪽에 어렴풋이 나경원 원내대표가 보였다. 갑자기 사람들이 내게 길을 열어주었다. 내 앞에 나경원 원내대표가 서 있었다. 옆에 있던 자유한국당 의원이 나경원 원내대표 귀에 대고 속삭였다. 그는 내게로 다가오더니 원내대표끼리 협의를 주선했다. 하지만 때늦은 만남이었다. 나는 사람들이 열어준 길을 따라 사무실 안으로 들어갔다. 나경원 원내대표와 마주 앉았다. 뒤로 의원들이 둘러섰다.

"패스트트랙을 중지하라"는 말과 "법을 어기지 말고 빨리 철수하라"는 말을 주고받았다. 나는 이런 식으로 하다간 여럿 다칠 수 있다고 말했다. 하지만 더는 얘기가 되지 않았다. 우리는 서로 다른 말을 하고 있었다. 내 말의 요지는 간단했다. "먼저 법을 지켜라. 국회를 물리력으로 점령한 상태에서는 협상은 없다." 지금은 국회가 경호권이 발동된 상태다. 국회에서 폭력을 동원해 아무것도 얻을 수 없다.

그것을 명문화한 것이 국회선진화법이 아닌가? 그 법은 자유한국당에서 만들었다. 자유한국당은 절차의 정당성을 말하면서 행정 절차를 물리력으로 막고 있다. 지금 자유한국당은 국회선진화법을 명백히 어겼다. 길지 않은 휴전 협상은 서로의 주장만을 거듭하다가 결렬되었다.

나는 사무실을 나오면서 마음이 무거웠다. 그것은 휴전 협정이 무위로 돌아갔기 때문이 아니었다. 나경원 원내대표는 전선을 너무 세게 잡았다. 이렇게 전선이 세면 막상 화해가 필요할 때 힘들 수도 있었다. 그것이 걱정이었다. 결국, 선거법은 제1 야당과 협의해야 한다. 그 점은 야 3당도 동의했다. 패스트트랙은 끝이 아니라 시작이었다.

밤새도록 치열한 싸움이 이어졌다. 이것이 공수처와 선거법, 검·경 수사권 조정안을 패스트트랙에 태우기 위해 넘어야 할 산이었다. 여기서 양보는 있을 수 없었다. 더구나 불법에 굴복해 물러설 순 없었다. 새벽에 의안과 앞에서 다시 큰 충돌이 일어났다. 의안과는 서로 차지해야 할 고지가 되었다. 3명이 다쳐 실려 나가는 일까지 발생했다. 그냥 놔두면 사람이 크게 다치는 일이 생길 수도 있어 휴전을 선언해야 할 시점이 다가왔다.

새벽 3시경에는 사개특위가 법제사법위원회 회의실에서 어렵사리 개회되었지만 더불어민주당 의원 6명만 참석해 패스트트랙 의결정족수를 채우지 못하고 해산되었다. 야당 의원들은 일부러 참석하지 않은 것이 아닐 것이다. 아마도 기다리다가 지쳐 잠이 들었을 것이다. 긴 밤이었다. 아직도 4월 26일 새벽이었다.

새벽 4시경 정개특위와 사개특위 회의를 더는 열지 않겠다고 기자회견을 했다. 부상자가 나온 마당이라 억지로 밀어붙일 수도 없었다. 나는 더는 위험한 충돌을 원치 않았다.

오전 9시, 우리는 예결위 회의장에서 긴급 의원총회를 열었다. 전열을 가다듬기 위한 자리였다. 모두 지치고 힘든 표정이었다. 하지만 고삐를 늦출 수는 없었다. 아직 공식적으로 법안 상정이 안 되었고, 의안과는 여전히 점거당한 상태였기 때문이었다. 의원들을 4개조로 나눠 대응하고, 전략을 마련하기로 결의하고 헤어졌다.

노무현의 선물 '전자입법발의 시스템'

4월 26일 오후 3시. 나는 회의장 한쪽에 앉아 복잡한 머릿속을 정리하고 있었다. 총체적인 난맥이었다. 접수도, 표결도, 김관영 대표의 거취 문제도……. 어디서부터 풀어나가야 할까? 그때 뒤에서 누가 다가왔다. 이철희 의원이었다. 그런데 표정이 너무 밝았다. 젊은 보좌관들이 7층을 뚫었나? 의원들은 지쳐서 예결위장 여기저기 널브러져 있었다. 그는 주변을 둘러보고 다가와 속삭였다. "출구를 찾았습니다." 이 의원의 말이 무슨 뜻인지 이해가 되지 않았다.

그는 다시 주변을 확인하고 내 옆자리에 앉았다. '전자입법발의 시스템'이란 것이 있다고 했다. 그것을 사용하면 전자 발의가 된다는 것이었다. 그것은 2005년에 노무현 대통령이 만들었다고 했다. 전자입법발의 시스템은 지금도 사용할 수 있다고 했다. 보좌관과 몇몇 사람들이 조용한 사무실에 모여 전자입법발의 시스템에 접속해 의안 절차를 진행 중이라고 했다. 그동안 보좌관들도 전자입법발의 시스템을 잘 몰랐던 이유는 불편해서 사용하지 않았기 때문이었다고 한다. 이러한 발의 시스템을 알고 있던 의원실 인턴들이 알려줬다는 것이다.

앞에 놓인 식은 커피를 마셨다. 멍하던 머리가 갑자기 맑아졌다. 자유한국당이 이 사실을 알게 되면 여기로 찾아올 것 같았다. 이철희 의원도 뭔가 불안한지 함께 7층 의안과로 가자고 했다. 나는 커피를 마시고 양복을 챙겨 입었다. 난공불락의 고지가 한순간 허물어졌다. 나는 거울 앞에서 옷차림을 확인하는데, 전자 결재를 하던 노무현 대통령의 모습이 잠시 떠올랐다. 그분은 퇴임한 대통령으로 돌아가신 것이 아니었다. 정보화 시대 청년으로 우리 곁에 계셨다.

나와 이철희 의원은 7층 의안과로 올라갔다. 승강기가 열리자 복도로 나섰다. "왔다"라는 함성이 귀청을 울렸다. 복도에 있던 자유한국당 사람들이 일제히 일어났다. 잠시 뒤 이철희 의원이 귀에 대고 속삭였다. "끝났답니다." 감격의 순간은 그렇게 도둑처럼 다가왔다.

원내대표실로 들어서자 사람들의 환호성이 들렸다. 보좌관이 내게 핸드폰을 내밀었다. 기자가 보낸 사진이라고 했다. 자유한국당 의원들이 핸드폰으로 의안 시스템에 들어가 발의한 법안의 의안 번호를 확인하는 장면이었다.

그러나 승리는 오래가지 못했다. 내가 전화를 받고 있을 때, 장철민 실장이 다가왔다. 그의 얼굴이 흙빛이었다. 뭔가 큰일이 터진 듯했다. 정개특위에 바른미래당 위원들이 불참했다고 한다. 그가 천천히 입을 열었다.

"곧 패스트트랙이 불투명하단 기사가 올라올 겁니다. 지금 정개특위가 문제가 아닙니다. 김관영 대표가 의원총회에서 불신임될 수도 있습니다. 이미 소문이 파다하게 퍼졌습니다. 당원권이 정지된 의원을 제외하면 바른미래당 의원은 스물한 명입니다. 투표하면 유임보다 사퇴가 우세할 겁니다. 원내대표가 새로 임명되면 무슨 일이 일어날지 알 수 없습니다. 그쪽 의원들과 한번 접촉해보셔야 할 것 같습니다."

장 실장이 말을 끝내고 종이 한 장을 내밀며 거기에 적힌 의원님들을 만나야 한다고 했다. 그러면서 시간이 없다고 덧붙였다. 나는 종이를 쥐고 창가로 걸어갔다. 장 실장이 밖으로 나갔다. 종이를 펼쳤다. 유임론자 8명과 사퇴론자 13명의 명단이었다. 이름 밑에는 핸드폰 번호가 있었다. 종이에 적힌 전화번호를 내려다보다가 김관영 원내대표에게 전화를 걸었다. 그는 전화를 받지 않았다. 의원들은 내 전화를 받는다고 태도를 바꾸지는 않을 것이다. 그래서 만나야 한다고 했을 것이다. 만나면 무엇을 줄 수 있다고 말해야 할까? 나는 종이를 구겨 주머니에 넣었다.

다시 출발하는 개혁 열차

─패스트트랙 지정, 경호권 해제

　의원회관 1004호.

　나는 오기형, 장철민 실장과 마주 앉았다. 여덟 명이 둘러앉을 수 있는 테이블과 창 쪽에는 책상이 놓여 있는 넓은 방이었다.

　오 실장이 내 얼굴을 한번 쳐다보고는 자신의 핸드폰을 내밀었다. 김관영 원내대표의 페이스북이었다. 아주 간단한 내용이었다. 패스트트랙을 서두르지 않겠다는 내용이었다. 나도 모르게 자리에서 일어났다. 넥타이를 풀고 잠시 방 안을 서성였다. 나는 창가에 있는 책상에 앉았다. 두 실장도 멍한 표정이었다.

　4월 30일까지 패스트트랙의 지정은 어렵다는 얘기였다. 김 원내대표의 글은 패스트트랙은 물 건너갔다는 말이나 다름없었다. 선거법은 시간 때문에 마냥 미룰 수가 없었다. 김관영 원내대표는 패스트트랙을 포기하고 불신임을 피한 것인가? 눈앞이 아득했다.

이 순간 어떤 선택을 해야 할지 알 수 없었다. 패스트트랙을 시작할 때 필요한 사람들은 죄다 만났다. 더는 사람들을 쫓아다니는 일은 구차했다. 또 원칙도 없이 사람들을 만날 수도 없었다. 사실 그들은 선거법 개정을 열렬히 원하고 있었다. 하지만 지금 패스트트랙이 멈추면 더불어민주당에 너무 큰 부담이 될 것이다. 또한, 나도 무거운 책임을 져야 한다.

이런 순간 노무현 대통령은 어떤 선택을 했을까? 당신이라면 어떻게 행동했을까? 그는 바보였다. 지금은 그 순간들이 모두 역사가 되어버렸지만 현실 속의 노무현은 매 순간 바보 같은 선택을 했다. 그래서 '바보 노무현'이었다.

나는 김관영 원내대표에게 전화를 걸었다. 여전히 연결되지 않았다. 전화를 끊자 곧바로 전화가 왔다. 그는 말을 하지 않았다. 김 원내대표와 나는 잠시 핸드폰을 쥔 채 말없이 있었다. 그러고는 그는 김성식, 김동철 의원이 권은희 의원 사보임에 대해 말한다고 했다. 나는 두 분에게 하나도 숨기지 말고, 더하지도 빼지도 말고 있었던 일들을 사실 그대로 말씀드리라고 했다. 만일 그것이 통하지 않으면 법안들이 패스트트랙으로 지정되더라도 상임위 혹은 법사위, 아니면 본회의에서 좌초될 것이다. 패스트트랙에 지정되었다고 법안이 통과되는 것도 아니다.

4월 29일 아침 김관영 바른미래당 원내대표는 최고회의에서 논의한 내용을 발표했다.

"사법개혁특별위원회에서 사임된 오신환, 권은희 의원과 충분한 논의를 통해 여야 4당 합의 사항 이외의 내용을 담기로 결정했습니다. 또한, 새로 보임된 임재훈·채이배 의원은 특위위원을 그대로 유지하기로 결정했습니다. 다만 권은희 의원이 새롭게 대표 발의하는 공수처 법안을 여야 3당에 제안합니다."

더불어민주당, 민주평화당, 정의당은 의원총회를 열어 권은희 안과 기존의 안을 동시에 패스트트랙으로 지정하기로 결정했다. 여야 4당은 밤 10시 정개특위와 사개특위 전체회의를 열기로 하고 패스트트랙 지정 시도에 나섰다. 특별위원회 회의실 앞에서 대기 중이던 자유한국당은 다시 농성에 돌입했다.

4월 29일 오후 10시 52분. 사개특위는 장소를 변경해 문체위 회의실(506호)에서 열리게 됐다. 10시 20분 이상민 위원장이 회의실로 입장하면서 질서 유지권을 발동했다. 더불어민주당, 바른미래당, 민주평화당 위원들이 10시 30분 회의장에 입장했다. 자정 직전 11명의 찬성으로 공수처 법안의 패스트트랙 지정이 가결됐다.

정개특위는 심상정 위원장이 4월 29일 10시 50분 정무위 회의실(604호)에서 회의 개의를 선언했다. 1시간 내내 이어진 회의는 자정을 넘어서게 되고 차수 변경 후 4월 30일 새벽 0시 20분 무기명 투표를 시작했다. 12명의 찬성으로 선거제 개편안이 패스트트랙으로 지정됐다.

4월 30일 오전 10시 45분. 경호권은 닷새 만에 해제되었다.

어쩔 수 없는 선택,
연합 정당

패스트트랙 일지 3

2019. 06. 20: 11차 정개특위(위원회 연장 논의, 자유한국당 거부)

2019. 06. 28: 정개특위 연장 합의

2019. 06. 28: 15차 사개특위(사계특위 연장 합의, 백혜련 안 및 권은희
안 상정)

2019. 07. 23: 12차 정개특위(신임 위원장 홍영표)

2019. 08. 20: 14차 정개특위

2019. 08. 23: 17차 사개특위(위원장: 유기준, 간사: 백혜련, 김도읍, 권
은희, 소위원회 개선 안건)

2019. 08. 26: 15차 정개특위(수정안 논의/심상정 안 등 4개 수정안 조
정위원회 회부)

2019. 08. 27: 2차 안건 조정위원회(심상정 안을 조정안으로 선택, 표
결, 통과)

2019. 08. 29: 16차 정개특위(조정안(심상정 외 17인) 가결, 법사위 회부)

*안건 조정위원회 활동 기간 관련 쟁의 발생(장제원 등이 법률안 심의권 침해, 무효를 주장하며 헌재에 심판 청구)

2019. 09. 01: 사개특위 공수처법 백혜련 안 및 권은희 안 처리

2019. 09. 02: 공수처법 백혜련 안 및 권은희 안 법사위 이관

2019. 11. 29: 자유한국당, 본회의에 상정된 199개 안건 전부에 대해 필리버스터 신청

2019. 12. 03: 법사위, 공수처법을 국회 본회의에 부의

적은 함께 가야 할 동행자

—원칙보다 협상으로 더 큰 것을 얻을 수 있는 게 정치

나는 2019년 5월 9일로 원내대표 자리에서 물러났다. 후임으로 이인영 의원이 원내대표로 선출되었다. 선거법과 공수처 법안, 검·경 수사권 조정안 등이 패스트트랙으로 지정되었다. 나는 선거법 개정으로 다채로운 국회, 공수처법으로 권력층의 특권이 사라진 사회를 구현해보고 싶었다. 그 과정은 진흙탕 싸움이었다. 하지만 길고 어두운 터널을 지나야 맑고 밝은 빛을 볼 수 있는 법이다. 패스트트랙 과정에서 협상 창구 역할을 했던 바른미래당의 원내대표 김관영 의원도 물러났다. 비록 소수파로 전락했어도 임기는 다 채웠다.

김관영 의원은 패스트트랙이 난항을 겪을 때마다 여야를 오가며 의견을 조율하곤 했다. 정치인들의 이해관계를 저울질하는 중재자였

다. 나는 노동운동을 할 때도 의정 활동을 할 때도 상대를 적으로 생각하진 않았다. 그래서 젊은 시절에는 비난을 각오하고 김우중 회장의 담판 제의에도 응했다. 협상의 가능성을 믿었고, 예상을 뛰어넘는 제의를 받았다. 적은 함께 가야 하는 동지다. 한때 내가 '더불어한국당'이냐는 문자 폭탄을 받은 것도 그 때문이었다. 정치는 절대로 혼자 할 수 없다. 어느 순간에는 원칙보다 협상으로 더 큰 것을 얻을 수도 있다.

선거법 개정은 내 오랜 꿈이기도 했다. 그것은 김대중·노무현 대통령의 바람이었다. 특히, 노무현 대통령은 선거법 개정을 열망했다. 하지만 이 법들이 본회의 표결로 갈 때까지는 더 큰 진통이 따를 것이다. 주변의 동료 의원 중 일부는 패스트트랙에 대한 기억이 각인되어 있어 자유한국당의 협조가 쉽지 않을 것이라고 했다. 나도 그 점을 우려하고 있었다.

협상에서 중요한 것은 신뢰였다. 하지만 그보다 더 중요한 것이 있다. 이익이다. 그것은 사익일 수도, 공익일 수도 있었다. 그런데 협상의 주체가 공동의 이익을 추구하는 정당일 때는 자기 당이 손해를 보더라도 공익에 도움이 되면 선택하기도 한다. 패스트트랙으로 지정된 법안들이 내가 몸담은 더불어민주당에 도움이 되는 것들은 아니었다. 선거법은 우리 당에서도 적잖은 의원들이 못마땅하게 여겼다. 공수처 법안에 대해 노골적으로 불만을 토로한 의원도 있었다. 하지만 그것은 대통령의 1호 공약이었고, 특권을 줄이는 법이었다. 또한, 여야 대선 후보들이 원했던 법이었다. 우리 가슴을 찌르는 창이 될 수도 있다는 것을 알면서도 대의를 선택했다.

나는 원내대표에서 물러났어도 사개특위와 정개특위의 상황을 잘 알고 있었다. 문제는 특위나 소위 회의에 자유한국당 의원들이 참가하지 않는다는 것이었다. 나는 평소 친하게 지냈던 자유한국당 K 의원에게 전화를 걸었다. 그는 패스트트랙 지정으로 인한 앙금 때문에 나를 만나지 않으려고 했다. 그 일에 대해 사과하고 싶다면서 만남을 청했다. 여야 의원들은 국민이 보는 앞에서는 삿대질에 막말까지 하지만 평소에는 친하게 지내는 경우가 많았다. 싸우면서 정도 들고, 결국에는 법안들을 조율해야 하는 협력자들이었다.

K 의원은 심상정 의원과는 정개특위를 함께하기 어렵다며 노골적으로 불만을 토로했다. 특위 위원들 사이에서도 이런 말들이 자주 나왔다. 심 의원은 선거법을 저돌적으로 밀어붙였다. 선거법 개정을 원하는 의원들로서는 거침없는 심 의원의 행동을 마음에 들어 했다. 나조차도 그런 뚝심을 믿고 심상정 의원을 추천했었다.

이후 K 의원의 말을 들었다. 반박하면 솔직한 얘기를 들을 수 없을 것 같았다. 그는 구체적인 숫자를 말하면서 자기주장을 펼쳤다. 그는 상당히 복잡한 준연동형 비례제 선거법 개정안에 대해 잘 파악하고 있었다. 자유한국당은 선거법 개정에 대해 부글부글 끓고 있다고 했다.

집으로 돌아가는 차 안에서 나는 계속 머릿속에 맴도는 K 의원의 말을 생각했다. 실은 특별한 내용도 아니었다. 기존의 선거법은 병립형 비례제이고, 1인 2표제였다. 지역구와 비례의 비율은 253+47이었다. 이런 선거제도에서 치러진 지난 20대 선거에서 정의당은 득표율은 7.2퍼센트인데, 의석률은 2퍼센트였다. 더구나 정의당은 선거 때마다 전국적으로 8퍼센트 내외의 안정적인 지지를 받고 있었다. 그렇다면 패스트트랙에 지정된 선거법으로 따졌을 때 정의당이 원내교섭단체가 될 가능성이 높아진다.

2019년 3월 17일 여야 4당 합의 초안을 요약하면 지역구 225석 비례 75석이 기본이었다. 1인 2표 투표이고 권역별 준연동형제(정당득표율 우선 배분, 연동 50퍼센트+병립)와 석패율제 적용, 선거권 연령은 18세가 근간이었다.

이 합의안은 2019년 6월까지 그대로 유지되었다. 이런 식의 선거법 개정은 거대 정당인 자유한국당에 당연히 불리했다. 더불어민주당도 마찬가지였다. 기존의 선거법이 변하지 않는 데는 이유가 있었다.

문제는 선거법 개정 합의안이 군소 야당들과 자유한국당에 똑같이 유리하지 않을 수 있었다. 자유한국당 K 의원은 그 점을 파고들었다. 다른 야당들은 비례에서 정의당처럼 안정적인 지지를 확신할 수 없었다. 20대 선거에서 득표율을 26.7퍼센트를 얻고, 의석률 12.6퍼센트밖에 차지하지 못한 국민의당 역시 마찬가지였다. 그들은 호남 지역에서 진보의 표를 얻었다. 그런데 보수 성향의 정당과 합당해서 비슷한 득표를 얻을 수 있을지는 의문이었다.

다른 문제는 지역구 의석이었다. 농촌 출신의 국회의원인 K 의원의 진짜 걱정은 자기 밥그릇이었다. 그것을 무턱대고 나무랄 수도 없었다. 그는 준연동형 비례제 선거법이 통과된다면 인구수가 계속 줄고 있는 자신의 지역구가 없어질 것이라고 했다. 이 선거법대로 한다면 지역구가 기존의 253석에서 225석으로 줄 수밖에 없다. 만일 의석수가 적어진다면 인구 감소가 급격하게 일어나는 농촌 지역도 적어질 수밖에 없었다. 자유한국당만이 아니라 야 3당 중에서 농촌 지역이 지지 기반인 당은 비슷한 상황일 것이다. 그들은 비례제라 해도 큰 이익이 없을뿐더러 지역구에서의 의석수 감소로 낭패를 당할 수도 있었다.

이래서 자유한국당에서 도·농 복합형 선거구제 주장이 나왔다. 현재 국회 의석수는 300명이다. 그것을 늘릴 수 없으니까 100만 이상의 대도시는 중·대 선거구제로 전환해 의원 수를 줄이자는 것이다. 서울과 부산의 경우 2~3개 선거구를 1개로 합해 2~3명을 뽑고, 그러면 도시 지역에서 의석수를 많이 얻지 못한 자유한국당일지라도 안정적으로 의석을 얻을 수 있었다. 한 지역에 2~3명을 뽑게 된다면 적어도 1명은 당선시킬 수 있을 테니까. 농촌을 이런 식으로 선거구를 조절하면 대구 경북이나 경남 지역에서도 더불어민주당에 의석수를 내줄 수밖에 없다. 그러니 농촌 지역은 한 지역구에서 1명을 뽑는 소선거구제로 하는 것이었다. 문제는 이것도 자유한국당의 당론이 아니었다.

선거법은 이처럼 복잡한 방정식이라 솔로몬의 지혜가 쉽지 않았다. 나는 계속해서 친분이 있는 자유한국당 의원들에게 전화를 걸었다. 아무도 전화를 받지 않았다. 바른미래당 김관영 의원에게 전화해서 중재자 역할을 부탁했다. 그는 이미 자유한국당 의원들을 접촉하고 있었다.

걱정했던 문제는 2019년 6월 말경에 터졌다. 심상정 의원은 자유한국당이 국회 보이콧을 계속하면 위원장 직권으로 정개특위를 소집하겠다고 했다. 김종민 더불어민주당 정개특위 간사도 선거법을 제대로 논의하지 않고 행정안전위원회로 넘기는 것은 선거법 개정을 원하는 국민에 대한 배신이며 직무유기라고 나섰다. 그의 말은 좀 다른 함의를 담고 있었다. 선거법 개정 협상에 들어오지 않는 자유한국당을 향한 경고였다.

패스트트랙 법안은 해당 상임위원회의 심의에 최장 180일, 법사위원회의 검토에 최장 90일, 본회의 부의에 최장 60일을 거쳐 본회의에 상정된다. 심상정 위원장과 김종민 간사는 법안 심의 과정을 대폭 줄이겠다는 뜻이었다. 다시 말해 법안을 법사위로 넘겨버린다는 것이다.

두 사람이 이런 태도를 보이는 데는 이유가 있었다. 선거법이 행정안전위로 넘어가는 경우 협의안은 사실상 불가능했다. 그동안 선거법 논의를 이어온 정개특위 소속 의원들은 대부분 행안위 논의에 참여할 수가 없었다. 그곳으로 넘어가면 법안 처리에 난항이 예상되었다. 심상정 의원의 말은 이런 맥락에서 나온 것이다. 자유한국당에 시한 연장을 하라는 압박이었다. 그들은 정개특위 회의장에서 "법안을 날치기 통과시켜라" 하고 소리 질렀다. 하지만 날치기 통과란 말은 자유한국당이 꺼낼 처지가 아니었다. 그들은 정개특위 회의에 불참하거나 논점을 이탈한 쟁점으로 회의를 방해했다. 그들이 자주 했던 말은 권력구조 개편이었다. 이 문제는 2018년 12월 15일 나경원 원내대표가 서명한 합의문의 내용에 있긴 했다. 하지만 정개특위에서 연동형 비례제에 대해 논의하는 데 권력구조 문제를 꺼내는 것은 논의를 지연시키려는 의도였다. 더불어민주당 의원들은 선거제도 개혁 관련 법안의 개정과 동시에 권력구조 개편을 위한 원 포인트 개헌 논의를 시작한다고 했다. 자유한국당의 이런 태도를 바른미래당 김성식 의원은 지연 전술을 쓰는 야비한 '침대 축구'라고 적나라하게 꼬집었다.

심상정 의원은 단호했다. 그는 법안을 행안위로 넘길 생각이 없었다. 더불어민주당과 야 3당 의원들의 태도로 보아 심상정, 김종민 의원의 말처럼 법안을 처리해 법사위로 넘길 분위기였다. 그 때문에 자유한국당은 정개특위 활동 시한 연장을 받아들였다. 그리고 위원장 교체 요구가 있었다. 심상정 의원은 자신이 선거법 개정을 마무리하고 싶어 했다. 하지만 현실을 받아들일 수밖에 없었다.

자유한국당 장제원 간사가 나를 위원장으로 추천했다. 제1 야당을 선거법 개정으로 끌어들일 방법을 모색했다. 그동안 정개특위 회의에 참석한 의원들의 태도를 보면 선거법에 협의 의지가 전혀 없는 것은 아니었다. 특히 원내대표와 가장 자주 소통하는 장제원 간사는 당내에서 나름대로 협의안 도출의 의지를 보였다. 그 외 다른 의원들도 마찬가지였다. 이견이 있을 뿐 협의를 하지 않겠다는 것은 아니었다. 진정성 있는 논의를 할 때도 많았다. 문제는 당론이 없었다. 하지만 선거법은 당론을 정하기가 쉽지 않았다.

선거법에 있어 더불어민주당은 야 3당에 최대한 양보하고, 그야말로 혼신을 기울여 패스트트랙에 태웠다. 선거법 개정이 좌초된다면 이 법안과 맞물려 있는 공수처 법안, 검·경 수사권 조정안 등도 물건너갈 것이다. 이런 경우 더불어민주당은 정치적 타격을 입을 수밖에 없다. 그 때문에 선거법도 공수처 법안도 흐지부지 끝낼 수가 없었다. 그 사실을 자유한국당도 잘 알고 있었다. 유인책을 제시하면 정개특위에 참여해 자신들에게 유리한 법안을 만들려고 할 것이다.

그때 김종민 의원이 자유한국당 의원을 만나봤다고 했다. 지역 225석, 비례 75석으로는 협상이 불가능할 것이라고 했다. 김종민 의원은 장제원 의원에게 '권역별 비례제'를 한번 던져본 모양이었다. 괜찮다는 반응이었다고 했다. 그동안 선거법 협상 과정에는 한국의 정치 현실에서 나올 수 있을 법한 선거법 개정안들이 죄다 나왔다. 김종민 의원이라면 창의적인 안을 만들었을 것이다. 그는 더불어민주당에서 선거법에 관한 한 가장 해박한 의원이었다. 좀 엉뚱한 안이라고 해도 야당들, 특히 자유한국당에 제의해볼 필요가 있었다.

내가 궁금한 것은 선거법의 내용이 아니었다. 태도였다. 그들이 찾는 것이 자기들 마음에 드는 개정안인지 아니면 판 자체를 엎으려는 것인지, 그들의 의지를 확인할 필요를 느꼈다. 그들과 소통하는 채널은 더불어민주당 의원보다는 바른미래당 김관영 원내대표가 더 좋을 것 같았다.

뜨거운 감자로 떠오른 준연동형 비례제
—전해철, 김종민, 이철희, 윤호중 의원 등과 TF팀 꾸려 대응

나는 김관영 의원과 서울 외곽의 조용한 밥집을 찾았다. 그는 마음고생을 얼마나 했는지 얼굴이 야윈 듯했다. 그와 손학규 대표는 당을 살리려고 혼신의 힘을 다 기울였다. 그런 마음으로 2018년 12월 15일 원내대표 5당 연동형 비례제 도입 검토 합의안을 이끌어냈다. 그

것이 선거법 개정 협상 열차의 출발지였다. 당시 나경원 원내대표가 그 합의안에 서명하지 않았다면 선거법 개정은 힘들었을 것이다.

정개특위 회의 때도 나경원 대표가 서명한 협의 문서가 자주 등장했다. 심지어 자유한국당 의원들이 협의안 얘기를 꺼내기도 했다. 그들은 협의문의 의미를 축소시키려고 검토란 단어를 강조했다. 그러나 정치적으로 검토는 긍정의 의미였다.

선거법은 여야가 합의 처리해야 한다는 것이 게임의 룰이다. 특히 40퍼센트 이상의 지지 기반을 가진 야당을 배제할 수는 없었다. 이런 주장을 자유한국당에서 회의 때마다 중얼거렸다. 틀린 주장은 아니었다. 하지만 그들은 협의할 태도를 보이지 않았다.

나는 원내 지도부의 다선 의원들에게 자유한국당 의원들을 만나달라고 부탁했다. 여야의 정개특위 회의는 겉돌았다. 더불어민주당 중진 의원 두 분이 자유한국당 중진 의원 세 분과 저녁을 먹으면서 제안을 받았다고 했다. 정개특위에서 선거법 개정과 권력구조 개편 문제를 함께 다루면 회의에 임하겠다는 것이었다. 그들은 '분권형 대통령제'를 내놓았다. 총리는 국회에서 선출하고 대통령은 직접 선출하는 이원 집정부제였다. 나는 하도 답답한 마음에 그 문제를 정개특위 위원과 의논해보았다. 자유한국당 의원은 진심에서 그 말을 했을 수도 있었다. 하지만 정개특위 위원들은 권력구조 개편 문제를 다룬다고 자유한국당 의원들의 태도가 달라지지 않을 것이라고 했다. 오히려 논의가 다른 방향으로 흘러갈 수 있다고 했다. 위원장도 정신을 바짝 차리고 있어야 할 것 같았다.

김종민 간사는 물밑 작업이 진행되고 있다가 한순간 진도가 나가지 않는다고 했다. 김관영 의원 역시 희소식을 가져오지 못했다. 당의 다선 의원들이 저쪽 지도부와 접촉했으나 결과는 비슷했다.

준연동형 비례제 안이 나왔을 때, TK(대구, 경북) 의원들이 강한 불만을 토로했다고 한다. 몇 달 전에 만난 K 의원도 경북 출신이었다. 그들 때문인가? 의원들 사이에 TK 강경파 의원들 때문에 논의가 되지 않는단 말이 가끔 나왔다. 그렇다고 그들이 도·농 복합형 선거구제를 주장한 것도 아니었다. 시간이 계속 흘러가고 있었다. 나는 분명한 뜻을 보여주어야 할 필요를 느꼈다. 정개특위 회의를 열기 위해 간사들 간의 합의를 요청했다. 그런데 합의가 잘 이루어지지 않았고, 자유한국당은 정치개혁 1소위 위원장 자리 문제로 회의를 할 수 없다고 했다. 위원장 직권으로 8월 20일 제14차 정개특위 전체회의를 소집했다. 회의가 열리긴 했으나 1소위 위원장 자리 문제로 싸우다가 끝났다. 게다가 이미 합의한 내용에 대해서도 다른 말을 꺼냈다. 제15차 회의에서도 알맹이 없는 말만 주고받았다.

2019년 8월 29일.

16차 정개특위에서 조정안(심상정 외)을 가결해 법사위로 넘겼다. 패스트트랙으로 지정된 법안 그대로였다. 야당들에서 아무런 문제 제기가 없어 법안을 고칠 수도 없었다. 15차 정개특위에서 수정안 논의를 위해 조정위원장 김종민 의원에게 회부했으나 조정이 어렵다고 원안대로 넘겼다.

장제원 간사는 가결에 반대하면서 시간을 달라고 고함을 질렀다. 나중에는 법전을 들고 회의장을 돌아다니다가 그것을 바닥에 내동

댕이치기까지 했다. 그토록 법률이 고귀했다면 왜 선거법 개정을 위한 회의에 적극적으로 참여하지 않았던 걸까? 법은 법전 안에만 있는 것이 아니다. 만일 법이 법전 안에만 있다면 입법기관이 왜 필요하겠는가? 법은 국민의 요구에 의해 끊임없이 제정하고, 필요에 따라 바꿔야 한다. 그 책무가 국회의원에게 있었다. 할 말이 많았지만 입을 다물었다. 자유한국당 의원들이 몰려와 막말로 소란을 피우는 바람에 그럴 겨를도 없었다. 카메라 불빛이 부나비처럼 달려들어 가결 현장을 밝혔다. 하지만 나는 부끄럽지 않았다. 오직 주권자인 국민께 진정으로 미안했을 뿐이다.

한 자유한국당 의원이 홍영표 개인에 대해 인신공격을 하면서 표결을 막으려고 했다. 장제원 의원 등이 법률안 심의권이 침해됐다면서 무효를 주장하는 심판 청구를 냈다. 자유한국당은 그동안 법률안 심의를 제대로 하지 않았다. 그것을 바른미래당의 김성식 의원은 '침대 축구'라고 표현했다. 한마디로 야비하게 시간 끌기를 한다는 뜻이었다.

선거법이 법사위를 통과하자 나는 제대로 잠을 이룰 수 없었다. 다음 달 9월 1일이면 백혜련 및 권은희 의원의 공수처 법안이 법사위로 넘어가기 때문이다. 이제 나라의 운명을 바꿀 수도 있는 법률들을 법사위에서 본회의로 이관할 준비를 했다. 시간은 자꾸 흘러가는데, 자유한국당에서는 큰 변화가 없었다. 하지만 자유한국당 의원 중 상당수는 선거법 개정에 부정적이지는 않았다. 여러 개의 채널을 통해 그런 사실을 확인했다. 그럼, 왜 반응이 없을까? 너무 강하게 밀어붙여 그런 것인가? 하지만 내 걱정은 기우였다. 그들은 법안이 법사위로 넘어간 뒤에 다급하게 움직였다. 저들도 위기감을 느꼈던 것 같았다. 나는 마지막 순간까지 자유한국당과의 합의 처리를 생각하고 있었다.

문제는 그런 자유한국당 의원들의 의견을 묶어줄 구심점이 없었다. 나는 이해찬 당대표를 찾아갔다. 그동안 있었던 일을 보고하면서 패스트트랙 법안들이 본회의를 통과하기 위해서는 당 차원의 TF를 구성해야 한다고 말했다. 이제 패스트트랙 본회의 통과에는 고도의 정치력이 필요한 상황이었다.

이해찬 대표는 내게 TF를 구성해 책임지고 이끌어 보라고 하셨다. 그리고 가능한 한 자유한국당과 합의해 처리하라고 주문했다. TF팀은 전해철, 김종민, 이철희, 윤호중 그리고 나까지 총 5명으로 구성하였다. 이인영 원내대표는 필요할 때 토의에 참가하기로 했다. 당시 TF팀은 극비리에 움직였다. TF 소속 의원들은 각자의 네트워크로 야당 의원들을 만났다. 우리는 패스트트랙 전권을 당에서 위임받았다.

자유한국당이 비례 위성정당을 만들 수 있단 얘기가 돌았다. 처음엔 나도 선거법 개정을 하지 말라는 협박용으로 여겼다. 하지만 보좌관이 가져온 자료를 보니 문제가 심각했다. 그런데 TF팀에서나 더불어민주당 의원들은 자유한국당이 위성정당을 못 만들 것으로 여겼다. 먼저 법적으로도 쉬운 일이 아니었고, 그런 짝퉁 정당에 누가 투표하겠냐는 것이었다.

나는 생각이 좀 달랐다. 그동안 자유한국당이 보여준 태도로 볼 때 불가능한 일이 아니었다. 그들은 회의에 제대로 참석하지 않았지만 준연동형 비례제의 위력을 잘 알고 있었다. 선거에서 지면 국회의원은 아무것도 아니다. 자유한국당은 의석수가 줄고 비례가 늘어난다면 당의 존립이 위험할 수도 있었다. 또 그동안 회의에 참석하지 않은 것이 오히려 위성정당의 명분이 될 수도 있었다.

자유한국당이 선거법 개정에 나서지 않는 이유는 간단했다. 기존의 방식인 병립형 비례대표제가 자신들에게 유리하기 때문이었다. 만일 자신들을 제외한 야당들이 합의하면 두말 못 하고 준연동형 비례제로 총선을 치러야 한다. 그런 현실이 도래한다면 가만히 당하고 있을 사람들이 아니었다.

그때 파랑새가 날아들었다. 역시 바른미래당 김관영 의원이었다. 합의안을 도출했다는 내용이었다. 내일 자유한국당 대표에게 확답을 받고, 그 안을 들고 오겠다고 했다. 우리 당에서도 양보할 게 많다는 말도 덧붙였다. 하지만 자유한국당과의 협상보다 더 큰 문제가 있었다. 그동안 더불어민주당과 야당들은 준연동형 비례제 선거법 개정을 추진해왔다. 그런데 이제 와서 자유한국당과 합의를 명분으로 거대 양당에만 유리한 선거법을 받아들일 수는 없었다. 그것은 도의에 벗어난 일이었다. 어떤 협상도 국민의 묵시적 협의 사항인 대표성과 비례성을 담보해야 했다.

다행히 김관영 의원이 내민 선거법은 준연동형 비례제였다. 다만 비례의석에 대한 조율이 필요하고, 공수처 법안은 야당의 비토권을 논의해보자는 입장이었다. 그리고 자유한국당은 다른 정치 현안에 대해 양보를 원한다고 했다. 내 팔다리라도 잘라줄 테니, 협의안만 가져와달라고 부탁했다. 나는 약간 흥분해서 대표가 누구인지 물어보지도 않았다. 황교안 대표라면 좋은데. 그럼, 협상은 성사되는 것이다. 김관영 의원이 선거법의 물꼬를 트고, 선거법의 대미도 그가 장식할 것 같았다.

다음 날 식당에서 밥을 먹으려다가 TV를 보고 멍해졌다. 생각지도 못한 전혀 엉뚱한 뉴스가 화면을 장식했다. 황교안 자유한국당 대표가 청와대 앞 천막에 앉아 있었다. 화면 밑으로 자막이 깔렸다,

"지소미아 파기 철회, 공수처법 철회, 연동형 비례대표제 선거법 철회."

황교안 대표는 그렇게 3가지 조건을 내걸고 무기한 단식에 돌입했다. 장제원 의원은 자유한국당 간사였다. 그는 동분서주하면서 당을 선거법 논의에 불러들이려고 노력했다. 그는 원내대표에게서 일정한 권한을 위임받았다는 발언을 한 적도 있었다. 장제원 의원은 PK(울산, 부산, 경남) 의원이었다. 황교안 대표와 나경원 의원은 TK(대구, 경북)의 지원으로 당대표와 원내대표가 되었다. 나경원 의원은 5당 원내대표 합의안에 서명했고, 김성태 원내대표는 여·야·정 국정상설협의체에서 대표성과 비례성을 확대하는 선거제 도입에 합의했다. 둘은 서울 출신 국회의원이었다. TK 의원들이 선거법 개정을 방해한다면 그들을 만나 타협안을 찾아야 한다. 선거법이 난항이었지만 공수처 법안은 국회 본회의에 부의했다.

다음 날, TF팀의 윤호중 사무총장에게서 연락이 왔다. 대안 신당이 창당된다는 얘기였다. 민주평화당의 비당권과 유성엽 의원이 주축이 되어 당을 새로 만들겠다고 창당준비위원회를 구성했다는 것이다.

드디어 올 것이 왔다. 자유한국당 문제도 복잡한데 다른 야당이 출현해 지분을 요구했다. TF팀의 회의가 열렸다. 오랫동안 토론과 회의

가 진행되었다. TF 의원들 중에는 자유한국당 중진들과 선거법과 공수처법에 관해 깊은 얘기를 나눈 사람도 있었다. 당대표나 원내대표가 선거법 개정에 대해 막혀 있지 않다는 것이었다. 이제 나는 선거법 개정에 대한 자유한국당 의원들의 태도를 신뢰하기 어려웠다.

패스트트랙 일지 4

2019. 12. 04: 4+1 협의체 출범

2019. 12. 09: 자유한국당, 심재철 원내대표 선출

문희상 + 교섭단체 3당 원내대표 회동(필리버스터 철회 + 패스트트랙 상정 않기, 예산안 및 민생 법안 처리, 10일 본회의 개최 합의)

2019. 12. 10: 한국당, 합의 파기

2019. 12. 11: 임시국회 소집(16까지 회기, 필리버스터 대응책으로 쪼개기 국회 시작) / 4+1 협의체, 240+60, 250+50 등 연동형 비례제 수정 방안 본격 논의

*민주당, 연동 의석 상한과 석패율 삭제 조건으로 비례 의석수 축소 수용 시사

2019. 12. 13: 임시국회 본회의(자유한국당, 회기 결정 안건에 대한 필리버스터 신청, 패스트트랙 포함 상정 예정 법안 모두 의결 불발)

2019. 12. 15: 이인영 원내대표 기자회견(4+1 협의체 공조 균열 시인)

2019. 12. 16: 자유한국당 지지자들 '공수처법·선거법 날치기 저지 규탄대회' 도중 국회 난입

2019. 12. 18: 4+1 협의체, 250+50(연동률 50퍼센트, 30석 상한) 합의, 석패율 이견.

2019. 12. 19: 자한당 위성정당 공식화(더불어민주당 위성정당 창당 찬반 갈림)

  *홍영표, 위성정당 저지를 위해 연동형 20석 상한 제안, 심상정 수용 거부

2019. 12. 23: 4+1 협의체 선거법 및 공수처법 수정안(윤소하 외) 합의 선거법 수정안(김관영 외) 본회의 상정 253+47(연동률 50퍼센트, 30석 상한), 18세, 3퍼센트 봉쇄, 석패율제 삭제, 한국당 필리버스터 시작

2019. 12. 27: 공수처법 본회의 상정 / 선거법 본회의 가결

2019. 12. 30: 4+1 협의체 공수처법 수정안 재합의(백혜련 외), 재상정 / 권은희 안 부결 / 공수처법 수정안(백혜련 외) 본회의 가결.

TK 중진 의원과의 만남

—위성정당은 가능할 것인가

TF 의원들은 4+1 협의체에 적극적으로 끼어들어 야 4당과 함께 협의안을 도출하기로 했다. 혹시 이것이 최종안이 될 수도 있었다. 대안 신당의 출현으로 정의당에서 240+60 안을 들고나왔다. 이해관계가 많으니까 모두 자기주장만 할 수는 없었다. 그러나 우리는 모두 자유한국당과의 협의안을 원했다. 나도 마찬가지였다. 4+1 협의체는 240+60 안과 250+50 안, 연동 의석 상한, 석패율 제도 삭제 등을 놓

고 팽팽히 맞섰다. 석패율 제도는 낙선한 후보 가운데 득표율이 가장 높은 후보를 비례대표로 뽑는 선거제도를 말했다. 더불어민주당에서는 석패율 제도를 받을 수 없었다. 그 때문에 논의 자체가 엎어질 위기를 맞기도 했다. 험한 말들이 오갔고, 언론을 통해 유감을 표명하기도 했다. 그렇지만 아무도 4+1 협의체가 깨지는 것을 원치 않았다. 어렵게 협의안을 도출했다.

2019년 12월 18일, 4+1 협의체에서는 지역구 250석, 비례 50석(연동율 50퍼센트, 30석 상한) 안에는 합의했으나 석패율 제도에 이견이 있었다.

다음 날 자유한국당은 위성정당을 공식화했다. 이미 다방면으로 확인한 결과 막을 방법이 없었다. 이 발표로 정가가 시끄러웠다. TV나 라디오 혹은 유튜버에서 연일 연동률과 상한 30석, 즉 캡을 씌운 안들에 관해 설명했다. 또한, 자유한국당의 위성정당은 엄포용이다, 아니다, 진짜로 만들 것이다, 등등 갑론을박이 많았다. 자유한국당의 위성정당 설립 문제는 TF팀 의원들 사이에서도 견해가 갈라졌다. 위성정당 발표는 4+1 협의체가 법안의 본회의 가결과 맞물린 협박이란 견해가 우세했다.

하지만 정치·사법개혁 열차를 몰고 달려온 나는 자유한국당이 위성정당을 만들 것으로 확신했다. 정말로 자유한국당에서 위성정당을 만든다면 4+1 협의체는 그야말로 죽 쒀서 개 주는 꼴이 된다. 이런 일이 한국 민주주의 역사에서 실제로 일어난 적이 있었다. 1987년 김대중과 김영삼의 후보 단일화 실패로 노태우에게 정권을 넘겨주지 않았던가? 결국, TF팀은 연동형을 20석 상한으로 할 경우 위성정당을 만들어도 실익이 없다는 결론에 도달했다.

연동형에 관한 뉴스는 신문이나 방송에 엄청나게 많이 나왔다. 20캡 혹은 30캡이란 말이 유행할 정도였다. 나는 위성정당 저지를 위해 연동형 20캡을 4+1 협의체에 제안했다. 이번에는 연동형 비례제 도입의 취지를 살리는 데 만족하자고 설득했다. 또한, 선거 과정에서 특정 지역의 무공천이나 후보 단일화 등의 문제가 나오면 합의에 참여한 야당과 최대한 공조 정신을 발휘할 계획이었다.

이때 더불어민주당 중진 의원으로부터 자유한국당 중진 의원을 만나보라는 제안을 받았다. 패스트트랙 TF팀에서는 그동안 자유한국당과의 숱한 물밑 협상이 실패한 이유를 분명히 알고 있었다. 선거법을 결정할 수 있는 막후 세력은 TK 핵심이었다. 이들이 당대표와 원내대표의 배경으로 당에서 강한 발언권을 갖고 있었다. 이들은 선거법이 준연동형 비례제로 개정될 경우 정치적으로 상당한 타격을 입을 것이었다. 정치개혁특위 시절부터 TK가 카드를 쥐고 있다는 말이 심심찮게 나돌았다. 하지만 특위 위원들도 약간 반신반의했다. 선거법은 당의 존립에 관련된 핵심 사안이었다. 그런 중차대한 문제를 특정 세력의 정치적 이해관계로 좌지우지할 수 없다는 판단이었다.

지금처럼 시대적 요구로 선거법 개정이 공론화 마당으로 나왔을 때는 그 법이 자기 세력에게 불리하다고 일방적으로 내칠 수 없다. 그건 너무 위험한 일이다. 낡은 질서를 고집하면 국민으로부터 심판을 받게 마련이다. 그것은 만고의 진리였다. 더불어민주당이 당내 반대를 무릅쓰고 미래지향적인 선거법으로 개정하려는 이유는 공수처 법안을 얻기 위해서였다. 하지만 더 본질적인 것은 시대의 흐름을 알고 있기 때문이다.

그동안 협상이 겉돌았던 이유는 TK 때문이었다. 그들은 꼼짝하지 않았다. 패스트트랙 TF팀에서는 그들과 담판을 지어야 한다고 생각했다. 나는 더불어민주당 중진 의원을 찾아갔다. 놀랍게도 준연동형 비례제로 협상할 수 있다고 했다. 더구나 만날 사람은 당대표의 복심으로 TK 핵심이었다. 즉시 TF팀이 소집되었다. 우리는 저쪽에서 제안이 온 이유는 선거법 개정의 현실을 그들이 받아들였기 때문이라고 판단했다. 위성정당의 성공 여부가 불투명한 가운데 준연동형 비례제의 본회의 의결이 차츰 다가왔다. 자신들의 의지와 상관없이 선거법 개정은 현실이었다. 나는 TF팀으로부터 권한을 위임받아 TK 의원을 만났다. 그는 정개특위에서도 가끔 발언을 했었다.

TK 중진 의원이 먼저 20캡을 관철할 수 있겠는가를 물었다. 나는 자유한국당에서 먼저 수용한다면 다른 야당들에게 영향을 줄 것이라고 답했다. 20캡으로 진행하면 위성정당을 만들어봐야 실익이 없었다. 선거법 협상이 잘되면 공수처나 검·경 수사권 조정안에도 협상 정신을 발휘할 수 있었다.

그는 계산이 빠른 의원이었다. 더 묻지 않고 그가 자리에서 일어났다. 그의 표정은 밝았다. 나는 긍정의 신호로 해석했다. 우리는 손을 꽉 잡고 헤어졌다. 그의 손에서 열기 같은 것이 느껴졌다. 좋은 소식이 올 것 같았다. 정치·사법개혁 열차의 운전자인 나는 충심으로 자유한국당이 이 협상에 참여하길 원했다. 나는 바른미래당을 설득하기 위해 손학규·이해찬 대표의 비밀회동을 주선했다. 패스트트랙은 막바지를 향해 달렸다. 하지만 자유한국당에서는 끝내 연락이 오지 않았다. 그도 좋은 소식을 전할 수 없으니 굳이 연락하지 않았을 것이다.

선거법 개정의 주역인 김관영 의원은 자유한국당이 위성정당을 만들 것으로 보았다. 그는 패스트트랙 과정에서 자유한국당의 속을 훤히 들여다보게 되었다고 했다. 손학규 대표와 얘기가 됐는지 23캡에 합의할 수 있다고 했다. 3석 차이라 우리 안을 수용한 것으로 간주했다. 하지만 20캡에 대해 심상정 의원이 강하게 반발했다. 심 의원은 위성정당을 만들 수 없을 것으로 봤다. 이런 논쟁은 해봐야 감정만 상할 뿐이었다. 그래도 이 문제는 서로에게 너무나 중요한 일이었기 때문에 언성을 높여 싸웠다. 당신들이 20캡을 받아들이면 총선 과정에서 협상 정신을 살려 정의당 가치를 다음 국회에서 펼칠 수 있도록 최대한 돕겠다고 말했다. 나는 심상정 의원과 더는 싸우고 싶지 않았다. 심 의원은 정개특위를 이끌어 선거법 개정의 초석을 세운 사람이었다.

정의당에서 회의를 연 다음 결론을 알려달라고 말했다. 위성정당의 출현을 믿는 정의당 의원도 있었다. 그는 20캡을 받고 싶어 했다. 하지만 정의당은 끝내 20캡을 받아들이지 않았다. 결국, 4+1 협의체의 조율을 거쳐 수정안(김관영 외)이 2019년 12월 23일 공수처법 수정안(윤소하 외)과 함께 본회의에 상정되었다.

결론은 지역구 253석, 비례 47석(연동률 50퍼센트, 30석 상한), 석패율 제도는 삭제, 선거권 연령 제한은 18세였다. 자유한국당은 필리버스터로 막으려고 했지만 2019년 12월 27일 본회의에서 선거법이 가결되었다. 2019년 12월 30일에는 4+1 협의체 공수처법 수정안 재합의(백혜련 외)가 재상정되었고, 권은희 안은 부결, 공수처법 수정안(백혜련 외)은 본회의에서 가결되었다.

2019년 4월 시작된 패스트트랙 정국은 검·경 수사권 조정 법안이 국회에서 가결된 2020년 1월 13일 공식적으로 마침표를 찍었다. "굉장히 길게 진행된 국회 대치에 마침표를 찍는 역사적인 날입니다." 본회의를 앞두고 열린 의총에서 이인영 대표의 목소리는 떨렸다. 나 역시 만감이 교차했다. 사실 이인영 대표의 공은 아무리 강조해도 지나치지 않다. 돌이켜 보건대 끝까지 살얼음판을 걸었던 승부였다.

당시 자유한국당의 움직임 못지않게 신경 쓰였던 것이 바로 검찰이었다. 검찰은 마지막 순간까지 공수처법과 검·경 수사권 조정 법안을 좌절시키려는 노력을 포기하지 않았다. 검찰의 로비는 은밀하고도 전방위적이었다. 4+1에 참여한 야당 의원들을 전담하는 검찰 간부가 배정됐다는 얘기가 돌았다. 모 야당 원내대표는 현직 고검장이 전화를 걸어와 표결을 무기명으로 해달라는 요청을 받았다고 내게 털어놓았다.

더구나 4+1에 참여한 야당들은 적지 않은 내홍을 겪고 있었다. 언제 당이 깨지고 이탈자가 나와도 이상하지 않은 상황이었다. 자유한국당은 끝내 필리버스터 카드를 꺼내 들었다. 2월까지만 선거법 개정을 무산시키키면, 공수처와 검·경 수사권 조정안도 막을 수 있다는 의도였다. 이제 법안 내용만큼이나 처리 시점도 중요해졌다.

이때 이인영 의원이 꺼내 든 카드가 바로 살라미 전술이었다. 자유한국당의 의도에 말려들지 않고 임시국회를 2~3일씩 끊어가는 방식이었다. 선거법, 공수처법, 검·경 수사권 조정 법안 순으로 정교하게 배치했다. 선거법은 23일 상정돼 26일 처리됐다. 공수처법은 26일 상정돼 30일 처리됐다. 해를 넘긴 1월 13일 검·경 수사권 조정 법안이 마지막 테이프를 끊었다. 이인영의 철벽 마무리에 한국당의 필리버스터는 무력화되었다.

패스트트랙 일지 5

2020. 02. 05: 미래한국당 창당

2020. 03. 08: 더불어시민당 창당

시대적 사건 패스트트랙

─민주주의를 향해 가는 길은 협의와 합의

2020년 2월 5일 위성정당인 미래한국당이 창당되었다. 나는 그동안 마음을 졸였다. 제발 내 판단이 잘못되어 차라리 아둔한 사람이라고 욕을 먹고 싶었다. 그런 바람은 바람처럼 사라졌다.

TF팀 의원들이 다시 모였다. 자유한국당의 위성정당이 비례의석을 싹쓸이할 수도 있었다. 그렇게 되면 젊은 시절 노동운동 이후 내 삶의 전부였던 더불어민주당에서 대역 죄인이 될 것이다. 패스트트랙은 원내대표 시절 내가 추진했고, 나중에는 TF팀을 구성해 5명의 의원과 함께 마무리했다. 그보다 큰 문제는 거대해진 자유한국당이 무슨 일을 할지 알 수가 없었다. 나는 정개특위 과정에서 그들의 민낯을 보았다. 자기들이 싫으면 침대 축구로 시간을 지연시켰고, 나중에는 자신들이 했던 침대 축구를 명분으로 삼았다. 우리는 선거법 개정에 동의한 적이 없으니 위성정당을 만들겠다는 태도였다.

더불어민주당의 위성정당 문제가 화두로 떠올랐다. 더불어민주당 내에서 말들이 많았지만 위성정당을 만들지 않겠다는 결론을 내렸다. 실제로 우리가 앞장서서 위성정당을 만드는 것은 그동안 진행해온 정개특위 활동을 부정하는 일이었다.

이후 TF팀 의원들이 마포에서 모여 위성정당을 만들자고 모의한 것처럼 일부 신문에 보도되었다. 이는 이날 우리가 했던 대화를 창문 너머로 듣는 바람에 생긴 오해였다. 그날 우리는 아무런 결론을 내리지 않았다. 다만 그에 대한 얘기를 나누긴 했다. 자유한국당의 위성정당에 대한 방안을 모색하기 위한 모임이니 그런 말이 나오는 것은 당연했다.

정치는 명분이다. 더불어민주당이 위성정당을 만드는 것에는 명분이 없었다. 그래서 이해찬 대표가 단호하게 안 된다고 말하지 않았던가. 또한, 더불어민주당이 표를 잃어도 진보 진영이 표를 얻으면 된다고 생각했다. 원래 준연동형 비례제를 시작할 당시 이미 그런 각오를 하지 않았느냐? 등등의 얘기가 나왔다. 추후 시민사회의 반응을 보면서 대처하자는 결론이었다. 명분이 없고, 당대표가 안 된다고 했던 사안을 뒤집는 일은 현실적으로 가능하지 않았다.

서울대 우희종, 건국대 최배근 교수가 2020년 3월 2일 '시민을 위하여' 창당준비위원회를 결성했다. 두 사람은 창당 선언문에서 미래통합당이 준연동형 비례대표제 선거제 도입을 훼손시키고 국회의원 의석을 약탈하기 위하여 비례대표 위성정당인 미래한국당을 창당했다고 비난했다. 그리고 3월 8일에 '시민을 위하여'를 창당했다. 이에 더불어민주당은 2020년 3월 17일에 '기본소득당', '시대전환', '가자 환경당', '가자! 평화인권당'과 함께 비례대표 연합정당을 만들었다. 3월 18일에는 '더불어시민당'으로 당명을 바꾸었다.

연합정당은 위성정당에 대응하기 위한 정당이지 결코 위성정당이라고 할 수는 없다. 실제로 우리는 더불어시민당에서 비례의석을 욕심내지 않았다. 원래 연동제의 취지를 살리기 위해 소수 정당을 최대한 배려해 그들의 국회 진출을 도우려 했다. 다만 더불어민주당과 대표성과 비례성의 기치 아래 1년간 정개특위를 함께했던 정의당이 더불어시민당에 들어오지 않은 일이 못내 가슴 아팠다.

민주주의로 향하는 정치·사법개혁 열차는 그렇게 출발해 종점에 다다랐다. 여행하는 동안 불미스러운 사건도 있었고, 얼굴 붉힌 일도 있었으며, 배신감과 분노와 허망함이 밀려오다가도 꿈과 희망이 손짓하기도 했다. 주변에서는 나를 강성 노동운동가로만 여겼는데 협상의 달인이라는 상찬을 해주었고, 전략과 전술의 결과가 바로 패스트트랙이었다는 말들도 전해주었다. 사실 이런 성과는 뜻을 함께했던 야당 의원들과 일을 마무리한 TF팀 의원들 덕분이었다.

민주주의 사회에서 룰은 반드시 지켜져야 한다. 룰을 지키면서 정치의 발전을 이루기 위해서는 협의와 합의가 근간이다. 헤드 퍼스트 슬라이딩(head first sliding)은 야구 용어로서 루 상에서 견제를 피할 때나 급박한 베이스 상의 승부에서 주로 쓰는 기술이다. 패스트트랙은 어쩌면 절차적 민주주의에 도달하기 위한 헤드 퍼스트 슬라이딩이었는지도 모른다. 공수처법과 선거법 개정안, 그리고 검·경 수사권 조정을 위한 불가피한 선택이었다. 패스트트랙은 룰은 지키되 공격과 수비를 감안하고 전략과 전술이 치밀하게 준비되지 않았다면 안전한 베이스까지 도달하기 어려웠을 것이다. 패스트트랙은 시민과 국민 앞으로 한발 다가가는 시대적 사건이었다고 생각한다. 다만 아웃을 당하지 않고 세이프가 되어서 다행일 뿐이다.

　마지막으로 나와 함께 3기 원내대표단으로 동고동락했던 부대표들에게 감사를 전하고 싶다. 패스트트랙으로 인해 전시 내각을 방불케 한 원내 지도부였다. 지난한 대야 협상을 맡아준 이철희 수석 부대표, 나의 입을 대신해준 강병원·권미혁 대변인 그리고 권칠승·김병욱·김종민·박경미·어기구·신동근·황희 부대표, 모두 너무 고생이 많았다. 마음의 빚을 졌다는 말을 남긴다.

부록 2

시대의 용접공
내가 쓰는 자서전: 홍영표 스토리

서로 다른 재료의 금속을 녹여서 접합하는 게 용접이다. 백비드(back bead) 용접은 두 개의 철판에 열과 입력을 가해 맞붙이는 작업이다. 생김새와 기능이 다른 철판이 맞붙으면 새로운 물체가 탄생한다. 내가 용접으로 만든 것은 자동차였다. 세상의 모든 일은 백비드 용접과 비슷하다. 용접은 노동운동가로서, 협상가로서 한평생 살아온 나에게 매우 상징적인 일이었다. 서로 다른 생각과 가치를 연결해 하나로 만드는 일. 용접공이 된다는 것. 그것은 매우 힘든 일이지만 시대적 사명이다.

파업의 새벽
—내 삶으로 받아들인 노동과 노동자

불침번을 서는 밤

1985년 4월 16일에 파업이 시작되었고 벌써 나흘이 흘렀다. 내일 20일은 '노는' 토요일이 낀 주말이었는데, 회사가 파업을 깨트리려고 시도할 가능성이 컸다. 더욱 결집할 필요가 있다고 판단한 우리들은 철야농성을 결의하고, 기술연구소 3층을 점거했다. 공교롭게도 예비군훈련이 있어서 나를 비롯한 몇 명은 어깨에 소총 한 자루를 멘 채 불침번을 서야 했다. 회사 규모가 커서 회사 안에 예비군 훈련장이 있었고, 파업 중에도 훈련을 받았다.

　콘크리트 바닥 위로 봄비가 촉촉이 내렸다. 나는 어두운 하늘을 올려다보았다. 파업하느라 봄이 온 줄도 몰랐다. 아마 평생을 이렇게 살 것이다. 각오하고 시작한 삶이었다. 늦은 밤까지 이어졌던 부서별 토론은 끝이 났고, 함께 목 놓아 부르던 '불나비'도, '아침이슬'도 더는 들리지 않았다. 지금은 다들 식당 어딘가에 지친 몸을 뉘었겠지.

예비군복을 입고 나는 쏟아지는 빗줄기를 하염없이 바라보았다. 완연한 봄이다. 봄이 왔다. 그런데 왜 이렇게 추울까? 봄비 때문일까?

지난 네 차례의 임금 협상은 아무런 성과도 없이 끝났다. 현 노조 집행부가 회사와의 협상에 매우 소극적이었기 때문이다. 이들이 노동자들을 대표하는 노조가 아니라는 반증이었다. 대우자동차 부평 공장의 파업 소식이 언론을 통해 대대적으로 알려지기 시작했다고 한다. 해방 이후 처음 있는 대기업 노조의 파업이라 회사도 정권도 긴장할 수밖에 없었다. 경찰 병력이 출입구 등을 봉쇄했고, 곧 강제 해산시키기 위해 진입할 것이라는 소문이 파다했다.

나는 그런 소문들 때문에 두려움에 휩싸이기도 했다. 하지만 이제는 돌아갈 곳이 없었다. 나는 농성장에 들어올 때, 둥지를 부수고 싸움에 나서는 장산곶 매처럼 주변을 깔끔하게 정리했다. 이제 노동자는 내 운명이었다. 그래서 이 현장을 인간이 살 수 있는 따뜻한 일터로 만들어야 한다. 노동자들이 원하는 것은 소박한 행복이다. 하지만 현실에서는 그런 작은 행복마저 얻을 수 없었다.

약속받았던 상여금까지 미뤄가며 회사를 위해 그토록 열심히 일했건만, 임금도 근무조건도 형편없었다. 물가는 끝도 없이 올라 임금으로 생활하기엔 턱없이 모자랐다. 토요일 근무, 연장근무, 추가근무에 대한 임금은 계산이 제대로 이루어지지 않았다. 사무직 직원들과의 차별 대우는 물론이고, 월차휴가도 번번이 반려되었다.

공장 인근 달동네의 단칸방에 예닐곱 명이 모여 살면서 새우잠을 자고 일어나 눈만 겨우 씻는 고양이 세수를 하고 출근하는 나날들이 계속되었다. 힘들다고, 부당하다고 소리쳐보았으나 회사는 대놓고 노동자를 무시했다. 정부라도 노동자 편을 들어줘야 할 텐데, 전두환 군사정권은 언제나 회사 편에 섰다.

노동자가 기댈 곳은 오직 자신들뿐이고, 자신들의 투쟁뿐이었다. 아무도 도와주지 않았다. 누구도 믿을 수 없었다. 믿을 것은 오직 서로의 어깨를 겯어 만든 노동자들의 강철 대오뿐이다. 우리는 똘똘 뭉쳐 회사와 회사를 비호하는 정권과 죽기 살기로 싸워야 한다.

추적추적 내리는 봄비. 봄은 왔으나 내 마음에는 아직 봄이 오지 않았다. 이런저런 상념에 잠겨 보초를 서고 있을 때, 누가 나를 찾는다는 전갈이 왔다. 나를 찾는 사람은 어이없게도 대우그룹의 김우중 회장이었다.

젊은 날의 초상
—카뮈에서 이영희로, 그리고 자유인 카잔차키스

음악과 책으로 채우지 못한 갈증

1977년 동국대 철학과에 입학한 나는 클래식 음악에 빠져들었다. 당시에는 클래식 연주에 맞춤한 좋은 음향기기와 차분한 분위기를 갖춘 곳에 입장권을 사서 들어가 음악을 감상하는 장소가 있었다. 음악감상실이라 부르는 그곳의 넓고 어둑한 실내에 극장식으로 배열된 의자에 앉아 음악에 귀 기울일 수 있었다. 서울 시내 중심부 몇 곳에 산재해 있던 음악감상실을 드나들면서 지상의 잡음들보다는 천상에 울려 퍼지는 영적인 세계에 매료되어 갔다. 그곳에 자주 드나들며 함께 음악을 듣고, 좋아하는 음악가들에 관해 얘기를 나누는 친구들도 하나둘 생겼다. 이런 세계를 만끽하기 위해 대학에 들어왔단 생각마저 들었다.

당시 나는 철학을 공부하는 여느 학생들처럼 사회문제보다는 실존 문제에 훨씬 더 관심이 많았다. 실제로 당시 내가 감동적으로 읽었던 글은 인간 존재에 관한 근원적인 물음을 던지는 카뮈나 사르트르, 니체 등이 쓴 책이었다. 특히 대학 2학년 때는 니체를 읽고 초인 사상에 말할 수 없이 깊은 감동을 받았다. 그는 내게 일체의 우상을 파괴하고 세계와 맞서라는 진리를 가르쳐주었다. 카뮈를 읽으며 생각하게 된 인간이란 신의 피조물이 아니라 그냥 세상에 내던져진 존재라는 가르침과 비슷했다.

하지만 실존주의자들에게는 위대한 인간의 모습이 없었다. 니체는 자라투스트라를 내세워 인간은 위대한 존재라는 사실을 일깨워주었다. 밤새워 자라투스트라를 몇 번이고 다시 읽었다. 그는 내게 전혀 다른 메시지를 던졌다. 자라투스트라는 세상에 내려와 수백 수천 개의 숲을 지나며 많은 사람을 만난다. 그러면서 인간은 기존의 철학이나 인습, 우상을 다 파괴하고 자유로운 이성에 도달해야 위대한 존재로 다시 태어날 수 있다고 말했다. 클래식 음악과 함께 카뮈, 사르트르, 니체, 이런 작가들의 강렬하고 격정적인 언어가 나의 머릿속을 지배했다.

평온한 시절이었다면 '나는 누구인가'라는 존재론적인 질문 속에서 자아를 찾아 긴 여행을 하면서 평생을 살았을지도 모른다. 4선 국회의원인 지금도 내 꿈은 여전히 조용한 산골에 묻혀 책을 읽는 것이다. 대학 시절 이후 온갖 풍상을 겪었고, 내 삶은 이루 다 말할 수 없을 만큼 변했다. 젊을 때 옳다고 믿었던 신념에 대해서 회의가 들 때도 많았다. 그것은 내가 늙었기 때문이 아니라 내 속에 쌓인 경험들 때문이다.

나는 여전히 자기 존재, 영혼을 탐구하는 책들을 좋아한다. 그래서 나이 들어 만난 작가가 카잔차키스였다. 평생 여행하면서 살았던 카잔차키스의《그리스인 조르바》,《영혼의 자서전》을 읽으면서 깊은 감동과 함께 한때 내 영혼을 사로잡았던 작가들을 떠올렸다. 내 삶을 지배했던 그들이 온몸에서 되살아나는 것 같았다.

하지만 나는 이제 격정의 청년이 아니라 황혼을 향해 달려가고 있는 중년이었다. 여행자 카잔차키스는 그런 내게 딱 맞는 작가였다. 그와는 좀 다른 식이긴 해도 내게는 나는 누구냐라는 깊은 질문이 있었다. 실제로 나는 지중해를 들를 기회가 있었을 때 그 바쁜 와중에도 카잔차키스의 무덤을 찾아 술잔을 올리고 그를 경배했다.

"나는 아무것도 바라지 않는다. 나는 아무것도 두려워하지 않는다. 나는 자유다."

카잔차키스의 묘비명이다.

젊은 시절 나 또한 이런 삶을 꿈꾸었다. 그런데 '자유'는 내 삶의 모토가 되지 못했다. 나는, 우리 세대는 절대로 그렇게 살 수가 없었다. 나는 내게 주어진 시대적인 소명을 완수하기 위해 최선을 다했다. 후회가 없는 것은 아니지만 결코 잘못 살았다고 생각해본 적도 없다. 그러나 내 삶의 마지막에는 자유를 찾아 살아갈 생각이다.

언젠가 내 어깨에 놓인 시대의 짐을 내려놓아야 할 때가 오면 이미 격정은 사라졌을 테지만 마음만큼은 청년으로 돌아가 마지막 삶을 정리할 것이다. 사람들이 생각하는 것과 달리 중년 이후의 노년은 아주 길다. 또 황혼은 아름답다. 하지만 지금의 나는 할 일을 다 하지 못했고, 아직은 그런 황혼에 접어들지도 않았다. 시간은 얼마든지 있을 것이다.

내가 대학에 다니던 1970년대 말은 유신 통치가 극성을 부리던 때였다. 광장에서 열병 분열식을 하고, 집총자세로 거리 행진을 하던 시절이었다. 독재 체제든 박정희 대통령에 대해서든 한마디의 비판만 해도 즉각 교도소행이었다. 그러한 사회 분위기 때문인지 현실 세계에는 도통 관심도 없고, 영적인 세계를 찾아다닐 것 같았던 클래식음악 애호가들조차 하나둘씩 자신을 둘러싼 현실에 눈뜨기 시작했다.

나도 남산 중턱 아늑한 곳에 자리한 대학 도서관에서 조용히 책 속에 파묻혀 지낼 수가 없었다. 그냥 가만히 책상 앞에 앉아 철학이나 문학을 다룬 글을 읽고 있기에는 나 자신이 너무 부끄럽고 초라하게 느껴졌다. 음악감상실에 모였던 청년들도 나처럼 자신에 대해 모멸감을 느꼈던 걸까? 우리는 '겨울공화국'을 혐오했고, 그러면서 이른바 의식화된 친구들이 하나둘 나타나기 시작했다. 시대가 우리를 자신의 문제에만 매몰되어 살도록 놓아두지 않았다. 나는 그들에게 이끌려 김지하의 시를 접했고, 이영희 선생의 《전환시대의 논리》를 읽었다.

그 세계는 그때껏 나를 매료시켜왔던 언어들과는 전혀 다른 세계를 보여주었다. 만일 당시의 현실이 척박하지 않았다면 나는 김지하와 이영희의 사상에 아무런 감동도 받지 못했을 것이다. 클래식 음악과 카뮈가 나 홀로 마시는 깊은 산속 옹달샘의 물이었다면 두 사람의 세계는 마을 사람들과 함께 마시는 공동 우물물이었다. 나는 의식화 과정에서 느꼈던 감정의 변화나 감동과 경험들을 주변의 친구들에게 큰 비밀이나 되는 양 털어놓곤 했다.

그때 어울렸던 동기생들이 고남석, 김준영, 안동일이었다. 이들 철학과 친구들 이외에 불교학과의 이희선, 노일현, 김지형이 있었고, 정외과의 안재환이 있었다. 이들이 철학이나 불교 공부를 시작했던 건 손에 짱돌을 움켜쥐기 위해서는 아니었을 것이다. 어찌 생각하면 모두 불행한 시대를 만나 삶이 전혀 엉뚱한 방향으로 흘러가고 있었다.

하지만 우리는 자신의 선택을 후회하지 않았고, 자신의 삶이 꼬였다고 여기지도 않았다. 우리는 시대의 요구에 부응하는 길을 걸어가고 있었다. 그래서 더욱 올바른 삶을 실천하려고 '송학사'라는 모임을 만들었다. 이후 우리는 유신체제를 바꾸자는 유인물을 뿌리고 다니는 소위 운동권 학생이 되었다.

보안부대에까지 숨어든 적색분자

호사다마라고 했던가. 운명의 장난인지 1978년 6월 징집 영장이 날아왔다. 무언가 큰일을 해보려 했더니 군에 가야 한다는 것이다. 그해 8월 여름방학이 끝나기 전 군에 입대했고, 배치된 곳이 보안부대라 기분이 썩 좋지 않았다.

10월 초순 어느 날 함께 반정부 유인물을 돌렸던 친구들이 면회를 왔다. 당시 녀석들이 무슨 일로 찾아왔는지 이해가 되지 않았다. 녀석들은 학내시위를 결행하기 전 나를 찾아왔던 것이었다. 나중에 학내시위는 불발되었고, 면회 왔던 친구들이 붙잡혀갔다는 소식을 들었다. 그들이 면회 왔었다는 이유만으로 나는 엄청난 낭패를 당했다.

본부 호출로 전곡에서 보안사령부가 있는 경복궁으로 가면서 얼마나 떨었던가. 살아서 가족과 친구들을 다시 만날 수 있을까? 자꾸 그런 엉뚱한 생각이 들었다. 후에 그것이 전혀 엉뚱한 망상이 아니었다는 것을 깨달았다. 유신 정권 말기라 그들이 무슨 짓을 할지 알 수 없었다.

"네가 배후 조종자지?" 보안사 군인의 입에서 튀어나온 말이었다. "보안부대까지 적색분자가 숨어들었구먼."

군인은 입에 게거품을 물고 마구 막말을 뱉었다. 여기서 삶이 끝날 수도 있겠다는 생각에 부모님과 가족, 친구들의 얼굴이 스쳐 지나갔다. 폭력의 강도가 점점 높아져 갈수록 내 의식도 조금씩 허물어지다가 어느 순간 완전히 무너졌다.

나는 당신이 말한 적색분자, 사회주의자, 공산주의자이니 제발 살려달라고 무릎을 꿇고 빌고 싶었다. 하지만 너무 맞아서 일어날 수가 없었다. 나는 스멀스멀 내 몸으로 다가오는 죽음을 느꼈다. 아, 이게 죽는 거구나! 여기서 허무하게 끝이 나는구나. 몽롱한 머릿속으로 죽음의 그림자가 나타난 순간 폭력이 중단되었다.

그들이 뱉은 말들이 환청처럼 귓가를 맴돌았다. 얼마나 지났을까? 정신이 차츰 돌아왔다. 참으로 어이가 없었다. 군대에 있는 사람이 어떻게 학내시위를 주도할 수 있을까?

그들은 애초부터 나를 학내시위와 무리하게 엮으려고 했다. 그들도 그 사실을 잘 알고 있었다. 다행히 나는 그들의 의도대로 엮이지 않았다. 의식을 잃을 정도로 가해지는 구타 속에서도 모르는 일이라고 시침을 뗐다. 그 덕분에 풀려났다. 내가 입을 열지 않아 친구도 지켰고, 나 자신도 지킬 수 있었다. 보안사령부에 다녀온 뒤로 강원도 철원에서의 군 생활은 하루하루가 지옥이었다. 요주의 인물로 낙인 찍혀 언제든 내일 당장이라도 다시 끌려갈 수도 있었다.

학생운동을 했기 때문에 내게는 현실을 읽어내는 촉수가 생겼다. 그 때문에 정권의 나팔수 노릇을 하는 신문을 읽으면서도 시국을 어느 정도 짐작할 수 있었다. 1980년 봄의 좌절과 신군부의 움직임, 특히 광주 유혈 사태를 막연하게나마 눈치챌 수 있었다. 휴가를 다녀오거나 면회 온 사람들을 통해서 소문을 듣기도 했다. 다만 구체적인 내용을 알 수 없어 답답하기만 했다.

1980년 5월을 지나 여름이 가고, 가을로 넘어가는 시간을 가슴 졸이면서 살았다. 철원의 겨울은 몹시 추웠다. 내 마음은 더 추웠다. 나는 군대로 들어오는 신문이나 TV 뉴스를 거꾸로 읽거나 보기를 통해 정세를 판단했다. 현실을 머릿속에서 편집할수록 더욱더 불안해졌다. 어쩌면 동국대 학생운동의 배후 조종가가 되어 군사재판을 받고 교도소로 직행하게 될 수도 있었다. 다행히도 우려했던 일은 벌어지지 않아서 군대 생활을 무사히 마칠 수 있었다. 그때가 1981년 1월 말이었다.

광주, 광주, 광주

군대를 다녀온 후에는 한동안 깊은 절망과 무기력감에 빠져 살았다. 내가 군 생활을 하는 동안 광주에서 엄청난 일이 터졌다. 그것은 내 상상력의 범위를 벗어난 일이었다. 나는 1980년 5월 광주에서 함께 하지 못했다는 죄의식에 사로잡혔다.

당시 내가 군대에 있었다는 사실이 참을 수가 없었다. 마지막까지 도청을 사수하며 쓰러져 갔을 열사들. 그들은 자신이 죽을 수도 있다는 것을 알면서도 그곳을 지켰다. 역사의 어느 순간에는 패배할 줄 알면서도 그 자리를 지켜야 할 때가 있다. 이런저런 생각에 잠이 오지 않았다. 총소리가 도청을 뒤덮었을 것이고, 시민군의 목숨은 한 잎 꽃잎처럼 떨어져 내렸을 것이다.

길을 걷다가 문득 어디선가 '임을 위한 행진곡'이 들려오는 것만 같을 때면 주체할 수 없도록 눈물이 솟구쳤다. 그 환청은 한참 동안 내 귓가를 떠나지 않았다. 그럴 때면 가만히 있다가도 온몸에 전율을 느꼈고, 잠을 자다가도 벌떡벌떡 일어나 앉고는 했다. 핏빛 5월은 내게 말로는 다할 수 없는 부채로 가슴속에 자리 잡았다. 그러나 내가 할 수 있는 일이라고는 고작 술로 시름을 달래는 것이 전부였다. 5·18 광주를 군홧발로 짓밟은 군부는 권력 찬탈을 앞두고 있었다.

군대 가기 전에 함께 학생운동 했던 친구들이 절반은 감옥에 갔고, 일부는 수배 중에 있었다. 내가 철원에서 어떻게 무사할 수 있었을까? 혹시 보안사령부에서 착오로 나를 빠뜨린 것이 아닐까, 그런 생각이 들 정도였다. 군대에 가지 않고 대학에 다니고 있었다면 아마 감옥에 갔거나 수배가 떨어졌을 것이었다. 나 자신이 감옥에 가지 않고 군대에서 무사히 제대했다는 사실이 기쁘지도 않았다. 오히려 친구들과 함께 감옥에 앉아 있다면 더 마음이 편할 것 같았다. 감옥 밖은 오히려 지옥이었다. 더 큰 문제는 학생운동과 사회운동의 분위기였다.

'아, 이제 대한민국은 우리 살아생전에 민주화가 안 된다.'

그런 좌절감과 절망감이 우리 사이에 팽배했다.

1980년 9월 1일 전두환은 장충체육관에서 간선제를 통해 제11대 대통령에 취임했다. 우리는 한 알의 썩은 밀알이 되자, 우리 세대에는 어차피 안 되니까 후손들을 위해서 우리가 공장이나 농촌에 가서 민중을 의식화하고 조직화하자는 이야기를 하고 다녔다.

나는 복학을 했다. 어영부영 살 것이 아니라 노동운동을 해야겠다고 마음먹었다. 학교에서 사회과학 공부를 하면서 현장으로 가기 위한 준비를 했다. 1학기를 마친 후, 다음 학기 등록을 하지 않았다.

나는 몸이 그리 튼튼한 편이 아니었는데 주변에서 노동을 하려면 근육을 만들어야 한다는 충고를 들었다. 그래서 선배에게 소개를 받아서 대구시 동구 황금동에 있는 건설 현장을 찾아갔다. 처음 경험하는 공사판은 이제껏 내가 몸담고 살아왔던 세계와는 전혀 다른 세계였다. 그곳 현장이 끝나자 나는 전주로 갔다. 그곳에서는 허드렛일하는 노가다를 개잡부라고 불렀다. 나는 개잡부가 되어 여기저기 이런저런 현장을 옮겨 다니면서 일했다. 당시 우리는 평생 노동자나 농민으로 일하면서 살아야 한다는 생각이 강했다. 그래서 기능사 자격증을 취득하는 게 유행이었다.

운동권 학생들은 전기용접, 판금, 고압가스, 선반 등의 기능사 자격증을 따기 위해서 지금의 폴리텍대학이라 할 수 있는 중앙직업훈련소 3년 과정에 입학하기도 했다. 그곳을 졸업하면 기능사 1급을 얻을 수 있었다. 나는 대학 동창과 함께 대기업의 직업훈련생이 되려고 완행열차에 몸을 싣고 밤새도록 부산으로 달려갔다. 직업훈련생이 되면 어느 정도 월급을 받으면서 기술을 배워 그 대기업에 정식으로 취업할 수 있었다. 당시는 울산으로 곧바로 가는 차편이 없을 때였다. 부산에서 시외버스 타고 중졸 이력서를 작성해 현대중공업으로 면접을 보러 갔다. 노동운동을 향해 내디딘 첫발자국이었다.

용접공이 된다는 것

우리는 당시까지만 해도 시골이었던 울산에서 노동자의 삶을 살겠다는 다짐으로 약간 흥분된 상태였다. 또한, 새롭게 펼쳐질 운명에 대한 두려움도 당연히 있었다. 그런 마음을 갖고 찾아갔던 울산에서 난감한 현실과 맞닥뜨리게 되었다. 나는 망치로 머리를 한 방 얻어맞은 것 같았다. 노동자로 산다는 일은 우리가 생각한 것처럼 쉬운 일이 아니었다.

울산 현대중공업 직업훈련소에서 연수생 400명을 뽑는데 체육관에는 대략 10배 정도의 지원자들이 몰려들어 장사진을 이루고 있었다. 노동 현실이 열악하다는데도 그 현장에 뛰어들려는 사람들이 이렇게나 많은 것을 보고 엄숙한 삶의 현실 앞에서 놀랍기도 하고 슬프기도 했다. 지원자가 많았던 탓인지 면접을 보는 시간이 오래 걸리지 않았다. 결과는 미역국이었다.

서울로 돌아오는 차 안에서 대우자동차 직업훈련생 모집 광고가 눈에 들어왔다. 현대중공업에 떨어져 실망스러웠는데, 대우자동차에 합격할 수 있을지 걱정이 앞서는 가운데 그래도 우리는 응시하기로 결정했다. 아무 시험이라도 계속 보다 보면 그중 하나라도 잡을 수 있지 않을까 싶었다. 결국, 나 혼자만 대우자동차에 합격해 직업훈련소에 들어갈 수 있었다.

1982년 7월, 나는 노동자의 삶을 시작했다. 내 인생을 통틀어 몇 되지 않는 역사적인 날 가운데 하나였다. 대우자동차 직업훈련소에서는 판금과 용접을 동시에 가르쳤다. 당시 직업훈련생이 한 120명 정도였는데 판금·용접과는 30명이었다. 취업이 절반밖에 되지 않을 정도로 경쟁은 치열했다. 나는 평생을 노동자로 살 생각이라 기능사 자격증을 따야겠다고 마음먹었다.

당시 훈련소 판금·용접과 30명 중에서 기능사 자격증 2급을 공부하는 사람은 나 혼자밖에 없었다. 내가 필기시험에 당당히 합격하자 직업훈련소 선생님이 학생들을 모아 놓고 너희들도 홍영표를 보고 배워라, 저렇게 자격증 따려고 열심히 한다며 칭찬해주었다.

문제는 실기인 백비드 용접이었다. 내가 할 용접은 철판 둘을 45도 각도로 이어붙이는 작업이었다. 용접하는 동안 튀는 찌꺼기나 불똥이 접속 부위에 끼거나 용접 자체가 고르지 않으면 연결된 철판이 바로 부러지게 된다. 손재주가 없는 나는 실기 시험만 보면 떨어졌다. 훈련소 선생님은 내게 주둥아리 용접공이라는 별명을 붙여주었다. 용접을 입으로만 한다는 뜻이었다.

잠이 들었는데 꿈속에서 백비드 용접하는 장면이 보였다. 자면서 중얼거리니까 동료들이 몽유병 환자라고 수군거렸다. 한번은 자다가 "백비드가 돼야 노동운동이든 지랄이든 하지!"라고 소리 지르면서 벌떡 일어나 앉았다. 다행히 동료들은 노동운동이란 말을 제대로 알아듣지 못했다.

나는 네 번째 응시에서 겨우 합격했다. 나는 왜 다른 훈련생들은 관심도 없는 자격증에 목맸을까? 노동운동은 노동자를 조직하고, 그들에게 당파성을 갖도록 하고, 결국에는 사용자와의 임금 투쟁 대열로 이끄는 것이다. 어떤 경우에는 정권을 상대로 싸워야 한다. 내가 이런 일들을 추동하려면 나 자신부터 철저하게 노동자가 되어야 했다. 내게 자격증은 노동자로 살아가는 길이었다. 투사는 나중이고 먼저 노동자, 그것이 당시 내 모토였다.

서로 다른 재료의 금속을 녹여서 접합하는 게 용접이다. 백비드 용접은 두 개의 철판을 열과 압력을 가해 이어 붙이는 작업이다. 생김새와 기능이 다른 철판을 붙이면 새로운 물체가 탄생한다. 내가 용접으로 만든 것은 자동차였다. 세상의 모든 일은 백비드 용접과 비슷하다. 용접은 노동운동가로서, 협상가로서 평생을 살아온 나에게는 매우 상징적이다. 서로 다른 생각과 가치를 연결해 하나로 만드는 일. 용접공이 된다는 것. 그것은 매우 힘든 일이지만 시대적 사명이다.

대우자동차 정식 사원이 되다

1983년 3월에 직업훈련소를 퇴소하고 대우자동차 트럭 차체부에 들어갔다. 용접은 자동차를 만드는 일 중에서도 매우 중요한 부분이라서 나는 저절로 자동차 공장의 메인이 됐다. 예전에는 자동차 하면 사람들은 전기 불꽃이 튀는 장면을 떠올리곤 했다. 실제로 당시 《샘터》라는 잡지에서 자동차 회사에 근무하는 나를 상대로 취재를 온 적이 있었다. 기자가 불꽃 튀는 장면을 찍고 싶다고 주문했을 정도로 용접은 자동차 산업의 상징처럼 되었다.

자동차를 만드는 산업 역군이라는 자부심과는 달리 임금은 아주 열악했다. 직업훈련생 시절 월급은 1만 5,000원이었다. 일종의 훈련

비였다. 그 돈으로는 최소한의 생활도 불가능했다. 돈이 너무 없으니까 일곱 명이 포개어 자는 곳에서 6개월 동안 지냈다. 아침저녁으로 라면만 먹으며 살았다. 그러나 이런 생활은 훈련생 딱지를 떼고 정식 직원이 되어서도 조금도 나아지지 않았다. 노동자로 살다 보면 노동운동이 필요한 이유를 금방 깨닫게 된다. 당시 노동자들은 제대로 사람 대접을 받지 못하고 있었다.

노동운동을 하려고 대학 졸업자나 중퇴자들이 신분이나 이름을 숨기고 노동 현장에 취업하는 행위를 '위장취업'이라고 한다. 학생운동을 하다가 의식 무장하고 노동 현장으로 뛰어든 최초의 세대가 우리였다. 1980년대 이후로 학생운동 출신들이 현장으로 속속 들어왔다. 당시 내 임무는 함께 일하던 사람들의 의식화와 조직화였다.

정부에서는 노동운동에 국가보안법을 적용하겠다고 떠들어댔다. 지금이라면 있을 수도 없는, 말이 안 되는 무법이 정권 차원에서 자행되었다. 그러니 더더욱 조심해야만 했다. 중졸이라고 속인 대학 제적자인 나 또한 위험했다. 하지만 나는 능숙한 용접공으로 거듭나서 신분을 의심하는 사람은 없었다.

당시 대우자동차에는 어용노조가 있었다. 1983년에 입사한 이후로 나는 동료들과 아주 잘 어울려 지냈다. 어느 정도 친분을 쌓은 동료들과 조심스럽게 노동법을 공부하기 시작했다.

어느 날, 차체부 동료가 말하기를 송경평이라는 근로자가 아무래도 대학생 냄새가 난다는 것이다. 그 말을 듣고 나는 그를 유심히 관찰하기 시작했다. 뭔가 이상한 느낌이 들었다. 위장취업자는 위장취업자를 알아본다. 서로를 경계하면서 한두 달가량 지켜보기만 하다가 그와 우연히 마주쳤을 때 이렇게 말을 건넸다.

"송 형, 조심하셔야 할 것 같아요. 회사에서 당신을 의심하고 있어요."

"왜요? 무슨 의심을? 근데 당신은 그것을 어떻게 알고 있죠? 당신 혹시 프락치예요?"

"내가 프락치라면 당신은 벌써 잡혔겠죠. 노동법 공부를 너무 티 나게 하는 바람에 송 형 뒷조사를 시작한 모양입니다."

나는 조심하라는 뜻으로 한 말이었다. 실제로 그가 대학에 다녔던 사람이라는 소문이 은밀히 돌았다. 나는 송경평 외에도 다른 학출이 있을 것으로 판단했다. 하지만 그들은 파악을 못 한 상태였다. 나 또한 학출이란 사실을 들킬까 봐 매사에 무척 조심하며 지냈다. 학출은 대학 다니다가 노동운동을 하려고 위장취업한 노동운동가를 일컫는 말이었다.

서울대 공대 출신인 송경평을 통해 이용선을 알게 되었다. 그는 전라도 순천 사람으로 그 역시 서울대 공대 출신이었다. 후에 이용선은 경실련에서 활동했고, 21대 국회의원이 되었다.

1984년 12월, 맨 먼저 송경평의 위장 취업 사실이 드러났다. 송경평은 학출이라는 이유로 관리직으로 부서를 이동시켰으나 송경평은 이를 거부했다.

투쟁의 발단은 식당에서 일어났다. 송경평은 식당에서 밥을 먹다가 밥상을 엎으면서 자리에서 벌떡 일어났다.

"우리가 개냐? 이런 밥을 주게!"

그의 목소리가 식당에 울려 퍼졌다. 노동자들이 놀라 송경평을 쳐다보았다. 나는 당시 차체부 용접공들과 함께 둘러앉아 밥을 먹고 있었다. 실제로 식당 밥은 엉망이었다. 나도 식판을 바닥에 팽개쳤다. 동료들이 어리둥절한 표정으로 잠시 나를 쳐다보다가 그들도 식판을 엎었다. 그러자 노동자들이 하나둘 식판을 엎으면서 자리에서 일어났다.

"노동자도 사람이다! 근로조건 개선하라!!"

송경평은 구호를 외치면서 앞으로 나아갔다. 다른 노동자들이 그의 주위로 모여들어 함께 구호를 외쳤다. 송경평과 노동법을 공부하면서 조직화된 노동자들 같았다. 식당 안에 금방 시위대가 형성되었다. 나는 차체 용접공들과 함께 뒤따랐다.

송경평이 앞장서서 데모를 시작했다. 당시 노동자들 사이에 식당 밥에 대한 불만이 많았다. 그는 노조원들의 상여금, 예비군 문제를 제기하며 노동자들의 항의를 구체화했다. 그 때문에 시위는 제법 큰 규모로 발전했다.

다음은 서울대 출신 이용선이 발각되었고, 그다음 연세대를 다녔던 또 다른 학출이 붙잡혔다. 사업장이 넓어 서로 다른 라인을 타고 현장으로 들어왔던 것 같았다. 회사에서는 1984년부터 위장취업자들을 잡느라 혈안이 되었다. 그러는 중에도 나는 위장취업 신분을 숨기고, 1984년 12월 차체부 용접 부서에서 일하는 노동자 100명을 대표해 노조 대의원 선거에서 당선되었다.

협상의 중심에 서다
— 새로운 역사를 만들어가는 긴 여정

철야 농성

김우중 회장이 대우자동차 부평 공장을 찾은 것은 파업에 돌입한 지 3일째 되는 날이었다. 주요 일간지 등에 파업 상황이 보도되기 시작하자 불량 사업장이라는 이미지로 보이게 될 것을 걱정했던 모양이었다. 이유야 어쨌든 문제 해결을 위해 그가 직접 나섰다는 소식은 노조원들을 고무시켰다.

하지만 기대와 달리 회사 측은 '대우 가족 여러분께'라는 제목의 통신문을 각 가정으로 발송했고, 다음 날인 금요일에는 전 사원에게 출근하지 말 것을 지시했다. 강제 해산을 위한 수순으로 보였다.

당시 노동법은 노사 간 분쟁이 발생했을 때 냉각기를 가지도록 하는 의무 조항이 있었는데, 이는 임금 인상에 대해 방어적인 자세를 취하는 회사 측에 유리하게 작용했다. 공휴일을 이용해 회사가 휴업을 선언해버리면 파업의 전열이 와해될 위험은 불 보듯 뻔했다. 그들의 다음 행동은 무엇일까? 경찰을 동원한 강경 진압이었다. 공장을 포위하는 전투경찰들의 숫자가 기하급수적으로 불어나기 시작했다.

당시는 언론 통제가 가해지고 있는 시기였는데도 부평의 대우자동차 파업은 〈조선일보〉와 〈동아일보〉에서 크게 보도할 수밖에 없었다. 정부가 강압적으로 덮을 수 있는 파업이 아니었다. 이번 노동쟁의는 노동운동사에 한 획을 긋는 사건이 되어가고 있었다.

1985년 4월 19일 금요일 저녁 7시, 우리는 철야 농성을 결의한 후 기술연구소 3층을 점거했다. 급히 내려진 결정이었기에, 참여 의사를 밝힌 400여 명의 조합원은 아무런 준비 없이 바로 농성에 들어갔다. 기술연구소는 자동차 설계도, 마이크로필름 등 중요한 문서가 많아 경찰이 섣불리 쳐들어올 수 없었고, 정문 바로 옆에 위치해서 우리의 처지와 상황을 회사 밖에 알리기에 좋은 장소였다. 더 물러나면 낭떠러지였다. 있는 힘껏 주먹을 움켜쥐고 세상을 향해 소리 높여 구호를 외쳤다.

밤을 꼬박 새운 토요일 아침. 귀가했던 노조원들이 엷은 안개를 뚫고 공장 정문으로 모여들었다. 하지만 회사 측은 경찰 병력과 함께 서울에서 내려온 대우 소속 경비들을 동원하여 출입을 막았다. 하나둘 모여든 조합원이 수백 명에 이르렀다.

조합원들은 비록 농성을 함께할 수 없어도 그 자리에서 집회를 열어 우리와 뜻을 같이하였다. 그들은 스크럼을 짜서 거리를 행진하며 시위하였다. 진압하는 과정에서 경찰의 심각한 구타와 폭행이 이어졌다. 그들은 밤늦게 최루탄과 페퍼포그를 쏘아 시위대를 해산시켰다. 시위대 가운데 몇 명이 연행되었는데, 심지어 구속되는 사람도 있었다.

짓밟힌 주먹밥

집으로 돌아오지 못한 남편과 자식 걱정에 공장을 찾아온 가족들도 많았다. 농성 중인 사람들이 식사를 제대로 하지 못한다는 소리를 듣고 시위 현장으로 빵을 던지는 사람도 있었다. 그 자리에서 십시일반 돈을 걷어 주먹밥을 만들기도 했다. 하지만 회사 측은 우리에게 그 주먹밥을 전달해주지 않았다. 허기로 지쳐가던 모습이 안타까워 담장 안으로 주먹밥을 던져주기도 했지만 전경들의 군홧발에 무참히 짓밟혔다. 독극물이 들었을지도 모른다는 말도 안 되는 이유 때문이었다. 내 안에서 분노가 차올랐다. 우리는 굶어 죽어도 좋다는 각오로 단식 투쟁을 감행했다.

대우자동차 노조의 파업 투쟁이 연일 언론에 크게 보도되고 있었다. 회사 밖에는 농성에 참여하지 못한 조합원과 가족들뿐만 아니라 인근의 다른 회사에서 달려온 노동자들과 서울에서 내려온 대학생들까지 많은 사람이 북적였다. 우리와 함께하려고 달려온 이들을 위해서라도 더욱 뭉치고 용기를 내야만 했다. 경찰은 사태가 심각해지는 것을 감지했는지 인원을 1,500여 명으로 늘렸다.

김우중 회장으로부터 농성자 대표를 직접 만나고 싶다는 연락이 온 것은 일요일 새벽 3시 무렵이었다. 비상교섭위원 대표 자격으로 김 회장을 만나는 순간이었다.

누구를 위한 노조인가?

당시 위원장을 비롯한 대우자동차 노조 집행부는 이미 오래전부터 조합원들에게 신임을 잃고 있었다. 체불된 상여금 지급에 대해 사용자 측과 임의로 계약해 손해를 입히더니, 근속연한을 인정해달라는 군필 복직자들의 요구도 흐지부지 처리했다. 송경평, 이용선 씨 등의 위장취업이 드러나자 회사는 그들에게 임의로 부서 이동을 시키고, 급기야 해고까지 했는데도 수수방관할 따름이었다. 노조 집행부는 노동자들을 위한 조직이 더는 아니었다.

나는 당시 차체부 조합원을 대표하는 대의원에 당선된 상태였다. 대우자동차 노조의 민주화를 바라는 대의원들이 중심이 되어 대책 마련에 나섰다. 대의원들은 노조 집행부를 믿을 수가 없었다. 우리는 퇴근 후 회사에서 멀지 않은 산곡동에 있는 송경평 씨의 집에 모여서 같이 논의도 하고,《근로자의 함성》이라는 소책자를 만들어 회사에 뿌리기도 하였다.

노조 집행부와의 갈등은 이후 임금 협상이 다가오자 본격화되었다. 대의원들은 사례 연구와 조사 등을 통해 책정한 총 27퍼센트의 임금 인상안을 요구하였는데, 집행부는 터무니없다며 받아들이지 않았다. 생산성 향상 부분은 회사 측이 자료를 주지 않아 소극적으로 산출할 수밖에 없었고, 향후 5년 동안 오를 최저생계비 등을 고려한다면 결코 무리한 금액이 아니었다. 주먹구구식으로 계산한 16.4퍼센트라는 집행부의 인상액이 오히려 터무니없었다.

노조원들의 입장을 적극 반영한 대의원들의 인상 요구안과 집행부의 금액이 큰 차이를 보이자 임금인상요구안 작성팀을 만들게 되었다. 나는 대의원 대표 자격으로 작성팀에 참가했고, 그동안 임금 동결로 인해 누적된 생계비 부족분 등을 주장했지만 소용없었다. 결국, 작성팀에서 탈퇴하고 말았다. 이 과정에서 대의원들과 노조 집행부의 갈등이 심화되었고, 심지어 부서장과 경비원 등이 조합원을 폭행하는 일까지 발생했다.

더는 참을 수 없었다. 집행부의 독단과 무책임함을 토로하는 조합원들의 열기가 점점 고조되어갔다. 이에 위기감을 느낀 집행부는 노조원들의 불만을 무마시키고자 16.3퍼센트를 18.7퍼센트로 상향 조정한다고 위원장 직권으로 발표해버렸다. 회사 측과의 임금 협상이 코앞으로 다가온 시점이었다. 대의원들은 시간이 촉박하다는 점, 임금 교섭의 상징성을 집행부가 가지고 있다는 점 등을 고려하여 일단 집행부를 지지하는 것으로 선회했다.

하지만 집행부의 무능력과 무성의는 조금도 개선되지 않았다. 4차까지 이어진 협상은 지지부진했다. 대의원들은 집행부를 찾아가 거세게 항의했다. 위원장은 노조원들의 기세에 눌려 마지못해 파업을 선언하였다. 김우중 회장 역시 집행부가 노조원들의 신임을 못 받고 있다는 사실을 파악하게 되었다. 그가 농성자 대표를 만나고자 했던 것은 대의원들을 실질적인 교섭 상대로 인정한다는 사실과 다름없었다.

5.2퍼센트 대 8.0퍼센트

나와 마주 앉은 김우중 회장은 경제인총연합에서 정한 임금 인상 가이드라인에 관한 말부터 꺼냈다. 정부의 임금인상 억제정책을 반영하여 경총은 기본급 인상을 5.2퍼센트 이내로 정한다는 방침이었다. 그런데 대의원들의 요구안에는 기본급 인상률은 8퍼센트이니 괴리가 있다는 것이었다. 더군다나 기타 수당 등을 합하여 전체 18.7퍼센트 인상 요구는 동종 업계에 끼칠 영향을 고려해야 하므로 도저히 들어줄 수 없는 수준이라는 논리였다.

"회장님."

"…."

"혹시 우리 구내식당 밥 한번 드셔보셨어요?"

그의 말을 듣고 있던 나는 불쑥 밥 얘기를 꺼냈다. 나는 그에게 모래알이 서걱서걱 씹히는 밥에 멀건 국과 형편없는 반찬이 고작인 식단에 대해 들려주었다. 추상적인 숫자보다는 당장 입에 들어가는 밥에 대해서, 먹고사는 일에 대해서 들려주는 것이 그가 실감하기에 더 쉬울 것 같아서였다. 첫날 협상은 서로의 커다란 입장 차이만을 확인하는 수준에서 끝날 수밖에 없었다. 그러나 김 회장이 대우자동차 노조원들이 겪고 있는 열악한 상황에 관해 조금이나마 공감하게 되었다는 것을 느낄 수 있었다.

다음 날 김우중 회장이 다시 농성장으로 직접 찾아왔다. 기술센터 2층에 마련된 회의 장소에서 우리는 본격적인 2차 협상에 들어갔다. 이번에는 나와 김 회장의 단독 회담이었다. 나를 격려하기 위해 농성 중인 조합원들이 위층에서 투쟁가를 부르며 각목으로 바닥을 두드려댔다. 건물이 무너질 듯 쿵쿵 울렸다.

김 회장의 제안으로 인근 건물로 회의 장소를 옮겼다. 주변에서는 연행될 위험이 있다며 말렸으나 나로서는 감수해야 할 일이었다. 나도 김 회장도 노사 양측의 법률적 대리인은 아니었지만 두 사람이 대우자동차 노사 양측을 실질적으로 대표하는 건 분명한 사실이었다. 우리는 수차례의 밤샘 협상을 거쳐 결국 최종적으로 합의에 도달했다.

협상 막판에 위원장이 나타나 무효를 주장하는 등 몇 번의 고비를 겪기는 했으나 마침내 1985년 4월 25일 협상을 마무리 짓고 농성을 풀었다. 기본급 인상 8퍼센트도 받아들여졌고, 호봉 승급과 신설 수당 등을 더해 총 16.4퍼센트 인상이었다. 더불어 기숙사와 사원 아파트 건축을 포함한 복리후생도 약속받았다. 애초에 요구했던 18.7퍼센트에는 미치지 못했으나 내용상으로는 요구 조건의 상당 부분을 관철한 것이다.

형사적 책임은 없다더니

열흘에 걸친 대우자동차 파업은 타결됐다. 독점 재벌의 주요 사업장에서 대학 출신 노동운동가들의 주도로 벌였던 10여 일간의 대우자동차 파업 투쟁은 이후 남성 중심의 대공장 노동자들에게 경제 투쟁의 전형으로 남았다.

마지막까지 농성장에 남아 있던 조합원 150여 명은 우선 청소와 정리를 마치고, 회사 버스를 이용해 부평경찰서로 연행된 후 간단한 조사 뒤에 귀가 조치가 되었다. 합의문에는 파업으로 인한 민·형사상 책임을 묻지 않겠다는 조항도 명시되어 있었다. 하지만 나를 비롯해 파업을 주도한 사람들의 경우는 달랐다. 경찰 당국은 우리를 처벌하려 들 것이 분명했다.

15명 정도는 김 회장이 관계 기관에 신변 보호를 요청하기 전까지 피신하기로 결정했다. 나는 김 회장의 자동차 트렁크에 몸을 숨겨 경찰 포위망을 빠져나갔다. 김 회장으로서는 나름대로 약속을 지킨 것이다. 임금 교섭은 그렇게 일단락되었지만 나는 수배자가 되어 있었다.

우선 인천시 가좌동에 있던 친구의 아파트로 피신해 김우중 회장으로부터 연락을 기다렸다. 하지만 형사적 책임을 묻지 않겠다는 약속은 지켜지지 않았다. 나를 비롯한 16명에 대한 수배는 여전했다. 경찰은 우리의 가족과 친구, 친척들을 찾아가 은신처를 대라며 협박을 하고 다녔다.

나는 김 회장에게 전화를 걸었다. 민·형사상 책임을 묻지 않겠다는 약속은 어떻게 되어가는지 묻자, 김 회장은 여의도에 있던 대우증권 사장실로 자신을 만나러 오라고 했다. 이래 잡히나 저래 잡히나 마찬가지였다. 나는 주변의 만류를 뿌리치고 김 회장을 만나러 갔다. 김 회장은 자신이 여러 차례 상황을 설명했는데도 정부 쪽에서는 구속 방침을 굳혔다는 답변만 돌아올 뿐이라고 했다.

나는 약속을 지켜달라고 다시 한번 엄중히 부탁했다. 김 회장은 마지막으로 고위 관계자를 만나고 올 테니, 여기서 조금만 기다리고 있어달라며 자리를 떠났다. 홀로 사장실에 남아 있던 시간은 무척 더디게 흘렀다.

결국, 김 회장은 아무런 성과를 얻지 못한 채 돌아왔다. 나는 김 회장에게 대정부 투쟁을 하겠다고 얘기하고 재파업을 결심했다. 흩어져 피신하고 있던 동지들을 다시 모아 《근로자의 함성》 11호를 제작하여 부평 공장에 잠입했다가 누군가의 신고로 경찰에 체포되었다. 죄목은 노동쟁의에 관한 법률을 어겼다는 것과 시위가 폭력적이었다는 것이었다.

한편으로는 노사 양측이 잘 마무리한 협상을 처벌해서는 안 된다는 여론도 높았으나 나는 결국 1년 6개월의 실형을 선고받아 수감되었다. 법정에서 했던 최후진술처럼 노예 같은 삶이 아니라 떳떳한 인간으로서 새로운 역사를 만들어가는 긴 여정의 시작이었다.

아련한 유년의 삽화
—베이비붐 시대와 가난의 굴레

고창 과수원집 큰아들

나는 한국전쟁의 상처가 아물고 베이비붐 시대가 열린 1957년 4월
30일 전북 고창군 부안면 오산리의 과수원집 큰아들로 태어났다. 어
린 시절에는 꽤 유복한 생활을 했다. 아버지는 7남 2녀 중 셋째아들
로 태어났으며, 경기중학교와 서울대 법대 출신이었다. 어머니는 상
명여고를 졸업한 인텔리였다. 해방 직후 서울대 법대에 입학한 아버
지는 고시를 준비하셨지만 당시 혼란스러운 시대 상황에 휘말려 법
조인의 꿈을 접고 낙향했다. 그리고 뜻하지 않게 과수원을 물려받아
농사를 짓게 되었다.

　사과나무 한 그루면 자식을 대학에 보낼 수 있다고 했던 시절이었
다. 수명이 60여 년이라는 사과나무(홍옥)를 베어내고 새 품종의 나
무를 심어 수확하기까지 무려 13년을 기다려야 했다. 그런데 장기간

투자 후 드디어 소득이 발생하려 할 때쯤 3년 만에 열매가 열린다는 '후지'라는 품종의 등장으로 과수원은 경영에 심각한 타격을 받았다.

이러한 상황에서도 아버지는 주변의 권유에 따라 재정 형편이 어려운 사립학교 교장으로 취임해 몇 해 동안 학교를 일으키려고 노력했다. 아버지는 그 외에 일절 공직에는 나가지 않았다. 학교 일까지 겹쳐 과수원의 경영이 날이 갈수록 나빠지고 있는데도 속수무책으로 지켜볼 뿐이었다. 다음 해에는 나아질까 하는 막연한 기대감은 언제나 물거품처럼 꺼져버려 실망감을 더할 뿐이었다. 그렇게 나의 어린 시절 내내 집안의 빚이 늘어가고 있었다.

부친은 교육열에서는 자식들도 자신과 똑같은 과정을 거쳐야 한다고 생각하셨다. 나는 아버지 바람대로 경기중을 목표로 열심히 공부했다. 그러나 국민학교(현 초등학교) 5학년 때 입시제도가 바뀌어 서울로 진학할 수 없게 되었다. 나는 읍내로 전학해 큰집에서 6학년을 다녔다. 큰집에서 생활하는 동안 5·16 군사 정변 이후 5년 동안 국회의원을 지냈던 큰아버지로부터 이른바 '야당' 정신을 물려받게 된 것이 그즈음의 소득이라면 소득이었다. 큰아버지는 나에게 매일같이 〈동아일보〉를 읽어달라고 하셨는데 당시엔 〈동아일보〉가 꽤 강한 야당지(반정부 성향의 신문)였다. 큰아버지께 신문을 읽어드리며 나도 모르게 현실 비판의 안목을 기르는 계기가 되었다.

중학교 시험이 없어지는 바람에 서울로 올라가지 못하고 고창중학교로 진학, 고등학교도 인근 이리고등학교에 다녔다. 중·고교 시절에는 영화를 무척 좋아해 영화관에서 살다시피 했고 공부는 뒷전이었다.

가세가 계속 기울어 가면서 집안 분위기도 항상 편치가 않았다. 빚 걱정으로 부모님의 말다툼은 끝이 없었다. 읍내 큰집에서 생활하면서 주말에는 집에 가곤 했다. 그 무렵엔 이미 우리 과수원은 남의 손에 넘어가 있었다. 나는 어린 나이였는데도 빚쟁이를 찾아가 울면서 통사정을 한 적도 있었다. 고등학교 시절에는 하숙비를 낼 수 없어 친구 집을 전전해야 했다. 서울에서 재수할 당시에는 학원 등록금조차 낼 수 없어 공부를 제대로 하기 힘들었다. 대학을 중퇴하고 들어간 회사에서 해고된 뒤에는 버스비가 없어 걸어 다닐 때도 많았다. 연탄 창고를 개조한 방을 얻어서 남동생과 여동생을 데리고 살았던 적도 있었다. 가난은 결혼한 후에도 계속되었다. 단칸방에서 시작해 이사를 무려 15번이나 다녔다. 2015년 마침내 부평에 집을 마련했으나 속사정은 전셋집을 찾을 수가 없어 궁여지책으로 매입한 것이다.

행복한 동행
—교도소, 결혼, 영국 주재원 그리고 희망

부부 노동운동가

1986년, 내가 감옥에서 나오자 주변에서 결혼할 것을 권유했다. 노동운동을 하느라 평생 고생만 하면서 살 텐데, 괜히 결혼해 아내와 자식들을 불행하게 만들고 싶지 않았다. 감옥에 다녀온 뒤로는 더욱 그런 생각이 강해졌다. 앞으로도 내 삶은 결코 순탄치 않으리라.

함께 노동운동을 했던 동지가 결혼을 권하면서 여자를 소개해주었다. 나는 결혼이 상대에게 피해를 주는 일이라 생각했다. 그동안 자신의 삶은 십자가를 지고 골고다 언덕을 올라가는 예수라고 믿었다. 그것도 따지고 보면 독선이었다. 길고 힘든 싸움을 하려면 현재의 삶이 즐거워야 한다. 예수의 삶은 32세에 끝나 성인의 반열에 올랐다. 하지만 혁명은 내가 32세에 완수할 수 있는 일이 아니었다. 친구는 앞으로 우리가 얼마나 오랫동안 길고 어두운 밤을 걸어가야 할지 모른다고 했다. 노동운동이 삶 그 자체라면 결혼도 받아들여야 한다고 했다. 더구나 노동운동을 하는 동지를 아내로 맞는다면 혁명적인 사랑을 할 수도 있을 것이었다.

아내 임영희는 숙명여대에서 학생운동을 했고, 당시 위장취업하여 삼익악기에 다니고 있는 노동운동가였다.

내가 교도소에서 나오자 경찰은 24시간 나를 감시했다. 그 때문에 아내와 데이트도 제대로 할 수 없었다. 우리는 경찰을 피해 숨바꼭질하듯 만났다. 당시 나를 미행했던 형사를 후일 국회의원 유세장에서 만난 적도 있었다. 1987년 노동자 대투쟁이 시작되자 나는 졸지에 노동계의 유명 인사가 되어버렸다. 그럴 수밖에 없었던 것이 나는 해방 이후 대기업 남성 사업장에서 최초의 파업을 이끌었기 때문이다. 전국을 돌아다니면서 노조 설립을 도왔고, 노동운동을 지원하고 다녔다. 그러다가 아내가 다니는 삼익악기에서 파업을 시작했고, 노동운동을 지원하러 갔던 나는 아내와의 깊은 연대감을 느꼈다.

아내와의 애정이 무르익을 무렵, 아내는 삼익악기 파업 주동 문제로 수배가 떨어졌고 이내 붙잡혀 감옥에 갔다. 나는 처남의 주민등록증을 들고 면회를 갔다. 당시에는 그런 일이 가능했다. 아내의 형제는 2남 4녀였는데 동생들은 맏이인 아내의 영향으로 전부 운동권에 몸담고 있어 우리의 상황을 굳이 설명할 필요가 없었다.

아내가 징역을 살고 나오자마자 우리는 곧 처제들의 도움으로 흥사단 아카데미에서 결혼식을 올리기로 했다. 그런데 문제는 다른 곳에 있었다. 장인어른은 3·1운동 민족대표 33인 중 한 분이신 임예환이라는 선생의 후손이었다. 임예환 선생은 천도교 대표로 3·1운동에 참여했다. 그런 뼈대 있는 가문이었지만 북한 공산당 정권의 탄압을 피해서 1·4 후퇴 시 남쪽으로 내려온 상황이었다. 특히, 장인어른과 그의 형님은 함께 월남하던 중에 형님이 인민군에게 잡혀서 처형되고 말았다. 장인어른은 19세의 나이에 혈혈단신으로 세상에 남겨진 셈이다.

장인어른은 월남 후 해병대에 자원했고, 제대 후 자수성가하여 먹고살 만한 형편에 이르렀다. 그런데 명문 대학에 다니던 딸이 노동운동가가 되어 위장취업까지 하였다고 하니 이만저만 고민이 아니었다. 자신은 공산당이 싫어서 죽음을 무릅쓰고 월남했는데, 자신의 딸이 빨갱이가 되었다는 사실을 받아들일 수 없었다. 당시에는 노동운동가를 죄다 빨갱이로 취급하던 시절이었다.

장인어른의 복잡한 속내와 마음고생이 읽혔으나 나로서는 사랑하는 아내를 놓칠 수 없었다. 다행히 결혼식은 무사히 끝났고, 아내와 나는 두 딸을 낳았다.

1987년 노동자 투쟁 이후 중소기업 노조를 중심으로 전노협, 전국노동자협의회가 만들어졌다. 나는 1988년에 한국노동연구소를 만들었다. 이후 대우자동차, 현대자동차, 한진중공업, 포항제철 등등 대기업들에 근무하는 노동자들과 마음을 모아 연대회의를 조직하려고 했다.

1991년 초에 나는 의정부에서 대기업 춘투(春鬪) 준비를 위한 워크숍을 열었다. 그런데 행사를 마치고 그곳을 나오다가 경찰에게 붙잡혔다. 나는 정릉동에 있는 중앙정보부 대공 분실로 끌려갔다. 그곳으로 끌려가는 차 안에서 엄청나게 두들겨 맞았고, 대공 분실에서도 말로는 다할 수 없을 만큼 폭행을 당했다. 죄명은 노동조합법 제3자 개입 위반이었다.

내가 감옥에 간 그때는 큰딸의 돌잔치를 치른 직후였다. 이런 삶을 언제 끝낼 수 있을까? 나는 딸에게 좋은 아빠가 될 수 있을까? 훗날 딸은 아빠를 어떻게 생각할까? 아내는 동지였고 애초에 이렇게 살기로 약속하고 했던 결혼이었다. 하지만 딸은 달랐다. 아내는 딸아이 기저귀를 잘 빨아 말려서 사용하고 있을까? 우유병 소독은 잘하고 있을까? 노동운동을 하면서도 집에 들어가면 항상 딸의 기저귀와 우유병을 챙겼다. 또 아이를 등에 업고 산책하곤 했다. 그런 생각이 들자 눈물이 하염없이 흘러내렸다. 눈물을 멈출 수가 없었다. 나는 딸에게 너무 미안해 자주 눈물을 흘렸다. 당시 교도소에서 아내와 주고받은 옥중서신은 책 한 권 분량이 훨씬 넘는다. 그 서신에도 항상 딸 얘기를 쓰곤 했다.

1991년 8월, 소련이 망했다는 충격적인 소식이 교도소 안으로 날아들었다. 소련이 붕괴했다니. 소련이 비록 당시 운동권이 추구했던 국가 모델은 아니었다고 해도 사회주의의 몰락 자체가 가히 충격적이었다. 사회주의는 당시 운동권 모두가 동일한 가치로서 추구했던 세계는 아니었으나 지향하는 세계 중 하나였던 것은 분명했다. 그 때문에 상당히 절망적이었고, 사상적으로 무너지는 동료들도 많았다.

공안 사범들은 감옥에 가면 사회과학 서적이나 황석영, 조정래, 조세희 등의 책을 많이 읽었다. 그런데 소련이 주저앉고 나자 뭔가 모르게 기운이 확 달라졌다. 다들 외국어 공부나 하자는 분위기였다. 나도 거의 15년 전에 공부했던 《정통종합영어》를 보내달라고 하여 열 번 이상을 봤다.

　교도소에서 1년 6개월간 징역을 살았다. 감옥에서 나와 보니 집안 사정이 많이 나빠져 있었다. 그래서 동생과 함께 구이 오징어 사업을 벌였다. 백화점에 납품하게 되었는데, 점차 사업 규모가 커지고 돈도 많이 들어왔다.

　그런데 한국GM에서 파업을 시작했다. 그러자 경찰은 나를 배후로 지목했다. 이런 일은 처음도 아니었다. 한국GM에서 투쟁을 시작하면 나부터 단속했다. 이번에는 파업이 크게 일어날 조짐이 보이자 경찰은 선제적으로 나를 끌고 간 것이다. 또다시 10개월간 옥살이를 하고 나왔는데 엎친 데 덮친 격으로 동생과 동업으로 하던 사업은 생물 오징어 가격이 폭등하는 바람에 쫄딱 망하고 말았다. 그 일로 동생 빚을 갚느라 10년 넘게 고생을 했다. 나는 가족에게 도움이 되지 않는 인간이라는 자괴심과 비애감 때문에 너무도 힘든 시간을 보내야 했다.

옥중서신, 영표가 영희에게

　아내에게

　당신이 복학이 결정되었다니 축하합니다. 쉽게 내릴 수 없는 결단이었겠지만 아무튼 잘된 일입니다. 학교를 떠난 지 어언 8년이란 세월이 흘렀는데 감회가 새로울 듯합니다. 한 학기이지만 좋은 결실이 있도록 기대하겠습니다. 학문의 기초를 튼튼히 구축하도록 애쓰기 바랍니다. 여러 가지 어려움이 예상되지만 잘 이겨나갈 것도 굳게 믿습니다. 그리고 지금까지 학교를 떠나 살아오면서 실천했던 생활이 정리되고, 새롭게 도약하는 계기가 되었으면 좋겠군요. 과거의 단절이 아닌 과정이 되어야겠지요.

이 기회에 당신도 남편과 자식은 잠시라도 잊고 자신의 삶을 한번 둘러보기 바랍니다. 면회 올 때마다 나와 일수가 당신의 삶을 다 빼앗아버렸다는 생각에 마음이 많이 아팠습니다.(1991. 08. 20.)

딸을 생각하면서

조금 전에 쏟아진 비로 바람이 한결 시원해진 듯합니다. 30분의 아침 운동을 땀에 흠뻑 젖도록 뛰고 나서 물을 끼얹었더니 상쾌한 기분입니다. 지금은 이슬비가 촉촉이 내립니다.

밖을 내다보고 있으니 고향의 풍경이 떠오릅니다. 무성한 숲에 백일홍이 붉게 피어 있고, 벽돌 굴뚝 위로 뻗어 올라간 등나무가 화사한 빛깔의 노란 꽃을 활짝 피우고 있을 텐데, 지금은 멀기만 합니다.

일수를 데리고 가서 맑은 대기와 자연을 온몸으로 느낄 수 있게 해주고 싶습니다. 자연의 순수와 풍요로움 속에서 맑고 고운 심성을 키워나가도록 했으면 합니다. 그것이 가능하도록 환경을 마련해주고 도와주어야 함에도 책임을 다하지 못하는 것이 일수에게 정말 미안합니다. 사진을 보고 있으면 깜찍한 얼굴로 나를 질타하는 것 같아 더욱 쓸쓸하네요. 하루가 다르게 커나가는 일수에 비해서 나 자신은 시간이 흐를수록 작아지는 느낌입니다. 작년 여름 곁에서 지켜보고, 이런저런 마음을 나누던 때가 정말 그립기만 합니다.(1991. 07. 19.)

노동운동에 대하여

변화하는 상황에 조응하지 못한 채, 특히 대중의 의식과 상태에 대한 올바른 이해 없이 구태의연한 고립적, 모험주의적 투쟁의 반복은 조성된 대중의 투쟁 역량을 헛되이 소멸시킬뿐더러 노동운동 자체에 자멸을 가져올 것입니다. 노동운동을 둘러싼 제반 조건을 철저하게 고려하여, 과감한 인식의 전환을 가져와야 하며, 그것을 토대로 창조적인 운동의 방향과 방도를 모색해야 할 것 같습니다.(1991. 07. 18.)

딸을 생각하면서

징역살이하면서 무엇보다도 견디기 힘든 것은 일수에 대한 그리움입니다. 꿈에라도 한번 안아보고 싶은 생각이 하루에도 몇 번씩 간절합니다. 면회 오면서 데려올 때마다 느끼는 쓰라림을 아무도 모를 겁니다. 다행히 아픈 데 없이 잘 크는 것 같아 마음이 조금 놓입니다.

얼마 전에 이오덕 씨의 글을 읽었는데, 어른들이 동시나 동화에 대해 너무 무지하다는 말이 있었습니다. 그래서 생각해보니 나도 백지상태인 것 같아 부끄러웠어요. 나가기 전에 틈을 내서 동시나 동화를 좀 읽어야 될 것 같습니다. 나가서 일수에게 정말 좋은 아빠가 되고 싶습니다.(1991. 03. 15.)

《자본론》에 대하여

《자본론》의 학습은 순조롭게 진행 중입니다. 속도가 너무 더딘 흠이 있지만 읽을수록 깊게 빠져듭니다. 소련에서 벌어지고 있는 격동에 대한 소식이 쏟아지는 이 시기에도 자본주의의 부패에 대한 날카로운 분석과 고발은 여전히 정당하고 유효하다는 확신을 갖게 됩니다. 이 시대의 급속한 변화는 역사적 지양 과정으로서 받아들이고 싶습니다. 인류의 보편적 가치를 실현하기 위한 새로운 도정이 시작되었다는 긍정적인 평가를 해도 크게 어긋나지 않을 것 같습니다.(1991. 08. 29.)

대우자동차 영국 판매법인 주재원 홍영표

1990년대에 나는 국민과 함께하는 노동운동을 해야 한다고 주장했다. 다른 쪽은 계급적 단결을 위한 노동운동을 해야 한다고 했다. 내부적으로 두 노선이 사상투쟁을 하다가 나는 결국 소수파가 돼버렸다. 평생 노동운동을 해왔는데, 설 자리가 마땅찮게 되었다. 그 와중에 대우자동차에서 복직하라는 소식이 날아들었다. 1995년 1월 1일 출근하라는 것이다. 내가 해고당한 날로부터 10년의 세월이 흐른 뒤였다. 그것도 노동조합에서 줄기차게 투쟁해 얻어낸 결과였다. 나는 그 사실을 누구보다도 잘 알고 있었다. 감개무량함이야 두말해 무엇하랴만 뜻밖에도 원래 내가 일했던 부평 공장이 아니었다. 경영진은 내가 다시 쟁의를 일으킬까 봐 사무직 노동자로, 그것도 영국지사로 발령을 낸 것이다.

나는 현장으로 돌아가고 싶었다. 다시 대우자동차 부평 공장 차체부에서 용접봉을 잡고 싶었다. 나는 차를 조립하는 노동자였다. 그것이 나의 정체성이었다. 또한, 내가 이끌었던 대기업연대회의와 함께 민주노총 설립하는 일을 마무리 짓고 싶었다. 국내에 할 일이 많은데 해외로 나가라는 것은 말이 되지 않았다.

도봉산에서 개최된 민주노총 준비위 워크숍에 갔을 때였다. 모인 사람들이 워크숍을 마치고 저녁 늦게 간단하게 술을 마셨다. 일부는 피곤하다고 먼저 잠이 들었다. 그런데 권영길 위원장이 갑자기 고개를 갸우뚱하면서 물었다.

"복직했다면서 왜 회사에 안 나가요?"

"나더러 영국으로 나가랍니다. 그래서 복직을 안 하고 있어요."

권 위원장은 둘러앉은 사람들에게도 의견을 묻더니 내게 말했다.

"나도 파리 특파원으로 7년 동안 갔다 와서 노동운동했어요. 당신도 갔다 와요. 갔다 와서 하면 돼요."

처음에는 이런저런 말들이 많았다. 하지만 대부분 권 위원장과 비슷한 생각이었다. 집으로 돌아와서 아내와도 며칠을 두고 얘기했다. 아내는 내가 전노협과 노선투쟁에서 소수파로 밀려난 것을 가슴 아파했다. 하지만 우리는 자신의 영달을 위해 운동을 했던 것이 아니었다. 바른길이란 믿음 때문에 시작했고, 지금까지 쉬지 않고 달려왔다. 그것이면 족했다.

나는 1995년 6월 20일 혼자서 비행기를 탔다. 김포공항에서 사할린, 시베리아를 횡단하여 13시간 동안 날아서 영국에 도착했다. 참으로 긴 항로였다.

그날 공항에서의 일을 평생 잊을 수가 없을 것이다. 가족들과 인사를 나누는 과정에서 해병대 출신이었던 장인어른이 울음을 터트렸다. 새해 인사를 가도 돌아앉아 눈길 한번 잘 주시지 않았던 분이었다. 이제야 사위가 사람 구실을 하러 떠난다고 생각한 것인지, 장인어른은 공항 로비에서 어린아이처럼 서럽게 우셨다. 만감이 교차했다. 딸에 대한 애정만큼이나 사위에 대한 사랑이 느껴져 나도 울었다.

전혀 새로운 세상, 영국

그때 내 나이 서른아홉 살이었다.

돌이켜 보면 나는 비행기를 타고 대륙을 횡단한 것이 아니었다. 내 인생을 가로질러 전혀 딴 세계로 날아갔다. 영국은 내게 새로운 삶, 새로운 세계를 보여주었다. 그 사실을 영국에 있을 때는 정확히 알지 못했다. 당시는 새로운 세계라는 생각보다는 제국주의 본고장 영국에 왔다는 감정이 앞섰다.

내가 영국을 새롭게 인지한 것은 노무현 대통령을 만나 제도권 정치에 진입한 뒤였다. 나는 오래도록 운동적인 관점으로 세계를 인식했다. 사실 노동운동의 궁극적 목적은 노동자의 인간다운 삶이었다. 노동운동가들이 사회주의를 지향했던 것은 그 체제가 노동자의 주체적인 삶을 보장해주리라는 믿음 때문이었다. 하지만 노동자의 인간다운 삶이 꼭 계급투쟁에만 있는 것도 아니었다. 영국은 내게 그런 인식의 지평을 활짝 열어주었다.

영국에 도착하자 가장 큰 문제는 언어였다. 감옥에서 탐독했던《정통종합영어》덕분에 영어 문서를 읽는 데 큰 어려움이 없었다. 그러나 회화만큼은 나이 때문인지 쉽지 않았다. 그래도 적응해보려고 학원에 다니면서 열심히 공부했다. 홀로 영국 생활을 시작한 지 6개월이 지나서 가족들이 도착했고, 그제야 마음에 안정이 찾아왔다.

처음에는 한국 공장과 품질 문제를 해결하는 코디네이터로 일하다가 세일즈 마케팅 업무를 맡아 관리했다. 영국에는 대우자동차 판매 영업소가 135개나 있었다. 노동운동을 하다가 졸지에 장사꾼이 되었다. 영국에서 홍영표의 자동차 판매가 한국 노동자의 삶에 어떤 도움을 줄까? 그런 생각이 머릿속을 떠나지 않았다. 한동안은 하루에도 수백 번씩 그런 상념에 젖었다. 많은 노동쟁의는 임금 인상 문제였다. 실제로 대기업의 가파른 임금 인상은 호황 때 일어났다.

결국, 회사에 더 많은 이익이 생겨야 노동자에게 더 큰 분배가 이루어질 것이다. 한국은 작은 나라여서 자체 소비로는 적절한 부를 얻을 수 없었다. 그렇다고 국부를 만들 뚜렷한 자원도 없는 실정이었다. 한국은 선택의 여지가 없는 나라였다. 외국과의 통상 외에는 마땅한 출구가 없었다. 국부 창조는 통상밖에 없지 않을까? 외국에서 자동차를 팔면서 자주 들었던 생각이었다. 처음에 이런 생각은 제국주의 영국에서 자동차를 팔고 있는 현재의 내 처지를 정당화하려는 일종의 자기 최면이자 자기 위안이었다. 노동운동을 버려두고 먼 나라에 와 있다는 죄의식도 겹쳐졌다. 하지만 시간이 흐르면서 차츰 내 생각에도 변화가 일어났다. 우선 런던에서 자동차 세일즈를 하다 보니 기업 경영에 관한 안목이 생겨나기 시작했고, 영업 대상이 영국인뿐 아니라 세계인들을 상대하면서 저절로 세계 경영에 대한 식견을 기르게 되었다. 나는 영국에서 뜻하지 않게 기업 경영과 세계 경영의 마인드를 얻게 된 셈이다.

영국에서 아내와 단둘이 자주 술을 마셨다. 처음에 우리는 젊은 시절에 했던 노동운동에 관한 반추를 많이 했다. 옛날에 파업할 때 당신이 잘못했네, 감옥 갔을 때 내가 무엇을 어찌어찌했네. 삼익악기 파업할 때 어찌했어야 했는데… 그렇게 이런저런 과거의 일들을 소환하여 밤을 새웠다. 나중에는 우리가 너무 우물 속 개구리로 살았고, 세계화는 피할 수 없는 세계사적인 흐름이란 얘기도 주고받았다. 영국에서 오래 머물게 되면서 내 입에서 자주 기업 경영과 세계 경영에 대한 말이 자연스럽게 흘러나왔다. 처음에 아내는 나의 이러한 말과 변화를 못마땅하게 생각했으나 나중에는 변화해가는 남편의 모습을 긍정적으로 받아들여주었다.

이때쯤 영국으로 동국대학교 졸업장이 날아왔다. 19세에 입학한 대학의 학사 학위 졸업장을 마흔 살을 넘겨 그것도 먼 객지에서 받았다. 이제 대학도 졸업했으니까 새로운 삶을 살아야겠다. 술을 마시며 이런 상념에 젖곤 했다.

나는 영국에서 말 그대로 자동차 세일즈맨이었다. 하지만 항상 바쁜 것은 아니었다. 정확히 말하면 바쁠 수가 없었다. 남들이 다 쉬는데, 나 혼자 영업하고 다닐 수가 없기 때문이다. 당시 우리나라는 토요일에도 쉬지 않는 주 44시간 근무였다. 그리고 밤늦도록 일을 하니까, 그냥 다람쥐 쳇바퀴 돌듯이 사는 것이었다.

영국에서는 오전 9시에 출근하여 오후 5시에 퇴근했다. 퇴근하여 집으로 향하면 늦어도 6시에 도착했다. 영국은 겨울에는 오후 4시만 되어도 한밤중처럼 어두워졌고, 달리 어디 갈 곳도 없었다. 당연히 아내와 딸들과 함께 시간을 보냈다. 내가 누워서 잠들라치면 딸들은 옆집 아빠는 밖에 나와 축구나 농구를 하고 있다면서 놀아달라고 야단이었다. 그러다 보니까 자연스럽게 대화도 많이 나누게 되었다. 당시 나는 딸아이들의 초등학교 친구 25명의 이름을 모두 외우고 있을 정도였다.

이런 사소한 것들, 어떻게 보면 하찮은 것들, 너무 작은 일상이 나를 변화시켰다. 이것은 한국에서는 전혀 생각지도 못했던 삶이었다. 그 이전까지 나는 큰일과 역사를 바꿀 수 있는 위대한 일들만이 가치 있고 보람된 일이라 여겼었다. 내가 영국에서 깨달은 것은 일상의 소중함이었다. 한국에서 너무나 하찮게 여겼던 것들이었다. 나는 위대한 혁명을 꿈꾸었을 뿐 이런 일상의 위대함을 몰랐다.

에밀리 브론테(1818~1848)의 소설을 보면 인물들이 38세, 39세면 죽는다. 나는 브론테를 읽을 때마다 그 사실이 좀 이상했다. 사람이 왜 이렇게 빨리 죽을까? 자료를 뒤져보았다. 빅토리아 시대(1837년 ~1901년) 사람들의 평균 나이가 40세 전후였다. 아마도 브론테가 살았던 시절에는 40세가 넘도록 사는 일이 드물었던 것 같았다. 40세를 맞았음을 축하한다는 의미로 생겨난 말이 '빅 포티(Big Forty)'였다. 영국인들은 빅 포티라고 하면 직장에서 축하를 받는다. 사람들은 그때부터 다시 인생을 설계했다. 내 직장에서 임원이 되겠다, 아니면 회사 다니면서 정원에 대해 공부해서 정원 관리사나 정원 설계사가 되겠다는 등 제2의 인생을 계획하는 것이다. 영국인들은 빅 포티가 지나면 10년 동안 오후 5시 퇴근 후 시간에 노후를 준비한다. 한국에서 이러한 방식의 삶의 단초라도 만들려면 노동시간을 줄여야 한다. 또한, 노동 자체에 대한 인식을 바꿔야 한다는 게 당시 나의 생각이었다.

영국에서 살 때 나는 한국도 정년퇴직 후 노인들의 문제를 사회적으로 풀어야 할 시기가 올 것으로 믿었다. 한국에 돌아가면 이런 문제들, 어찌 생각하면 사소하고도 중요한 일들을 해결하면서 살고 싶었다. 노동운동만큼 이런 문제들도 중요했다. 세상에는 큰일과 작은 일이 따로 있지 않았다. 사실 이런 생각은 내가 영국에 오지 않았더라면 절대로 할 수 없었을 것이다.

그때는 내가 미래에 정부의 중책을 맡아 그런 문제들을 해결하는 일을 하게 되리라곤 전혀 상상하지 못했다. 감옥을 제 집처럼 들락거린 노동운동가이자 외국에서 자동차나 팔고 다니던 장사꾼에게 그런 기회가 오리라는 생각을 할 수 없었기 때문이다.

대우 부도 사태

나는 그날을 잊을 수가 없다. 어드미니스트레이터(administrator)라고 우리나라 말로 파산관재인이 어느 날 회사를 인수하기 위해 사무실로 찾아왔다. 그는 다짜고짜 자동차가 어디 있는지 물었다. 판매할 재고 차량이 어디에 있는지를 묻는 질문이었다. 우리가 판매하려고 차종별, 색깔별로 쌓아 놓은 부지로 안내했다. 그들은 당장 출고 금지를 선언하면서 문을 닫으라고 했다. 아울러 그들은 1번부터 1만 번까지 모든 차에 스티커를 붙였다. 차압이었다.

내 처지가 참 우습게 돼버렸다. 1998년 7월, 대우가 워크아웃이 됐을 때 나는 한국 정부가 절대로 대우를 부도 처리하지 않을 테니까 안심하라고 135개 대리점을 돌아다니면서 설명했었다. 나는 영국 동료들에게도 거짓말한 꼴이 되었다. 상황이 달라지니까 바로 인종적인 편견이 튀어나왔다. 그동안 내가 상관이었을 때는 굽실거리면서 영어도 내가 알아듣기 쉽도록 천천히 말해주던 동료들의 태도와 말이 거칠어진 것이다.

대우자동차에서 내가 정식으로 퇴사한 것은 2001년 2월이었다. 비행기를 타고 한국으로 돌아오는데 마음이 착잡했다. 나는 다른 세상에서 다른 일을 하다가 고향으로 돌아가는 길이었다. 내 인생에서 영국은 전혀 다른 세계였다. 비록 자동차 판매법인이었지만 나는 한 회사의 설립과 성장 과정에 직접 참여했고, 나중에 최종 부도를 처리하는 데에도 깊이 관여했다.

백수가 된 나는 먼저 한국에 들어와 직장을 구하려고 했다. 그러나 IMF 후유증이 많이 남은 상태여서 구직이 될 리 없었다. 8월에 가족이 한국에 돌아올 때까지도 나는 직업을 구하지 못한 상태였다. 내 나이는 48세였고, 곧 지천명(知天命)을 앞두고 있었다. 그런데 직업도 돈도 없었다. 정신적인 스트레스가 너무나 심했다. 그때가 노동운동을 할 때보다 훨씬 힘들었다. 그것은 아버지이자 가장이라는 무게 때문이었다.

미래를 향한 담대한 진보
—협의와 합치와 민주주의

아, 노무현!

지금은 성공회대학교 영어학과 교수인 진영종 교수가 영국 유학 시절 종종 우리 집에 들러 술을 마시곤 했다. 먼저 한국에 들어온 그는 참여연대에서 일하고 있었다. 진 교수의 권유로 나도 참여연대에서 일하게 되었다. 2001년 새천년민주당 최고위원이었던 노무현이 다음 해 새천년민주당 제16대 대통령 후보로 선출되었다. 나는 후배들과 함께 그를 밀기로 결정했다. 내 역할은 전국을 돌면서 노동자들에게 호소하는 것이었다. 노동자 조직을 동원해 노무현 후보의 경선에 힘을 실어주자는 취지였다.

그때까지 나는 정치인 노무현을 정확히 알지 못했다. 다만 5공 청문회 때의 기억은 뚜렷했다. 그가 풍산금속 대표 유찬우를 증인으로 불러놓고 몰아붙였던 일을 잊을 수 없었다. 당시 핵심 논조는 사용자가 노동자를 인간으로 취급해달라는 얘기였다. 막연히 저런 국회의원들이 좀 많았으면 좋겠다고 생각했다. 분명히 출발은 단순한 호의였다. 하지만 시간이 지나면서 노무현 후보에게 묘한 매력을 느꼈다.

나는 영국으로 가기 전에 국민과 함께하는 노동운동을 주창해 민주노총에서 소수파로 몰렸다. 그 사건은 나를 영국으로 떠나게 한 계기 중 하나였다. 나는 노무현과 함께 새로운 정치적 활로를 마련해보고 싶었다. 그것은 국민과 함께하는 노동운동이 아니었다. 이제는 국민과 함께하는 새로운 세상이었다. 영국에 있을 때는 정확히 몰랐는데, 한국으로 돌아오자 너무나 분명해졌다. 특히 노무현이란 정치인을 만나자 내가 무슨 일을 해야 할지 알게 되었다. 세상은 노동운동만으로 바꿀 수 있는 것이 아니었다. 영국이 내게 그것을 알려주었다.

민주당 경선은 이인제 후보가 승리할 것이라는 게 대체적인 평가였다. 후배들도 그렇게 생각했고, 나도 마찬가지였다. 그것이 오히려 마음에 들었다. 이번에 경선에서 패하면 4년 동안 차근차근 미래를 준비하면 되겠다고 여겼다. 나는 노무현 후보와 함께 노동운동 시절 얘기를 하고, 국민과 함께하는 새로운 세상을 설계해보자고 할 셈이었다.

무엇보다도 한국은 내가 영국으로 떠날 때와는 많이 달라져 있었다. 그런 변화는 국가 부도 사태 때문이었다. 그 일은 너무도 강력해서 짧은 순간 우리 사회를 쥐고 흔들었다. 김영삼 정권이 불러들인 IMF를 김대중 정권에서 상당 부분 극복한 상태였다. 하지만 한국은 IMF로 인해 이미 돌아올 수 없는 강을 건넜다. 나는 영국에서 전혀 다른 세상을 경험해 앞으로 변하게 될 한국의 모습이 확연히 보이는 것 같았다. 곧 영국 사회가 앓고 있는 여러 가지 사회문제가 우리 사회를 덮쳐올 것이다.

2002년 민주당 경선이 몇몇 지역에서 끝나자 노무현의 지지도는 곤두박질쳤다. 그 때문에 모임에 찾아오는 사람들의 숫자도 차츰 줄어들었다. 처음에는 50명이었는데, 나중에 10명 정도밖에 남지 않았다. 나만이라도 모임을 지켜야겠다는 생각에 열심히 참여했다. 당에서는 노무현 후보를 뒤흔들면서 정몽준 후보를 내세우고 있다는 것을 알았다. 이제 당원이 뽑은 후보가 쫓겨날 상황이었다. 이럴 때가 아니었다. 정신 바짝 차려야 했다. 유시민은 노무현이 민주당에서 쫓겨나면 대선을 치를 당이 필요하다고 했다. 그 의견에 공감한 나는 유시민, 문성근 등과 함께 개혁당을 만들었다. 유시민이 대표, 홍영표는 조직위원장, 김영대가 사무총장을 맡았다.

우리는 세계 최초로 인터넷 정당을 만들었다. 기존의 정당처럼 만들려면 돈이 너무 많이 들었다. 지역구를 몇 개 만드는 것도 엄청난 일이었다. 그런데 인터넷 정당은 당원 모집이 쉬워서 금세 4만 명이 되었다. 더구나 기존 정당과 달리 당원들이 적극적으로 참여 의사를 밝혔고, 당원들의 구성원을 살펴보면 전문직 종사자가 많았다.

세계 최초의 인터넷 정당이라 시행착오도 많았다. 당원이 4만 명이나 되어 의견을 모으기도 힘들었다. 가령 민주당과 당 대 당 통합 문제를 만장일치로 결정하기로 해서 인터넷에서 무한 토론을 시작했는데, 도저히 의견을 모을 수가 없었다. 결국, 오프라인 모임에서 문제를 해결하기로 하고 도고온천에서 모였다. 그러나 26시간 동안 토론을 벌였는데도 만장일치에 도달하지 못했다. 당원 한 명이 반대하는 바람에 24명이 3시간 동안 그 사람 얼굴만 바라보고 있을 수밖에 없었다.

노무현 정부의 비서관 홍영표

노무현 후보가 기적적으로 대통령이 되었다. 우여곡절 끝에 우리는 승리했고, 그 감격을, 그 희열을 잊을 수 없다. 그것은 정말로 기적이었다. 달리 뭐라고 설명할 방법이 없었다.

이해찬 국무총리 시절, 나는 개혁당 활동을 하며 알게 된 유시민 복지부 장관의 추천으로 국무총리 소속의 시민사회비서관(2급)이 되었다. 나 말고도 4명이 더 있었다. 송선태 정무1비서관, 황창화 정무2비서관, 김희갑 정무3비서관, 정윤재 민정2비서관이었다. 당시 우리는 이해찬 총리가 직을 내려놓을 때, 함께 총리실을 떠나기로 약속하고 일을 시작했다. 이전 총리들은 비서관 한 명을 총리실에 직원으로 남기고 떠났다고 했다.

2004년 10월 21일. 대한민국이 성문헌법을 만든 지 이미 60년 넘은 시점에서 관습헌법을 들어, 헌재는 행정수도이전특별법을 '위헌'으로 결정했다. 당시 노무현 대통령은 "도저히 승복하지 못할 심정이었지만 그 이야기를 하면 또 탄핵이 된다. 그래서 말을 못 했다"며 분통을 터뜨렸다.

청와대에 있던 수도이전추진단이 갑자기 문을 닫았고, 정부종합청사 1층에 세종시 이춘희 현 시장, 황창화 정무2비서관, 그리고 나와 셋이 칸막이를 치고 앉아서 행정수도를 살릴 방법을 연구했다. 세종특별자치시는 그렇게 탄생한 것이었다.

다음으로 골치 아픈 일이 176개 공공기관을 지방으로 이전하는 문제였다. 노조는 반대 투쟁 기금을 20억 원 정도 쌓아두고 결사적으로 공공기관 지방 이전의 발목을 잡았다. 한나라당에서는 노동계 출신인 김문수 의원이 돌아다니면서 이전 반대를 선동했다. 나는 수도 이전을 설득하러 다니면서 노조와 합의해 해방 이후 최초로 노정 합의서를 만들었다.

"나를 보지 말고 내 뒤에서 스러져 가는 천성산과 그 속의 생명을 봐달라"는 주장이 있었다. 천성산과 도롱뇽, 그리고 지율 스님 살리기에도 나는 깊이 관여했다. 생명이나 환경문제는 공동체 차원에서 보자면 노동운동만큼 중요하다. 예전 같았으면 상상할 수 없는 일이다. 영국에서 지내는 동안 생명이나 환경에 대해 따로 공부한 것은 아니지만 노동운동에서 한 발짝 뒤로 물러나 세계를 살필 수 있는 여유가 생긴 것이다.

나는 2005년 이해찬 총리에게 스웨덴 등 유럽 국가에서 사회·경제적 난제를 풀어나가기 위해 도입한 사회적 협약 모델을 제시하면서 '국민 대통합 연석회의'를 만들어 사회의 중장기적인 과제를 해결해볼 것을 권했다. 이해찬 총리는 가을 국회 시정연설에서 이 내용을 야당에 제안했다. 그래서 처음으로 '저출산·고령화 대책 연석회의'가 발족해 서울 효창동에 소재한 백범기념관에서 공식 출범했다.

'아이들에게 물려주고 싶은 나라를 만들자.' 이것이 연석회의가 필요한 이유였다. 고령화는 내가 영국에서 충분히 경험했고, 국가적으로는 저출산이 더 큰 문제였다. 당시 이미 심각한 수준이었다. 2004

년 우리나라의 합계 출산율은 1.16명으로 발표되었다. OECD 회원국 중에서 평균을 훨씬 밑도는 수치였다. 그동안 제기됐던 저출산·고령화 사회의 문제점이 크게 대두되었다. 생산인구 감소에 따른 생산력 축소는 물론이고, 노령인구 증가에 따른 사회적 비용 부담도 갈수록 커질 것이기 때문이었다.

'저출산·고령화 대책 연석회의'는 이러한 문제의 해법을 찾고자 출범했다. 노사정 대표와 농·어민, 여성계, 시민사회 단체, 종교계, 학계 등 각계각층의 의견을 골고루 반영하기 위해 총 35인의 위원들을 주축으로 구성되었다. 나는 지원단 부단장을 맡았다.

해결책을 만드는 과정에서 발생할 수 있는 가치와 이해관계의 충돌을 대화와 합의를 통해 풀어나갈 필요성이 있었다. 4개 분야 10개의 의제를 설정하고 사전 실무협의를 거쳐 논의를 심화하고 통합해 합의문을 도출했다.

이미 사회적 합의를 이뤄낸 해외 사례들을 답사하는 프로그램도 진행하였다. 핀란드, 네덜란드, 스페인 등이 해당 국가들이었다. 15명의 위원과 함께 순방길에 나섰다. 대통합의 선례를 보여줬던 국가들을 직접 방문하며 의견을 나누는 동안 의견이 충돌하는 분야에서 대체적으로 합의가 이루어졌고, 구체적인 문안을 작성하는 데까지 성공했다. 하지만 마지막까지 합의가 이루어지지 않은 것이 바로 낙태에 관한 내용이었다. 사실 매우 민감한 문제인 것은 분명했다. 세계관 자체가 서로 다른 종교계와 여성계의 이견은 시간이 지나도 좁혀지지를 않았다. 귀국 후 합의문 채택과 발표가 예정되어 있는 상황에서 나는 적극적으로 개입해 합의를 봐야겠다는 생각이 들었다.

일정의 마지막 날이었다. 한국에 도착하면 노무현 대통령이 참석하는 행사가 예정되어 있었다. 나는 신부님 숙소의 방문을 조심스레 두드렸다. 만일 타협이 안 되면 1년간의 노력과 고생이 공염불이 될 터였다. 신부님께 산책을 제의했다. 스페인 마드리드는 걷기 좋은 도시였다.

"신부님, 우리 사회에서 처음으로 이렇게 사회적 대타협을 하는 겁니다. 신부님도 잘 아실 테지만 유럽은 이런 사회적 타협을 통해 갈등을 해소하고, 성숙한 민주주의로 나아갔습니다."

결국, 문안을 중립적으로 작성하는 것으로 신부님과 여성단체 둘을 다 만족시켰다. '저출산·고령화 대책 연석회의'는 내가 노무현 정권에서 일했던 중 가장 보람 있는 업무 중 하나였다. 나는 내가 그 일을 맡아 마무리했다는 사실에 말할 수 없는 자부심을 느낀다.

미래를 위한 선택 한미 FTA

이해찬 총리가 물러나자 나도 약속대로 사표를 냈다. 그때 '저출산·고령화 대책 연석회의'에서 사회협약을 만드는 마지막 단계를 진행하고 있었다. 후임인 한명숙 총리가 불러 방으로 갔더니 '저출산·고령화 대책 연석회의'를 마무리해달라고 했다. 그래서 사회협약을 잘 정리하고 끝냈다. 이제 좀 쉬려고 하는데 다시 한 총리의 부름을 받았다. 이번에는 나더러 한미 자유무역협정, 즉 FTA에 관여해달라고 했다. 당시 한 총리도 나처럼 한미 FTA에 대한 태도가 약간 어정쩡했다. 정부가 처음 한미 FTA를 추진하겠다고 했을 때에는 찬성 여론이 높았는데, 나중에는 분위기가 반전되었다.

"홍 비서관이 미국에 가서 정말 나라를 위해 한미 FTA를 해야 한다면 하고, 해서는 안 된다면 나한테 말해줘요. 나도 총리직을 걸고 대통령님께 말씀드리겠습니다."

내 직책은 대통령 직속 한미 FTA 체결지원단장이었다. 그 위에 한미 FTA 체결 지원위원회가 있었다. 위원장은 바로 직전에 경제부총리로 재임했던 한덕수였다. 그는 실무단장 자리에 공무원을 원했다. 그러나 청와대의 생각은 좀 달랐다. 상대할 집단이 하나둘이 아니었다. 국회, 시민사회, 정부 각 부처, 미국 의회 등등. 청와대는 공무원이 수행하기에 적합하지 않는 자리로 보았다. 그래서 찾아낸 사람이 나였다.

한미 FTA 협상단은 인원이 80명 정도 되었다. 기재부, 외교부, 정부 산하 기관에서 파견된 공무원들이었다. 다국적 군대였다. 그러니 소통이 쉽지 않았기에 나는 부처 간 소통을 위해 최선을 다할 수밖에 없었다. 나는 영국에 법인을 세워 자동차 판매를 해봤다. 그 때문에 한국은 통상국가로 나아가야 한다는 것을 진작부터 알고 있었다. 다만 내가 속했던 집단에서 워낙 반대가 심해 태도가 유보적이었다. 한국이 자본주의 국가로 살아야 한다면 통상국가는 어쩔 수 없는 선택이었다.

돌이켜 보면 노무현 대통령은 한미 FTA를 정치적 지지 세력의 반대를 무릅쓰고 밀어붙였다. 우리나라가 선제적으로 통상국가로 나아갈 수 있었던 것은 노무현의 시대를 뛰어넘은 통찰력 때문이었다.

일이 끝나고 한덕수 총리는 내게 재미있는 말을 했다. 자신은 34년 동안 재직한 경제 관료 출신이라 "경제가 90퍼센트, 나머지가 10퍼센트인 줄로만 알았다. 세상은 그렇게 돌아간다고 믿고 있었다. 그런데 홍 단장하고 일을 해보니까 경제는 10퍼센트이고 나머지가 90퍼센트인 것 같더라"고 했다.

한미 FTA를 끝내고, EU와 중국을 상대로 협상을 벌이게 되었다. 우리는 세계 각국과의 자유무역협정을 통해 엄청난 일을 해냈다. 사실상의 통상국가가 됨으로써 경제 영토를 무한정으로 넓힌 것이다.

노무현 대통령은 한미 FTA를 마무리하면 양극화가 심해질 것으로 보았다. 농업, 피해 산업, 업종의 구제 대책을 세우라고 했다. 그래서 재정경제부에 FTA 국내대책본부가 생겼다. 그것이 2007년의 일이었다.

나는 한미 FTA 체결지원단장을 하는 바람에 재경부 1급 공무원이 되었다. 재경부 내에서는 노동운동가 출신이 자기 식구로 온다며 반대가 심했다. 심지어 재경부 산하의 공기업에 월급이 많은 자리가 있는데 그리로 갈 의향이 있는지를 물어왔다. 일종의 회유책이었다. 하지만 나는 내 자리를 고집했다. 결국, 재경부 차관보급의 보직을 받아 출근했다. 재정경제부 FTA 국내대책본부 본부장이었다. 내가 국회의원 선거를 처음 치를 때 플래카드에 "전기 용접공에서 재경부 본부장까지"라는 문구를 사용한 까닭이다.

부재가 존재를 견인한다

나는 2008년 18대 총선 때 통합민주당 후보로 인천시 부평구 을에 출마했다가 2위로 낙선했다. 하지만 2009년 4월 29일 같은 지역구에서 재보궐 선거를 치르게 되었다. 나는 다시 도전하여 국회의원에 당선되었다. 이때 노무현 전 대통령님께 방문하여 인사를 올리고 싶다고 전화를 드렸다. 대통령께서는 서두르지 말고 천천히 오라고 말씀하셨다. 결국, 그 만남은 이루어지지 못했다. 내가 국회의원에 당선되고 얼마 뒤 2009년 5월 23일 노무현 전 대통령이 서거했다는 비보를 들었다. 나는 한동안 멍한 상태로 살았다.

노자의 《도덕경》에는 이런 말이 나온다.

> "존재의 가치를 가장 빛나게 하는 것은 부재다. 부재가 존재를 견인한다. 없음으로부터 뭇 존재가 이유가 되고, 큰 어둠이 가장 밝은 빛을 잉태한다."

노무현 전 대통령은 떠났다. 하지만 나는 노무현 대통령을 보내지 않았다. 노무현 대통령의 빛나는 가치는 현재 부재이기 때문인지도 모른다. 당장 그의 부재가 그의 존재를 견인하고 있기 때문이다. 그는 어둠 속에서 많은 것을 남겼고, 큰 어둠이 걷힐 때마다 그의 존재가 빛나고 있다. 그래서 존재의 가치를 가장 빛나게 하는 것은 부재다.

맺는 글

水善利萬物而不爭(수선리만물이부쟁) 處衆人之所惡(처중인지소오)

《도덕경》에 나오는 대목으로 "물은 만물을 이롭게 하면서도 다투지 아니하고, 모두가 싫어하는 곳에 자신을 둔다"는 뜻이다.

가슴 깊이 존경했던 신영복 선생께서 살아생전 내게 이 글귀를 손수 써주신 적이 있다. 이후 집에 걸어두고 오가며 뜻을 새기다 보니, 언제부터인가 정치인 홍영표가 가야 할 곳을 가리키는 나침판이 되었다.

이 책은 내가 하고자 했던 정치, 또 내가 바라는 정치의 비전과 해법을 모은 것이다. 내게 정치는 국민을 편안하게 하고, 국가의 미래를 준비하는 일이다.

정치에서는 목적만큼이나 수단도 중요하다. 대화와 타협이라는 의회 민주주의의 원칙을 지켜가면서 해내야 한다. 다양한 사회적 이해관계를 조정해서 갈등과 대립을 완화시켜야 사회가 안정되고 미래를 위해 나아갈 수 있다. 그러나 내가 매일 마주치는 정치는 정반대로 대결의 정치이다. 안타깝게도 그것이 현실 정치임을 부인할 수 없다.

정치에 몸담은 지 적잖은 세월이 흘렀다. 결코 짧지 않은 여정이었다. 음악과 영화를 무척이나 좋아했고, 한때 시인이 되고 싶었던 청년의 꿈은 1970년대 말 대학에서 독재정권의 부당함에 맞서 싸우기 시작하며 민주화라는 역사적 격랑 속으로 흘러들었고 함께 요동쳤다. 유신반대 운동이 노동운동, 민주화 운동으로 이어졌고, 노무현을 만났고 운명처럼 정치로 들어왔다.

이후 늘 '사람 사는 세상'을 꿈꾸었다. '나라다운 나라'를 위해 달렸다. 자랑스러운 조국 대한민국을 위해 더 치열하게 고민하고, 함께 꿈꾸는 미래를 만들어가고 싶다.

서둘러 원고를 마무리하고 출간을 앞두고 읽어보니 의정 활동의 내용을 제대로 담지 못한 것이 뒤늦게 눈에 들어온다. 훗날 언젠가 그동안 내가 국회에서 벌였던 의정 활동과 나의 삶을 정리하여 기록할 기회가 있을 것이다.

'나는 어떤 정치인인가? 물처럼 살고 있나?'

신영복 선생께서 써주신 글귀를 가슴에 새기며 오늘도 집을 나선다.

KI신서 9651

담대한 진보

1판 1쇄 인쇄 2021년 4월 23일
1판 1쇄 발행 2021년 4월 30일

지은이 홍영표
펴낸이 김영곤
펴낸곳 (주)북이십일 21세기북스

교정교열 차은선 **디자인** 놀이터
TF팀 이사 신승철
TF팀장 김익겸
영업팀 한충희 김한성
제작팀 이영민 권경민

출판등록 2000년 5월 6일 제406-2003-061호
주소 (10881) 경기도 파주시 회동길 201(문발동)
대표전화 031-955-2100 **팩스** 031-955-2151 **이메일** book21@book21.co.kr

ⓒ 홍영표, 2021
ISBN 978-89-509-9494-5 (03340)

(주)북이십일 경계를 허무는 콘텐츠 리더
21세기북스 채널에서 도서 정보와 다양한 영상자료, 이벤트를 만나세요!
페이스북 facebook.com/jiinpill21 포스트 post.naver.com/21c_editors
인스타그램 instagram.com/jiinpill21 홈페이지 www.book21.com
유튜브 youtube.com/book21pub